中国社会科学院研究生院金融专业硕士教材

金融机构常用金融应用文写作

张红地　著

中国金融出版社

责任编辑：张怡烜
责任校对：潘　洁
责任印制：程　颖

图书在版编目（CIP）数据

金融机构常用金融应用文写作（Jinrong Jigou Changyong Jinrong Yingyong-
wen Xiezuo）/张红地著．—北京：中国金融出版社，2015.1
　　ISBN 978 - 7 - 5049 - 7691 - 8

　Ⅰ．①金…　Ⅱ．①张…　Ⅲ．①金融—应用文—写作　Ⅳ．①H152.3

中国版本图书馆 CIP 数据核字（2014）第 242600 号

出版
发行　中国金融出版社

社址　北京市丰台区益泽路 2 号
市场开发部　（010）63266347，63805472，63439533（传真）
网 上 书 店　http://www.chinafph.com
　　　　　　　（010）63286832，63365686（传真）
读者服务部　（010）66070833，62568380
邮编　100071
经销　新华书店
印刷　利兴印刷有限公司
尺寸　169 毫米 ×239 毫米
印张　18.75
字数　303 千
版次　2015 年 1 月第 1 版
印次　2015 年 1 月第 1 次印刷
定价　40.00 元
ISBN 978 - 7 - 5049 - 7691 - 8/F.7251
如出现印装错误本社负责调换　联系电话（010）63263947

序　言

　　金融硕士是我国教育体制改革中的新事物，目的是为了适应我国金融体制改革需要，进一步提高我国金融业整体服务水平，增强我国金融的国际竞争力，培养能解决高难度及复杂金融业务问题的高层次实用型金融人才。金融硕士的培养不同于一般科学型硕士，要求他们进入工作岗位后上手快、操作能力强，因此，不论是课程开设还是教学，都不应该简单沿袭科学型金融人才的培养路径。

　　一般来说，金融硕士走上工作岗位后，直接使用数理分析和计量模型的并不是很多，日常要处理的工作以及要协调的各方面关系，绝大部分是通过撰写和起草各种应用文来完成，所以，掌握常用金融应用文写作的基本知识和方法，是每一个金融硕士必备的基本功和一项重要技能。金融机构常用金融应用文写作既有一般写作的特点，又不同于一般写作，具有非常强的专业性和政策性，要求金融硕士熟悉和了解党和政府一定时期内有关经济金融的大政方针，具有扎实的经济金融理论基础、一定的法律知识，以及较高的文字水平。学习和掌握金融机构常用金融应用文写作的基础知识和方法，成为一名高水平的金融应用文写作者，可以使金融硕士走上工作岗位后能很快进入工作状态。

　　《金融机构常用金融应用文写作》一书的编写出版，是对金融硕士课程开设的一个有益探索和教学实践。该书理论体系完整、结构合理、思路顺畅、一气呵成，具有理论联系、实用性强的特点，反映了这一领域的最新研究成果和较高的研究水平。学好这门课程，对于金融硕士未来走向工作岗位具有非常重要的作用。

　　本书作者张红地博士，长期在中国人民银行总行从事货币政策研究工作，具有多年撰写金融常用应用文的实践经验，收集和掌握了大量的第一手资料。在给社科院研究生开设常用金融应用文写作课程教学中，他深感加强学生金融应用文写作的必要性，遂萌发了为金融硕士编写常用金融应用文写作教程的想法。张红地是我的学生。毕业后，他不断有新作问世，令我欣慰，如今，他编写的这本教材即将付梓，前来求序，我自然欣然应允。希望本书对于我们金融硕士教育有所探索和帮助，对我们每一个金融硕士成长有所帮助。

2014 年 7 月 30 日

前　言

　　金融机构常用金融应用文写作是写作学科一个重要的分支，它既具有一般写作的特点，但又不同于一般写作，具有非常强的专业性，开设这门课程的过程的主要目的是使金融硕士通过学习、掌握金融机构常用金融应用文写作基础知识和方法。金融硕士的培养不同于一般学术型硕士，特别要求其进入工作岗位后上手快以及操作性强。学习本课程就是教会金融硕士走上工作岗位以后如何写作金融常用应用文，通过课程相关基础知识的学习和写作训练，帮助金融硕士走上工作岗位以后能尽快得心应手地写作和处理各种类型的应用文，成为一名高水平的金融公文写作者。

　　一、金融硕士为什么要学习常用金融应用文写作

　　金融硕士不同于一般学术型硕士，其操作性和实用性非常突出。走向工作岗位后，经常要起草和处置各种各样的金融应用文，自己也要经常撰写和修改各种常用金融应用文，协调文件运转中的各种关系。总体看，常用金融应用文写作是金融硕士必须掌握的最重要的基本技能。一是金融机构常用的金融应用文不是一般的应用文，它具有特定的作用、特定的体例、特定的形式及特定的运转程序和特定的行文规则，这些特殊性是法律赋予的或者金融机构的特性决定的，特别是部分金融机构的特性是国家法律赋予的。作为一名金融专业硕士，只有学好和掌握金融应用文写法和处理的运转程序，走向工作岗位才能尽快上手运用。二是部分金融机构由于历史原因常用金融应用文一直写作质量不高，或者金融应用文管理制度不健全，加之人员变动频繁，很少有人专业学习过常用金融应用文的写作，其整个机构专业金融应用文写作水平不高。需要我们进入工作岗位后承担起提高金融机构应用文起草水平的重任。三是在金融机构日常工作中，办理各种应用文拟写和处置各种金融应用文占有很大比重，作为金融硕士个人，如果不掌握写作的基本方法和技巧，不熟悉应用文运转的基本规则很难胜任本职工作，今后也不会有更大的作为。

《金融机构常用金融应用文写作》是一门实践性很强的基础课程，学好这门课程是金融硕士教学安排的要求。作为一门实践性非常强的课程，掌握这门课程知识既是未来做好金融工作的需要，也是提高自身素养的需要。金融机构是一个知识密集型的产业，大量的工作和业务处理除了用数据之外，主要依靠文字处理来完成我们日常的工作。经常进行金融应用文写作，是提高金融工作者自身素质的一个重要途径。

二、金融机构常用金融应用文写作研究的对象

金融应用文是金融机构在业务发展和内部管理以及对外交往中常用的各种文体，如管理类金融机构常用的各种公文，经营类金融机构常用的年度工作计划、项目评估报告写作、调查报告等各种专项应用文。金融机构常用金融应用文研究的对象，主要是金融机构各种金融常用文体的写作规律、方法、技巧，以及规律本身的发展变化。金融机构常用金融应用文的写作是为经济金融活动服务的和管理及防范风险服务的，必然受到社会经济金融形势的变化所影响，所以，其规律也是一定要变化的及不断发展和不断创新的。

一是金融的国际化导致我国金融业发展面临的问题越来越复杂，所用的公文形式越来越复杂。我国金融体制改革进入深层次阶段，邓小平同志说，金融是现代经济的核心。由于金融在现代经济发展中的作用越来越大，国家对金融宏观调控的依赖性越来越大，面对全球经济一体化和金融国际化，对金融应用文写作提出新的要求，特别是 2008 年以来全球金融危机，使得各种风险在国际间的转移成为一种常态，特别是金融市场之间的风险的转移更加快捷，对金融机构应用文的应对提出从未有过的挑战。就文种而言，写作中遇到的问题远非以前所能比。而且，由于金融的国际化，几乎所有的公文在写作形式上要求与国际接轨，这是我们每个金融工作者必须面要对和解决的问题。二是我国金融改革的进一步深入和发展，对我国金融机构金融应用文写作提出了新的要求。进入 21 世纪以来，我国金融业分工越来越细致，特别是互联网金融的出现，经济金融电子化的程度快速提高，过去常用的一些应用文以新的形式出现。如合同范围更加广泛、资产评估报告的出现以及征信报告的出现，不断丰富了常用金融应用文的种类甚至是创新了格式和写法，要求我们每一个金融工作者要尽快熟悉和掌握。三是我国经济全球化和金融国际化要求与经济金融有关的各种法律法规和规章制度不断完善和成熟，需要在金融立法和建立相关制度方面加大力度。如目前我国货币市场、债券市场的发展以及混业经营的趋势要求建立和进一步完善过去在制度方面的缺陷。特别是近几年快速发展的互联网金融，更是要求加强和完善相关制度建设。作为金融机构金融应用文的一个特殊文种，掌握各种法律制度和规章办法的起草，对我们金融工作者提出了新的迫切的要求。

三、金融机构常用金融应用文写作的特点

邓小平同志关于金融是现代经济的核心的认识，真正洞悉了现代金融的本质，他对金融重要性的概括超越了一切前人，高瞻远瞩地指出了金融在现代经济体系和组织中的重要性和重要地位。金融机构是国民经济的综合部门，与其他部门有着非常紧密的联系，金融机构常用金融应用文写作表现的不仅是金融机构本身的经济业务活动，实际上也是其他相关领域机构的表现和反映。金融机构常用金融应用文研究反映的是业务与管理活动，协调的是国民经济各部门之间的关系，处理的是各种风险矛盾，它的实用性、时效性、专业性和政策性在应用文写作上具有特殊的表现形式。从金融机构常用金融应用文写作看，具体有：一是金融应用文具有极强的实用性。金融机构常用金融应用文与其他应用文有本质不同，是为金融机构的业务和管理服务的，是为协调国民经济各部门关系服务的，是为宏观调控和防范风险服务的。用于发布货币政策、宏观调控、传播信息、反映问题、调查研究，为决策层提供必要的决策信息和参考信息，为机构提供交流平台，为一般工作人员提供了解最新工作动态的窗口。由于常用金融应用文是为解决实际问题而写的，所以，应用文的写作也一定要从实用出发，真实地反映问题、研究问题，实实在在地解决问题。也就是说它是为解决问题而写作的，不是可有可无的。二是金融应用文具有很强的时效性。与其他任何文字作品不同的是金融机构常用金融应用文是有特定目的和明确目标的，都是为解决一个特定问题和完成一个特定任务服务的。凡是任务都是有时限要求，凡是要求解决的问题更是有时间要求的，所以，金融机构的应用文一定要求时效性强，必须在规定的时间内写成，不能拖延时间。否则，应用文就会失去原有的解决问题、反映问题的意义。三是金融应用文具有很强的专业性。金融机构应用文写作的所有内容基本上都与经济金融或者是与金融机构内部管理有关，即便是为新闻媒体提供的经济金融新闻报道，也无一不是联系金融实际，为金融调控和管理以及业务服务的。所以，金融机构常用金融应用文写作，必须要有非常好的专业素养，对金融业务非常熟悉，否则，写出来的东西很难反映要解决的问题以及达到解决问题的目的。四是金融机构常用金融应

用文要求高度地贯彻党的有关方针政策路线，政策性极强。金融机构的所有金融活动都是为社会主义建设服务的，都是为改革开放服务的。由于所有的金融活动都是遵循一个时期内党和政府的路线方针，制定合理的经营规划或者制定相应的制度办法。所以，所有金融机构的常用金融公文必须准确地贯彻党的方针路线政策，必须反映党和国家大政方针指导下的经营活动。

四、本教材的特点

本教材具有以下特点：一是结构严谨，架构体系完整。本教材包括了金融写作的基本理论、应用、金融公文处理的程序、具体要求等几个部分，形成了较为完整的金融机构常用金融应用文的写作框架。理论部分研究了金融应用文写作的理论和金融机构的划分，应用部分主要研究了常用金融应用文的写法和具体要求，金融应用文运转处理部分研究了现行制度规定对金融公文的起草、流转、处理的规定和各项要求。整个教材结构合理、体系完备，突出了理论上的完整性、操作上的实用性。二是理论与金融机构实务高度结合突出本教材的实用性。本书以一般公文写作理论为基础，进而延伸到金融应用文的写作，全面研究和介绍了我国金融应用文写作的特点和要求，对金融硕士学习金融应用文写作提供具体的方法，对提高金融英文写作水平的路径进行了研究和介绍。三是内容丰富，与时俱进。介绍和研究一般公文写作的教材，从未介绍我国金融机构的性质和其应用文写作的性质，本教材重点对金融机构的性质进行了分类，从而对这些金融机构应用文的性质进行了分类，研究了不同金融机构金融应用文的性质及适用范围。特别是本书介绍了进入电子信息时代以来，金融机构新闻报道和金融电子新闻报道的性质及写法和要求，对微信时代的金融信息运用也做了一定探索。四是广泛吸取了最新的研究成果。与其他公文写作类教材作者不同的是，本书作者具有多年金融应用文写作经验和教学经验，特别突出教材的针对性。本教材同时又吸取了当前最新的研究成果，反映了当前金融应用文发展的趋势和要求。

五、本门课程学习的要求

写作是一项非常艰苦的工作，是一个人综合知识和能力的反映，要学好这门课，必须平时多下功夫多积累，才能做到下笔如有神。不仅在课堂上学，更要深入到工作中去学习和实践，只有多写才能不断提高。作为一门实用性非常强的课程，本教材的学习具体要求主要有：一是具有政策观念和相关法律知识。金融应用文体现的是党和政府金融政策的宣传和贯彻，具有依法行政的职能，所以，必须加强对党和国家大政方针和有关政策的学习和了解，需要对相关法律的熟悉和了解。只有具备这样的素质，才能使自己具有较高的政策水平和法律水准，在日后应用文的起草中不至于出现与现行政策法律法规相抵触的现象。二是具有扎实的经济金融理论基础，熟悉所从事的金融业务。起草金融机构常用的金融应用文，需要专门的金融专业知识，需要我们通过努力学习，将经济金融基础理论相关专业知识的基础打牢，由于起草的应用文都具有指导作用或者规范作用，如果不懂就不能胜任这份工作，需要我们每一个人在研究生学习阶段就要扎实掌握相关知识，并且在未来的工作中不断充实和提高自己。另外，必须熟悉所在金融机构的职能性质、业务范围、历史沿革以及各项工作要求和管理重点，只有这样，才能写出符合实际具有操作性的应用文。三是不断提高文字表达水平，提高拟办常用金融应用文办文质量。首先，要熟悉应用文的格式。教材中所讲述的每一种应用文的基本格式都要学会，熟悉各种应用文文体特点。其次，提高文字表达能力是一个重要的基本功。金融应用文的写作最重要体现在语言上，离开语言文章就不会存在，语言能力的高低直接影响应用文写作质量。阅读是学习语言最直接最有效的途径，因为阅读可以使我们大量地学习优美的语言和词汇，可以改变自己语言贫乏、表达不能得心应手的状况，积累必备的写作词汇。再次，学习应用文的句式非常重要。金融机构金融应用文不同于一般应用文，其文字材料的句式比较固定，非常严谨，这是应用文起草和发布中必须具备的，我们一定要学会运用，只有学会固定句式的应用，才能写出真正的公文和应用文。最后，对应用文语言要有一定的把握能力。主要是对不同金融应用文文体语言要有较深的了解和把握，不同的金融应用文文体对语言的要求是不同的，需要我们平时多看多练，掌握不同应用文的语言特点，根据不同的应用文文体，学会使用不同的语言模式。另外，尽可能在平时写作过程中做到使用的语言平实、简练、得体。四是大量和广泛阅读优秀的金融应用文。学习优秀的金融应用文，可以使我们站在前人的肩膀上迅速提升自己的草拟公文的能力，主要是学习所在单位前人所起草的各种总结、报告、请示、批示、复函、汇报等常用的应用文，只有这样，我们才能了解本金融机构金融应用文的写作特点和要求，行文规则和具体做法，使自己较快进入写作状态，学会不同机构的不同应用文的具体特点和要求以及写法。特别是要注意学习党中央、国务院一些文件的写法，这些文件从公文的角度看，拟文水平和文字表述能力都是我国水平最高的，通过向这些高水平的公文学习，可以找出我们文字水平的差距和对问题认识的差距，可以为我们尽快提高应用文起草水平提供一个便捷的通道。

需要注意的是金融机构金融英文写作是一项非常艰苦的工作，也是一个实践性很强的技能，尽管我们付出了大量的心血，付出了巨大的努力，但是收效是很缓慢的，有时甚至是看不见的，这是一个非常痛苦的过程。所以，培养常用金融应用文写作能力的提高是一个漫长的过程，甚至要伴随我们整个职业生涯。在这个过程中，要求多读、多写、多思考，不断地学习，没有任何捷径可走，坚持不懈地阅读和写作是提高金融应用文写作水平的唯一通道和必由之路。只有在整个职业生涯中坚持不懈地阅读思考和写作，并且不断总结经验教训，才能不断提高我们的金融应用文的写作水平和能力。

六、本教材的基本结构和主要内容

《金融机构常用金融应用文写作》一书共分九章。第一章金融机构的分类及其金融应用文特点，主要介绍我国金融机构的分类和其金融英文的特点和要求，通过这章的学习，使金融硕士对我国金融机构的特性构成及对应用文性质的要求有一定的了解。第二章金融机构常用金融应用文的写作基础，主要介绍了金融机构常用金融应用文写作常识意义和特点以及基本要求。第三章金融机构常用金融公文写作基础与种类，主要介绍了管理类金融机构公文写作基础和种类。第四章金融机构公文写作的要求与前提条件，主要介绍管理类金融机构公文写作的基本要求、前提条件和应注意的几个问题。第五章金融机构常用公文的格式和行文制度，介绍金融机构常用公文的格式、行文制度和原则。第六章金融机构几种常用公文的写作，介绍几种常用公文的用途、分类及写法以及运转要求。第七章金融机构及汇总常用应用文的写法，主要是介绍金融机构工作计划的写法、工作总结的写法、调研报告的写法及金融新闻报道的写法和最新金融电子新闻报道的写法和要求。第八章金融机构专项金融应用文写作，包括常用规章制度的写法、审计报告及稽核报告的写作和金融机构金融运行情况分析与活动的分析与预测报告。第九章金融机构常用金融应用文的审核和运转，主要介绍金融机构金融应用文的审核和运转。

目　　录

第一章　金融机构的分类及其金融应用文特点

　　我国金融机构分为管理类的金融机构和组织以及经营类的金融机构，常用金融应用文是它们保持机构正常运转的工具和载体。根据我国金融硕士培养的目的和要求，常用的金融应用文写作和处置是我国金融硕士应掌握的一项很重要的基本技能。从机构的性质看，我国的金融机构依功能和作用不同，在常用金融应用文的写作与性质方面各有不同的特点。作为一名金融硕士，应该熟悉和了解不同金融机构常用金融应用文的特点和写法，为将来走向工作岗位打下坚实的基础，为从事经济金融工作做好充分的准备。但是，金融机构常用金融应用文不同于一般公文，它具有一般公文不具备的特点和要求，本章重点研究金融硕士应掌握常用金融应用文写作的意义和要求、我国金融机构的分类及相关金融应用文的特点。

第一节　金融硕士为什么要学习常用金融应用文的写作

　　金融硕士专业学位英文名称为"Master of Finance"，简称 MF。金融硕士项目主要培养具有坚实金融学理论基础和较高应用技能的专业人才，培养学生综合运用金融学、经济学、管理学、现代计量分析手段解决理论问题与实践问题的能力，使学生既了解国际金融业的前沿发展，又能密切联系中国的实际，具备比较强的研究能力和创新潜力，可以适应金融管理部门、各类金融机构和研究机构的工作。其中，熟练掌握各种常用的金融公文写作和处置是其应该具备的一个基本功。本节重点研究金融硕士的教育特点和要求以及如何熟练掌握常用金融公文的写作。

1

一、金融硕士——一个不同于学术型的专业学位

专业学位（Professional Degree），是相对于学术性学位（Academic Degree）而言的学位类型，其目的是培养具有扎实理论基础，并适应特定行业或职业实际工作需要的应用型高层次专门人才。专业学位与学术性学位处于同一层次，培养规格各有侧重，在培养目标上有明显差异。学术性学位按学科设立，以学术研究为导向，偏重理论和研究，主要培养大学教师和科研机构的研究人员；而专业学位则以专业实践为导向，重视实践和应用，培养在专业和专门技术上受到正规的、高水平训练的高层次人才。专业学位教育的突出特点是学术性与职业性紧密结合，获得专业学位的人，主要不是从事学术研究，而是从事具有明显职业背景的工作，如工程师、医师、教师、律师、会计师等。专业学位与学术性学位在培养目标上各自有其明确的定位，因此，在教学方法、教学内容、授予学位的标准和要求等方面均有所不同。

我国自1991年开始实行专业学位教育制度以来，经过十几年的建设，专业学位教育发展迅速，取得了显著成绩。到2009年，我国已设置了法律硕士，教育硕士、博士，工程硕士，建筑学学士、硕士，临床医学硕士、博士，工商管理硕士，农业推广硕士，兽医硕士、博士，公共管理硕士，口腔医学硕士、博士，公共卫生硕士，军事硕士，会计硕士，体育硕士，艺术硕士，风景园林硕士，汉语国际教育硕士，翻译硕士，社会工作硕士19种专业学位，基本形成了以硕士学位为主，博士、硕士、学士三个学位层次并举的专业学位体系。目前我国参与专业学位教育的院校有431个，占我国博士、硕士学位授权单位总数的60%。已经初步建立了具有中国特色的专业学位教育制度，为社会主义现代化建设培养了大量高层次应用型专门人才。由于在1999年以前，我国硕士研究生规模较小，而且主要是为教学科研岗位培养学术性人才，因此，当时的专业学位教育主要针对的是已经工作的在职人员，满足他们在职提高的要求。随着我国经济体制改革的进一步深入，为了适应我国经济金融快速发展以及社会主义现代化建设和改革开放的需要，国务院学位委员会开通了在职人员攻读专业学位教育的渠道，实施非全日制培养，大大满足了社会在职人员学习提高的愿望。近年来，随着我国经济社会的快速发展，职业分化愈来愈细，职业种类愈来愈多，技术含量愈来愈高，社会在管理、工程、建筑、法律、财经、教育、

农业等专业领域对高级专门人才的需求越来越强烈，专业学位教育所具有的职业性、复合性、应用性的特征也逐渐地为社会各界所认识；与此同时，从全日制硕士研究生的就业趋势来看，更多的是走向工作岗位。因此，专业学位教育不仅仅要满足现有在职人员的需要，更重要的是要吸引优秀生源，面向应届本科毕业生，实施全日制学习方式，培养实践部门需要的应用型人才。

为适应我国当前社会经济形势对研究生教育结构转变的需要，教育部决定从 2009 年开始，除工商管理硕士（MBA）、公共管理硕士（MPA）、工程硕士的项目管理方向、公共卫生硕士、体育硕士的竞赛组织方向等管理类专业和少数目前不适宜应届毕业生就读的专业学位外，其他专业学位均面向应届毕业生招收专业学位研究生，实行全日制培养。其中金融硕士就是一个培养人才重要的组成部分。随着一系列政策的出台，全日制硕士研究生教育将逐渐从以培养学术型人才为主向以培养应用型人才为主转变，实现研究生教育结构的历史性转型和战略性调整。而在专业学位招生和培养模式上，也逐步形成了较为完善的两种格局：一是吸引包括应届毕业生在内的考生，参加硕士生全国统一入学考试，采取全日制学习方式，培养实践部门需要的应用型人才；二是面向广大在职人员，参加非全日制硕士专业学位全国联考，采取非全日制学习方式，实现在职人员在职深造、终身学习的目的和愿望。从世界研究生教育发展趋势和我国研究生教育发展的现实出发，专业学位研究生教育是今后一个时期国家大力扶持和积极引导的发展重点。目前，随着教育体制、机制的进一步建立健全，专业学位研究生教育必然会迎来一个快速发展的春天，也必然会在全面推进我国社会主义现代化建设事业的进程中发挥越来越重要的积极作用。

二、我国金融硕士的培养目标

为适应我国社会主义市场经济对金融专门人才的迫切需求，完善金融人才培养体系，创新金融人才培养模式，提高金融人才培养质量，我国国务院学位委员会特别设置金融硕士专业学位。根据实际需要，金融硕士专业学位培养目标是，培养具备良好的政治思想素质和职业道德素养，充分了解金融理论与实务，系统掌握投融资管理技能、金融交易技术与操作、金融产品设计与定价、财务分析、金融风险管理以及相关领域的知识和技能，具有很强的解决金融实际问题能力的高层次、应用型金融专门人才。金融硕士课程设置要基本反映金融实践领域对专门人才的知识与素质要求，注重分析能力和创造性解决实际问题能力的培养。教学方法要重视运用团队学习、案例分析、现场研究、模拟训练等方法。金融硕士培养过程需突出金融实践导向，加强实践教学，并且要求实践教学时间不少于半年。金融硕士专任教师须具有较强的专业实践能力和教育教学水平。重视吸收来自金融实践领域的专业人员承担专业课程教学，构建"双师型"的师资结构。学位论文须与金融实践紧密结合，体现学生运用金融及相关学科理论、知识和方法分析、解决工程金融实际问题的能力。论文内容可以是理论研究、调研报告、案例分析、毕业设计等。学位论文答辩形式可多种多样，答辩成员中须有金融实践领域具有专业技术职务的专家。修满规定学分、完成金融硕士专业实习并通过论文答辩者，将授予金融硕士专业学位。通过加快发展金融硕士教育，积极推进金融硕士专业学位与金融类职业资格考试的有效衔接。

三、为什么应熟练掌握常用金融应用文的写作

金融硕士和学术硕士最大区别是对前者在研究能力方面不做过高的要求，而在实用性和上手快方面提出较高的要求。如果金融硕士也按照研究型的模式和思路培养，那么就与研究型的硕士没有什么差别。由于常用金融应用文写作对于金融行业中各类工作人员都是一个必备的基本功，就像每天上班都要用的电脑一样，如果没有电脑，我们工作起来就非常不便或者根本无法工作。对金融硕士来讲，掌握常用金融应用文的写作，就等于进入实际工作时有了一个抓手，像开车一样，有了方向盘。其主要意义在于：一是培养一门扎实的基本技能，为一生做了一个很好的能力投资。二是熟练掌握常用金融应用文的写作和相关运转规则，可以使我们在未来的工作和学习中更具有竞争力。可以说，未来漫长的职业生涯中，一个金融硕士处理金融应用文水平的高低，关系到个人的进步与发展。三是金融硕士金融应用文水平的高低关系到今后其就职单位理论水平、政策水平，关系到就职单位的威望和形象。四是学习和掌握常用金融应用文写作能够有效提高所在单位的科学管理水平、工作质量和工作效率。五是对于金融硕士，写作能力是培养目标的一个重要方面，也是一个人逻辑思维能力的反映，是否具有常用金融应用文的写作能力也是金融机构衡量工作人员称职与否的标准。

四、开设本课程的目的

本门课程是专门为金融硕士开设的金融专业的专项写作课程。开设这门课程的目的，主要是使金融硕士通过专业学习与金融专业写作相结合，将金融专业知识转化为金融专业能力，达到教育部金融硕士的培养目标，以适应社会发展对应用型金融高端人才的要求。要学习好常用金融应用文写作这门课程，首先要了解和掌握写作的基础知识，并具备一定的书面表达能力，在此基础上根据不同金融机构及业务特点，进行有针对性的专业写作。常用金融应用文写作又是一门实践性较强的课程，它需要经过大量的实践才能够掌握，书本上的知识仅能提供一定的写作规律和要求。想要进一步提高写作水平和金融应用文的应用能力，还需要大量的写作实践，不掌握金融的规律，不掌握金融机构的特点和对写作的要求，很难写出规范的高水平的金融应用文。本书就是为金融硕士如何掌握常用金融应用文写作及提高常用金融应用文写作水平而编写的。

第二节　管理类金融机构及常用金融应用文特点

我国金融机构分为金融管理机构和经营类金融机构，金融机构的性质不同，致使常用的金融应用文的写法不同，或者同一问题因发布效果不同，社会反映则不相同。本节重点介绍我国管理类金融机构和组织的特点以及不同性质的金融机构常用金融应用文的不同特点。

一、金融机构及其分类

（一）金融机构的含义

金融机构是指专门从事货币、信用活动的中介组织。金融活动虽在很早以前就已存在，但并没有产生以从事货币交易为对象的中介组织。随着社会经济的发展，自发的货币交易行为已不能满足经济发展的需要，于是出现了货币兑换业和银行业，它们是人类社会最早的信用中介组织。

（二）金融组织体系的含义

金融组织体系是指与信用及货币交易有关的各种不同的金融机构的设置、隶属关系、权限划分、业务范围等方面分工协作的组织体系。经济决定金融，不同的经济体制决定着不同的金融组织体系。以银行为主体的金融组织体系是商品经济发展的必然产物。

二、金融机构的分类

金融机构按照不同的标准有不同的分类方法，常见的分类方法包括按金融机构的地位和功能划分、按资本金构成性质划分、按业务性质划分、按经营规模划分、按金融机构负债的性质划分等，按照这些分类方法可以把金融机构划分为不同的类别。本教材主要是按我国金融机构的地位和功能进行划分。目前，我国金融机构按其地位和功能可分为以下几类：中央银行、金融监管机构、国有重点金融机构监事会、政策性金融机构和商业性金融机构。

（一）中央银行

中国人民银行是我国的中央银行，是我国国务院的一个重要组成部分，负责依法制定和执行货币政策，规范和维护金融秩序，维护国家金融稳定，并提供必要的金融服务。国家外汇管理局设若干职能司和直属单位。在中国人民银行分行所在地设立国家外汇管理局分局，在北京、重庆设立国家外汇管理局北京、重庆外汇管理部，在其他省会城市设立国家外汇管理局分局，在非省会的副省级城市设立国家外汇管理局分局，在外汇业务量比较大的地（市）和县（市）设国家外汇管理局支局，与同级中国人民银行分支行合署办公。

（二）金融监管机构

我国的金融监管机构包括：中国银行业监督管理委员会、中国证券监督管理委员会、中国保险监督管理委员会。在此基础上，我国实行分业监管体制。除此之外，根据我国现有法律和有关制度的规定，中国人民银行也有部分金融监管的职能。

（三）国有重点金融机构监事会

监事会由国务院派出，对国务院负责，代表国家对国有重点金融机构的资产质量及国有资产的保值增值状况实施监督。

（四）政策性金融机构

政策性金融机构是指由政府发起并出资成立，为贯彻和配合政府特定的经济政策和意图而进行融资和信用活动的机构。我国目前的政策性金融机构包括三家政策性银行，即国家开发银行、中国进出口银行和中国农业发展银行。

（五）商业性金融机构

我国的商业性金融机构包括银行业金融机构、证券机构和保险机构三大类。

银行业金融机构包括商业银行、信用合作机构和非银行金融机构。商业银行是指以吸收存款、发放贷款和从事其他中间业务为主的营利性机构，包括国有商业银行、股份制商业银行、城市商业银行和农村商业银行，以及住房储蓄银行、外资银行和中外合资银行。信用合作机构包括城市信用社及农村信用社。非银行金融机构主要包括金融资产管理公司、信托投资公司、财务公司、租赁公司等。

截至 2013 年末，全国主要银行业金融机构包括 4 家国家控股商业银行、3 家政策性银行、13 家股份制商业银行、4 家资产管理公司、113 家城市商业银行、254 家外资银行营业机构、240 家外资银行代表处、603 家城市信用社、27 054 家农村信用社、12 家农村商业银行、58 家农村合作银行、59 家信托投资公司、73 家财务公司、12 家金融租赁公司、5 家汽车金融公司和遍布城乡的邮政储蓄机构。

证券机构是指为证券市场参与者（如融资者、投资者）提供中介服务的机构，包括证券公司、证券交易所、证券登记结算公司、证券投资咨询公司、基金管理公司等。

保险机构是指专门经营保险业务的机构，包括国有保险公司、股份制保险公司和在华从事保险业务的外资保险分公司及中外合资保险公司。

金融机构的多样化是商品经济发展和经济结构多元化的客观要求。社会融资渠道和国民收入分配格局的变化、经济主体的多样化以及金融市场的发展，需要建立各类金融机构为不同层次的经济主体提供服务。

金融机构体系构造如图 1-1 所示。

三、监管类的金融机构

按照国务院赋予我国金融组织的任务，我国监管类金融机构包括中国人民银行、中国银行业监督管理委员会、中国证券监督管理委员会、中国保险监督管理委员会、国有重点金融机构监事会。

```
                          ┌─ 中央银行 ──────────── 中国人民银行
                          │                        ┌─ 国家开发银行
                   ┌─ 银行 ┤  政策性银行 ──────────┤─ 中国进出口银行
                   │      │                        └─ 中国农业发展银行
                   │      │                        ┌─ 中国工商银行
                   │      │  国有商业银行 ─────────┤─ 中国农业银行
                   │      │                        │─ 中国银行
                   │      │                        └─ 中国建设银行
                   │      │                        ┌─ 交通银行
                   │      └─ 其他商业银行 ─────────┤─ 中信实业银行
                   │                               │─ 中国光大银行
                   │                               │─ 华夏银行
  金                │          ┌─ 金融资产管理公司  │─ 中国民生银行
  融                │          │─ 农村合作银行      │─ 广东发展银行
  机                │          │─ 保险公司          │─ 深圳发展银行
  构 ──┤ 非银行金融机构 ┤─ 信托投资公司      │─ 招商银行
  体                │          │─ 证券公司          │─ 兴业银行
  系                │          │─ 融资租赁公司      │─ 上海浦东发展银行
                   │          │─ 城市信用社        │─ 恒丰银行
                   │          │─ 农村信用社        │─ 浙商银行
                   │          │─ 投资基金          │─ 城市商业银行
                   │          │─ 邮政储蓄          └─ 农村商业银行
                   │          └─ 其他公司
                   │          ┌─ 中国银行业监督管理委员会
                   └─ 监管机构 ┤─ 中国证券监督管理委员会
                              │─ 中国保险监督管理委员会
                              └─ 国有重点金融机构监事会
```

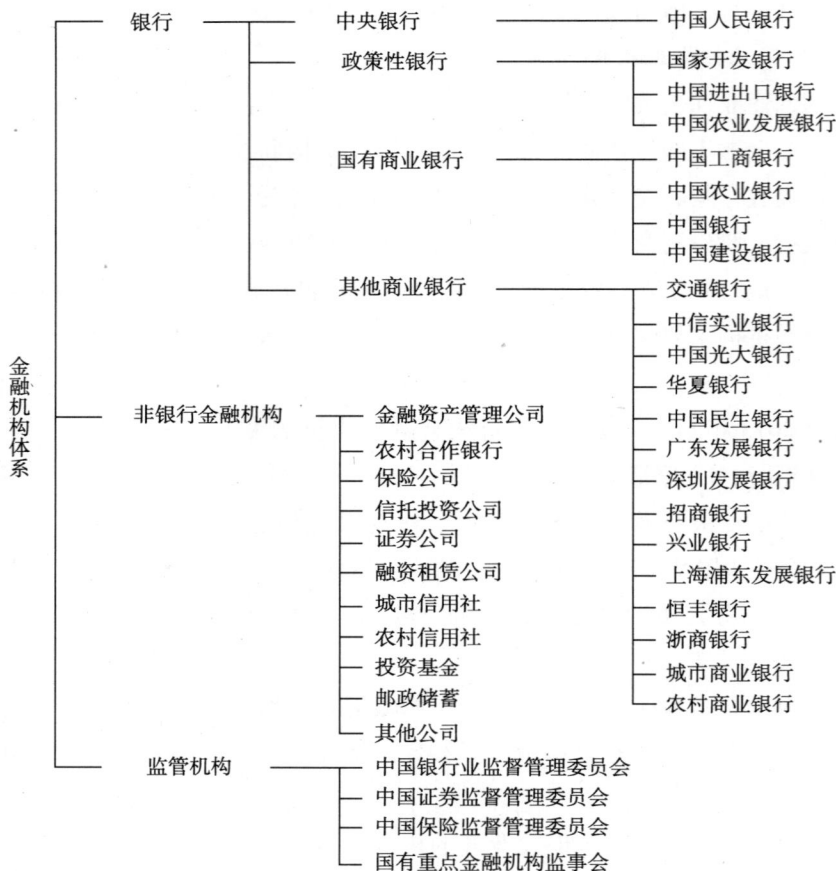

图 1 – 1　中国金融机构体系

四、监管机构的职能及常用金融应用文的种类和性质

（一）中国人民银行的性质和职能

中国人民银行是我国的中央银行，自 1948 年 12 月 1 日成立以来，作为发行的银行和政府的银行的性质从未发生变化。中华人民共和国成立后至 1978 年经济体制改革之前，中国人民银行履行着中央银行和商业银行的双重职能，具有高度的垄断性。随着我国金融体制改革的不断深化和商业性金融机构的大量涌现，金融体系不断地完善，中国人民银行从 1984 年起不再经营商业性金融业务，开始独立履行中央银行的职能。

1. 中国人民银行的性质和地位

中国人民银行是我国的中央银行。中国人民银行享有货币（人民币）发行的垄断权，它是发行的银行；中国人民银行代表政府管理全国的金融机构和金融活动，经理国库，是政府的银行；中国人民银行作为最后贷款人，在商业银行资金不足时，向其发放贷款，是银行的银行。

中国人民银行的性质决定了它的特殊地位。根据法律规定，它在国务院的领导下依法独立执行货币政策，履行职责，开展业务，不受各级政府部门、社会团体和个人行为干涉。

按照法律规定，中国人民银行具有相对独立性。主要体现在：财政不得向中国人民银行透支；中国人民银行不得直接认购政府债券，不得向各级政府贷款，不得包销政府债券。

中国人民银行所属的分支机构是中国人民银行的派出机构，执行全国统一的货币政策，维护本辖区的金融稳定，其职责的履行也不受地方政府干预。

2. 中国人民银行的职责

根据《中华人民共和国中国人民银行法》及"三定"方案的规定，中国人民银行具有依法制定和执行货币政策，维护支付、清算系统的正常运行等十四项职责：

（1）起草有关法律和行政法规；完善有关金融机构运行规则；发布与履行其职责有关的命令和规章。

（2）依法制定和执行货币政策。中国人民银行的主要任务包括发行人民币，管理人民币流通，管理存款准备金、基准利率，对商业银行发放再贷款和再贴现，合理操作公开市场业务。

（3）监督管理银行间同业拆借市场和银行间债券市场、银行间外汇市场、黄金市场。

（4）防范和化解系统性金融风险，维护国家金融稳定。中国人民银行负责国家的金融稳定工作，在日常工作中，负责对金融机构经营风险的监控和防范。在金融机构出现风险时，中国人民银行根据情况实施必要的救助。

（5）确定人民币汇率政策；维护合理的人民币汇率水平；实施外汇管理；持有、管理和经营国家外汇储备和黄金储备。

（6）发行人民币，管理人民币流通。中国人民银行是国家法律规定的唯一的发行银行，负责人民币的发行和流通管理工作，除此之外，任何组织或个人不得以任何名义在国内市场发行货币。

（7）经理国库。

（8）同有关部门制定支付结算规则，维护支付、清算系统的正常运行。即协调、组织金融机构之间的资金清算，协调金融机构之间的清算事项，提供清算服务。

（9）制定和组织实施金融业综合统计制度，负责数据汇总和宏观经济分析与预测。

（10）组织协调国家反洗钱工作，指导、部署金融业反洗钱工作，承担反洗钱的资金监测职责。

（11）管理信贷征信业，推动建立社会信用体系。中国人民银行负责全国银行系统的征信系统的建立和管理，统一协调全社会的信用体系建设。

（12）作为国家的中央银行，从事有关国际金融活动。我国于1980年恢复了在国际货币基金组织和世界银行的合法席位；1985年正式加入了非洲开发银行集团；1986年正式加入亚洲开发银行；1996年加入了国际清算银行；1998年参加了加勒比开发银行。目前，中国人民银行在国际货币基金组织和"非洲银行集团"都派有常驻代表。此外，中国人民银行还在境外设立了东京代表处、欧洲代表处和美洲代表处等。

（13）按照有关规定从事金融业务活动。

（14）承办国务院交办的其他事项。

3. 中国人民银行上海总部的职责

（1）根据中国人民银行总行提出的操作目标，组织实施中央银行公开市场操作。

（2）承办在沪商业银行及票据专营机构再贴现业务。

（3）分析市场工具对货币政策和金融稳定的影响，监测分析金融市场的发展，防范跨市场风险。

（4）密切跟踪金融市场，承办有关金融市场数据的收集、汇总、分析，定时报送各类金融动态信息和研究报告。

（5）研究并引导金融产品的创新，促进金融市场协调、健康、规范发展。

（6）承办有关区域金融交流与合作工作等。

除以上几点职责外，上海总部根据总行授权，还承担对中国外汇交易中心（全国银行间同业拆借中心）等总行直属在沪单位的管理工作，以及上海黄金交易所、中国银联等有关机构的协调、管理工作。

1995 年颁布的《中国人民银行法》赋予中国人民银行对银行业进行监督管理的职能，因国务院于 2003 年 4 月单独设立了中国银行业监督管理委员会，原《中国人民银行法》所赋予的监管职能被分离，由中国银行业监督管理委员会负责对银行业的统一监管。

（二）中国人民银行与国家外汇管理局的关系

1993 年 4 月，根据八届人大一次会议批准的国务院机构改革方案和《国务院关于部委管理的国家局设置及其有关问题的通知》，国家外汇管理局为中国人民银行管理的国家局，是依法进行外汇管理的行政机构。

根据国务院"三定"方案，国家外汇管理局的主要职责包括：

1. 设计、推行符合国际惯例的国际收支统计体系，拟定并组织实施国际收支统计申报制度，负责国际收支统计数据的采集，编制国际收支平衡表。

2. 分析研究外汇收支和国际收支状况，提出维护国际收支平衡的政策建议，研究人民币在资本项目下的可兑换。

3. 拟定外汇市场的管理办法，监督管理外汇市场的运作秩序，培育和发展外汇市场；分析和预测外汇市场的供需形势，向中国人民银行提供制定汇率政策的建议和依据。

4. 制定经常项目汇兑管理办法，依法监督经常项目的汇兑行为；规范境内外外汇账户管理。

5. 依法监督管理资本项目下的交易和外汇的汇入、汇出及兑付。

6. 按规定经营管理国家外汇储备。

7. 起草外汇行政管理规章，依法检查境内机构执行外汇管理法规的情况、处罚违法违规行为。

8. 参与有关国际金融活动。

9. 承办国务院和中国人民银行交办的其他事项。

国家外汇管理局设若干职能司和直属单位。在中国人民银行分行所在地设立国家外汇管理局分局，在北京、重庆设立国家外汇管理局北京、重庆外汇管理部，在其他省会城市设立国家外汇管理局分局，在非省会的副省级城市设立国家外汇管理局分局，在外汇业务量比较大的地（市）和县（市）设国家外汇管理局支局，与同级中国人民银行分支行合署办公。

（三）中国人民银行公文的性质种类

中国人民银行是国务院的一个重要组成部分，依照国家法律赋予的有关职责，行使国家管理金融、维护币值稳定的职责，常用金融应用文特别是重要公文如对社会发布，代表国家，具有国家法律制度的内容和性质，对金融机构发布，具有规范和管理的性质。所以人民银行的公文既具有政府机关公文的性质，也具有系统内保证机关业务正常运行的性质。人民银行的性质决定其常用金融应用文文种齐全，由于对社会发布时影响重大，所以，要求写作极为规范，文种非常准确，语言非常到位，政策性非常强。

五、金融监督管理机构的组成

金融监督管理机构的设立是防范金融风险的一种有效的管理制度，世界各国由于金融体制的不同，其监管体制也有所不同。目前世界上的监管体制大致分为两种：一是混业监管；二是分业监管。根据我国目前金融业的现状，我国实行的是分业经营、分业监管的体制。

（一）中国银行业监督管理委员会

1. 我国银行业监管体制的沿革

1984 年以前，我国没有专门的金融监管法律法规，严格讲没有现代意义上的金融监管。随着经济体制改革的深入，金融机构数量和种类的增加及其无序竞争的加剧，金融业风险暴露得越来越明显，金融发展要求有相应的监管机构以保持金融的稳定。在此情况下，中国人民银行受国务院委托肩负起对银行机构的监管任务，并多次实施了监管体制的改革，一方面调整内设监管机构，改变过去对一个法人机构的监管权力由多个部门分别行使的格局，根据金融治理结构的不同，要求不同部门对不同的法人金融机构分别实行从市场准入到市场退出的全方位金融监管；另一方面对人民银行管理体制进行重大改革，明确总行、分行、中心支行和支行在金融监管方面的权力和责任，建立金融监管责任制。在人民银行监管期间，金融法规建设取得重大突破，金融监管力度逐步加大，银行业金融风险得到了一定程度的防范和化解。

2003 年 4 月，全国人民代表大会批准设立中国银行业监督管理委员会（以下简称中国银监会），银行业主要的监管职能由中国人民银行划转给中国银监会，我国的分业监管体制进一步得到完善。中国银监会的成立，是贯彻落实党的十六大和全国金融工作会议精神的重要举措，是国家机构改革的重要组成部分，是完善社会主义市场经济体制、深化金融改革、加强银行监管、维护金融稳定的要求，同时也是我国银行监管走向规范化、专业化和现代化的标志。

2. 中国银监会的性质

中国银监会是国务院直属正部级事业单位。2003 年 4 月 28 日起正式挂牌履行职责。中国银监会根据国务院授权，统一监督管理商业银行、城市信用合作社、农村信用合作社、政策性银行等银行业金融机构，以及金融资产管理公司、信托投资公司、财务公司、金融租赁公司和由中国银监会批准设立的其他金融机构，维护银行业的合法、稳健运行。

3. 中国银监会的主要职责

（1）制定有关银行业金融机构监管的规章制度和办法。

（2）审批银行业金融机构及分支机构的设立、变更、终止及其业务范围。

（3）对银行业金融机构实行现场和非现场监管，依法对违法违规行为进行查处，审查银行业金融机构高级管理人员任职资格。

（4）负责统一编制全国银行数据、报表，并按照国家有关规定予以公布。

（5）会同有关部门提出存款类金融机构紧急风险处置意见和建议。

（6）负责国有重点银行业金融机构监事会的日常管理工作。

（7）承办国务院交办的其他事项。

4. 银监会虽然不是国务院的组成部门，但是国务院授权对中国的银行业及其他金融机构进行监管，其发布的公文也具有国家管理行业机构的制度政策的效力，常用金融文种齐全，由于对行业发布时影响重大，所以，要求写作极为规范，文种非常准确，语言非常到位，政策性非常强。

（二）中国证券监督管理委员会

1. 中国证券监督管理委员会的性质

1992 年 10 月，国务院证券委员会和中国证券监督管理委员会（以下简称中国证监会）成立。

1998 年 4 月，根据国务院机构改革方案，决定将国务院证券委员会与中国证监会合并组成国务院直属正部级事业单位。中国证监会是我国证券业的监管机构，根据国务院授权，中国证监会依法对证券、期货业实施监督管理。

2. 中国证券监督管理委员会的职责

（1）研究和拟定证券期货市场的方针政策、发展规划；起草证券期货市场的有关法律、法规；制定证券期货市场的有关规章制度。

（2）统一管理证券期货市场，按规定对证券期货监督机构实行垂直领导。

（3）监督股票、可转换债券、证券投资基金的发行、交易、托管和清算；批准企业债券的上市；监管上市国债和企业债券的交易活动。

（4）监管境内期货合约上市、交易和清算；按规定监督境内机构从事境外期货业务。

（5）监管上市公司及其有信息披露义务股东的证券市场行为。

（6）管理证券期货交易所；按规定管理证券期货交易所的高级管理人员；归口管理证券业协会。

（7）监管证券期货经营机构、证券投资基金管理公司、证券登记清算公司、期货清算机构、证券期货投资咨询机构；与中国人民银行共同审批基金托管机构的资格并监管其基金托管业务；制定上述机构高级管理人员任职资格的管理办法并组织实施；负责证券期货从业人员的资格管理。

（8）监管境内企业直接或间接到境外发行股票、上市；监管境内机构到境外设立证券机构；监督境外机构到境内设立证券机构、从事证券业务。

（9）监管证券期货信息传播活动，负责证券期货市场的统计与信息资源管理。

（10）会同有关部门审批律师事务所、会计师事务所、资产评估机构及其成员从事证券期货中介业务的资格并监管其相关的业务活动。

（11）依法对证券期货违法违规行为进行调查、处罚。

（12）归口管理证券期货行业的对外交往和国际合作事务。

（13）国务院交办的其他事项。

（三）中国保险监督管理委员会

1. 中国保险监督管理委员会的性质和职责

中国保险监督管理委员会（以下简称中国保监会）是我国保险业的监管机构，国务院于 1998 年 11 月 18 日批准设立中国保监会，中国保监会是国务院直属的正部级事业单位，专司全国商业保险市场的监管职能，根据国务院授权，依法对保险业实施监督管理。

2. 中国保监会的主要职责

（1）拟订保险业发展的方针政策，制定行业发展战略和规划；起草保险业监管的法律、法规；制定业内规章。

（2）审批保险公司及其分支机构、保险集团公司、保险控股公司的设立；会同有关部门审批保险资产管理公司的设立；审批境外保险机构代表处的设立；审批保险代理公司、保险经纪公司、保险评估公司等保险中介机构及其分支机构的设立；审批境内保险机构和非保险机构在境外设立保险机构；审批保险机构的设立、合并、分立、变更、解散，决定接管和指定接收；参与、组织保险公司的破产、清算。

（3）审查、认定各类保险机构高级管理人员的任职资格；制定保险从业人员的基本资格标准。

（4）审批关系社会公众利益的保险险种、依法实行强制保险的险种和新开发的人寿保险险种等的保险条款和保险费率，对其他保险险种的保险条款和保险费率实施备案管理。

（5）依法监管保险公司的偿付能力和市场行为；负责保险保障基金的管理，监管保险保证金；根据法律和国家对保险资金的运用政策，制定有关规章制度，依法对保险公司的资金运用进行监管。

（6）对政策性保险和强制保险进行业务监管；对专属自保、相互保险等组织形式和业务活动进行监管。归口管理保险行业协会、保险学会等行业社团组织。

（7）依法对保险机构和保险从业人员的不正当竞争等违法、违规行为以及对非保险机构经营或变相经营保险业务进行调查、处罚。

（8）依法对境内保险及非保险机构在境外设立的分支机构进行监管。

（9）制定保险行业信息化标准；建立保险风险评价预警和监控体系，跟踪分析、监测、预测保险市场运行状况，负责统一编制全国保险业的数据、报表，抄送中国人民银行，并按照国家有关规定予以发布。

（10）按照中央有关规定和干部管理权限，负责本系统党的建设、纪检和干部管理工作；负责国有保险公司监事会的日常工作。

（11）承办国务院交办的其他事项。

3. 保监会常用公文以及应用文的性质种类

保监会虽然不是国务院的组成部门，但是属于国务院直管的事业单位，国务院授权对中国的保险业及相关部门进行监管，其发布的公文也具有国家管理行业机构的制度政策的效力，常用金融文种齐全，由于对行业发布时影响重大，所以，要求写作极为规范，文种非常准确，语言非常到位，政策性非常强。

（四）国有重点金融机构监事会的性质和职责

为加强对国有重点金融机构的监督，党中央、国务院决定向国有重点金融机构派出国有重点金融机构监事会（以下简称监事会）。2000年1月10日，国务院第25次常务会议通过了《国有重点金融机构监事会暂行条例》，并于同年3月15日实施。随后，国务院决定向3家政策性银行、4家国有商业银行、交通银行、4家国有资产管理公司、3家保险公司和中国银河证券有限责任公司及16家国有重点金融机构派出监事会。

1. 国有重点金融机构监事会的性质和作用

监事会由国务院派出，对国务院负责，代表国家对国有重点金融机构的资产质量及国有资产保值增值状况实施监督。它有别于国家监管机构，只对国有重点金融机构实行有限监管，重点监督国有重点金融机构资产的保值增值行为；而国家监管机构对金融机构的市场准入、业务运营、风险防范和市场退出进行全面监管。监事会与国有重点金融机构是监督与被监督的关系，监事会不参与、不干预国有重点金融机构的经营决策和经营管理活动。

2. 国有重点金融机构监事会的主要职责

监事会以财务监督为核心，根据有关法律、行政法规和财政部的有关规定，对国有重点金融机构的财务活动及主要责任人的经营管理行为进行监督，确保国有资产及其权益不受侵犯。

监事会的主要职责包括：检查国有重点金融机构贯彻执行国家有关金融、经济的法律、法规和行政规章制度的情况；检查国有重点金融机构的财务，查阅其财务会计资料及与其经营管理活动有关的其他资料，验证其财务报告、资金营运报告的真实性、合法性；检查国有重点金融机构的经营效益、利润分配、国有资产保值增值、资金营运等情况；检查国有重点金融机构的董事、行长（经理）等主要负责人的经营行为，并对其经营管理业绩进行评价，提出奖惩、任免建议。

根据《国有重点金融机构监事会暂行条例》的规定，监事会一般每年对国有重点金融机构定期检查两次，并可以根据实际需要不定期地对国有重点金融机构进行专项检查。监事会每次对国有重点金融机构进行检查后，应当及时做出检查报告。检查报告的内容包括：财务、资金分析以及经营管理评价；主要负责人的经营管理业绩评价以及奖惩、任免建议；存在的问题及处理建议；国务院要求报告或者监事会认为需要报告的其他事项。

监事会由主席 1 人、监事若干人组成。监事会主席由国务院任命。监事会的管理机构是中国银监会。该委员会下设国有重点金融机构监事会办公室。

3. 国有重点金融机构监事会常用公文以及应用文的性质种类

国务院授予国有重点金融机构监事会有权对其监管的部门进行监管，其发布的公文也具有单一性和局限性，常用金融文种齐全，由于发布时对所监管的企业影响重大，所以，要求写作规范，文种准确，语言到位，政策性强。

六、管理金融机构金融应用文突出的特点

管理类的金融机构是国务院的一个重要组成部分或者是国务院授权的某一部分金融业务的管理者，其共同特点都是依照国家法律赋予的有关职责，行使国家管理金融、维护币值稳定和金融稳定运行的职责，代表国家防范金融风险规范金融秩序，其常用金融应用文特别是重要公文如对社会发布，代表国家，具有国家法律和制度的性质，如对金融机构发布，具有规范和管理的性质，对内部发布的应用文，具有保证机构正常运转，提高机构运行效率的性质。所以，管理类金融机构的公文既具有政府机关公文的性质，也具有系统内保证机关业务正常运行的性质。其政府部门或者国家机关的性质决定管理类金融机构常用金融应用文文种比经营类金融机构齐全，由于管理类金融机构代表国务院对我国金融机构行使金融管理职能，其有关文件对社会发布时影响重大，在未来一定时间内对金融运行进行指导和规范。所以，要求写作极为规范，文种非常准确，语言精准到位，政策性非常强。与经营类金融机构相比，其性质决定，管理类金融机构的应用文应该更为精准，具有普遍性和适用性。

第三节　经营类金融机构及常用的金融应用文

我国经营类金融机构是指除去中央银行和三大监管机构之外的所有金融机

构，这些金融机构的共同特点是自主经营、自负盈亏的中介金融组织。主要包括商业银行、银行控股公司、合作制金融机构、信托投资公司、租赁公司、证券公司、保险公司、财务公司，以及目前一些新型的金融机构和小额贷款公司、村镇银行等。本节分别介绍这些金融机构的性质和特点以及对常用金融应用文的性质和特点。

一、商业银行的性质和特点

商业银行是现代金融体系的主体，在各类金融机构中，它的历史最为悠久，业务范围最为广泛，对社会各阶层经济生活的影响也最大。商业银行根据出资的不同，可分为国有商业银行、民营商业银行和股份制商业银行；根据业务覆盖面的不同，可分为一般性商业银行和区域性商业银行等。

（一）商业银行的性质和特征

商业银行是以经营存款、贷款和金融服务为主要业务，以盈利为经营目标的金融企业。与其他金融机构相比，吸收活期存款，创造信用货币，是商业银行最明显的特征。正是这一点，使商业银行具有特殊的职能，它们的活期存款构成货币供给或交换媒介的重要组成部分，也是信用扩张的重要源泉。因此，通常人们又称商业银行为存款货币银行。

我国商业银行除具备商业银行的一般特征之外，还有以下几个特点和要求。

1. 在所有制结构上，以国家控股为主体，同时发展一定数量的、区域性的股份制商业银行。

2. 在现阶段，依照《中华人民共和国商业银行法》（以下简称《商业银行法》）的规定，商业银行不得在境内从事信托投资和股票业务，不得对非银行金融机构和企业投资，不得投资于非自用不动产。

3. 实行稳健经营的方针，在严格执行金融法规和国家产业政策，保证资产安全性和流动性的前提下，通过增收节支，争取最好的盈利水平，为国家增加积累，壮大自身经营实力。

4. 商业银行依法开展业务，不受任何单位和个人的干涉。

5. 实行风险管理，包括资产负债比例管理。商业银行必须遵守《商业银行法》和国家有关金融风险管理的具体规定，接受中国银监会的监督管理。

（二）商业银行的地位

1. 商业银行具有信用货币创造功能，是一国中央银行货币政策发挥效用的关键环节。从金融体系的构造来说，一国的金融体系是由中央银行、商业银行、非银行金融机构和金融市场所组成的。中央银行是一国金融的管理机关和货币政策制定者，中央银行政策效应的发挥一般通过商业银行的业务运作来实现。一方面，商业银行是一国金融的主体，它是中央银行基础货币的最大需求者，中央银行贷款的大部分被商业银行所吸纳；另一方面，商业银行又是国内存款市场的最大吸纳者。商业银行的资金形成以后，通过大量的贷款发放又形成新的存款来源，这种循环造就了商业银行创造信用货币的功能。中央银行在实施货币政策时，根据市场上银根的松紧程度进行调节，而调节的主体则是商业银行运用资金的能力。

2. 商业银行是一国国民经济运行中资金供给的主体，对于国民经济的发展起到关键的作用。对于国民经济运行而言，资金的供给与需求变化是一个国家经济发展的关键点，资金的供给渠道畅通与否直接关系到国民经济发展的速度和质量。对于企业来说，资金是企业生产经营得以顺利进行的第一推动力。企业的生产经营资金大部分是通过借贷方式获得的，而企业在借贷过程中，商业银行的贷款是企业获取资金的最主要渠道。因此说金融是现代市场经济的核心，而商业银行又处于金融体系的核心地位。

（三）商业银行的组织形式

纵览世界上银行业的做法和具体的组织结构的安排，商业银行的组织形式大致有以下几种：

1. 总分行制。西方国家大多采用该模式，其具体做法是在大都市设立分行，然后，根据实际和业务发展的需要，在国内外设立相应的分支机构，形成以总行为中心的银行网络。分支机构是总行的派出机构。

总分行制的优越性：覆盖面广、规模大，有利于实现规模经济效益；有利于资金在银行系统内部调剂，提高盈利能力；贷款分散在不同的地域和行业，有利于分散经营风险等。但总分行制容易形成规模的扩张和行业的垄断。同时，由于机构的扩张，在系统风险控制过程中往往处于不利地位，控制成本也相对较难等，这是它的不利方面。

2. 单一银行制。这一组织形式主要存在于美国。单一银行制是在法律框架规定的基础上，银行业务的开展由独立的商业银行经营，不允许设立相应的分支机构。单一银行制由于受地域的限制和业务扩张的限制，一般规模较小，业务发展和创新能力受到极大的限制，经营成本较高。但是，由于它的规模所限，很难形成行业垄断，自主经营决策的传递也不存在框架。

3. 银行控股公司制（或称集团银行制）。这种组织形式是指由某一集团出资成立一个股权公司，再由该公司通过收购等方式控制两家以上的银行，股权公司通过经营政策或业务活动控制银行经营行为。被控制的银行从法理上来说是相对独立的。一般来说，控股公司拥有 25% 以上的投票表决权。

4. 连锁银行制。这一组织形式是指某一个集团通过购买若干银行的多数股票来控制被收购银行的一种形式。它与控股公司制的区别在于该种做法无须单独成立股权公司，而是由集团公司直接参与收购完成控制的一种形式。

二、我国商业银行的组织体系

在我国的金融体系中，银行业一直占据着主要地位，商业银行业是我国金融业的主体，以银行信贷为主的间接融资在社会总融资中占主导地位。我国商业银行在支持经济发展、促进结构调整和维护社会稳定等方面，发挥着重要的作用，在金融体系中担负着较其他国家更为重要的角色，建设一个稳健而富有活力的银行体系对于我国具有更加重要的意义。

（一）国有商业银行

国有商业银行是从国家专业银行演变而来的，包括中国工商银行、中国农业银行、中国银行、中国建设银行。这四家银行于 1979 年以后陆续恢复、分设。

恢复后的分工是，中国工商银行主要承担城市工商信贷业务；中国农业银行以开办农村信贷业务为主；中国银行主要经营外币外汇业务；中国建设银行主要承担中长期投资信贷业务。随着金融改革的不断深化，这四家银行的传统分工已逐步被打破。

（二）股份制商业银行

随着金融体制改革的不断深化，我国陆续恢复、组建了一批新兴股份制商业银行。1987 年 4 月，重新组建后的交通银行正式对外营业，成为新中国成立以来的第一家股份制商业银行。随后，又成立了深圳发展银行、中信实业银行、中国光大银行、华夏银行、招商银行、广东发展银行、兴业银行、上海浦东发展银行、中国民生银行、烟台住房银行（现为恒丰银行）和蚌埠住房储蓄银行

（蚌埠市商业银行）等新兴股份制商业银行，目前我国共有13家股份制商业银行。股份制商业银行采取了股份制的企业组织形式，股本金来源除了国家投资外，还包括境内外企业法人投资和社会公众投资。

这些银行按照商业银行机制运作，服务比较灵活，业务发展很快。

（三）城市商业银行

城市商业银行的前身是城市合作银行。1995年国务院决定，在中心城市及发达地区城市信用社清产核资的基础上，通过吸收地方财政、企业入股组建城市合作银行。其服务领域是，依照商业银行经营原则为地方经济发展服务，为中小企业发展服务。1998年，城市合作银行全部改名为城市商业银行。截至2005年末，我国共有113家城市商业银行，随着我国经济发展的需要，城市商业银行还将得到进一步发展。

（四）农村商业银行

随着农村金融体制改革的不断深化和农村经济发展的需要，经中国人民银行批准，我国首批股份制农村商业银行于2001年11月28日在江苏省的张家港、常熟、江阴组建。在农村信用社基础上改制组建股份制商业银行，是中国农村金融体制改革的一大突破。

三、我国商业银行的组织结构及主要业务

（一）我国商业银行的组织结构

我国商业银行实行的是总分行制，即法律允许商业银行在全国范围或一定区域内设立分支行。采用总分行制的商业银行，对外是一个独立法人，一律不得设置具有独立法人资格的分支行。分行之间不应有相互存贷的市场交易行为，不能变成多级法人的银行集团。

商业银行设立分支机构有严格的限制：一是要经中国银监会的批准（在2003年4月之前，由中国人民银行审批）；二是商业银行境内分支机构不按行政区划分设立；三是商业银行总行要按规定拨付营运资金，拨付各分支机构营运资金的总和不得超过总行资本金的60%。此外，资产负债比例应达到各项管理指标规定的要求；经营业绩良好，没有违反金融监管法规的行为；遵守一定的审批、登记程序等。

近几年，股份制商业银行发展迅速，逐步突破了区域限制，在一些大中城

市纷纷设立了分支机构。

城市商业银行的设立是按照城市区划划分，不得在不同城市设立分支行。

在内部治理结构方面，近年来，各商业银行进行了不断的改革。2000年，国务院成立了国有商业银行监事会；股份制商业银行不断健全董事会，完善股东大会和经营管理层。

1996年，各商业银行开始建立内部风险控制制度。

1998年，各商业银行建立了授权授信制度。授权制度是指按照各部门的工作性质和特点，各分支行的经营能力和实绩，确定其信贷权限，改变过去按照行政级别确定贷款权限的做法。

授信制度是指根据客户的经营和资信状况，确定对客户的信贷额度，包括贷款、开立信用证和提供担保等信用项目总额，在确定的授信额度内，商业银行可以随时满足客户提出的授信要求。

（二）商业银行的主要业务

根据《商业银行法》的规定，我国商业银行可以经营以下业务：吸收公众存款；发放贷款；办理国内外结算；票据贴现；发行金融债券；代理发行、兑付、承销政府债券；买卖政府债券；从事同业拆借；买卖、代理买卖外汇；提供信用证服务及担保；代理收付款及代理保险业务等。近年来，随着市场经济的发展，商业银行的业务发展呈现多样化，如银行卡业务的推广，汽车、住房消费信贷业务的开展，证券投资基金托管业务的开办等。随着我国与国际经济、金融的不断接轨，我国商业银行业务还将不断得到延伸和发展。

四、信用合作组织

合作制是由分散的小规模的商品生产者为了解决经济活动中资金需求的困难，获得某种服务，按照自愿、平等、互利的原则组织起来的一种经济组织形式。作为经济和社会领域的一种互助形式，合作制自产生以来对经济发展和社会进步起到了积极的推动作用。合作制理论在长期的实践中不断得到发展和完善。

（一）合作制与股份制的比较

合作制与股份制属于两种不同的产权组织形式，其不同之处表现为，一是入股方式不同。股份公司一般自上而下控股，下级为上级所拥有；合作制则自下而上参股，上一级机构由下一级机构入股组成，并被下一级机构所拥有，基层社员是最终所有者。二是经营目标不同。股份制企业以盈利最大化为目标，股东入股的目的在于寻求利润收益；合作组织的主要经营目标是为社员服务。在合作制的规定下，最大可能地满足社员需要。三是管理方式不同。股份制实行"一股一票"制，股东控股的多少决定着对公司经营管理权的控制能力；合作制实行"一人一票"制，社员不论入股多少，对信用社决策的影响力是相同的。四是分配方式不同。股份制企业利润主要用于分红，积累要量化到每一股；合作组织的盈利主要用作积累，积累归社员集体所有。

我国的城市和农村信用合作社是群众性合作制金融组织，是对国家金融体系的必要补充和完善。它的本质特征是由社员入股组成，实行民主管理，主要为社员提供信用服务。中国第一家信用社于1923年在河北香河创立。虽然它的创办历史不长，但对国民经济发展中的中小经济体的融资却起到了拾遗补阙的不可替代的作用，成为金融大家庭中不可或缺的重要成员。

（二）我国城市信用合作组织

我国城市信用合作组织出现于我国经济体制改革开放后，在其发展过程中，经历了复杂的变迁过程，形成了具有中国特色的城市信用合作组织发展的模式，成为我国金融机构体系的一个组成部分。城市信用社自成立以来，经历了起步、发展、整顿、膨胀发展、规范重组、再整顿及再发展等几个阶段。随着我国经济体制改革的开展，城镇集体和个体经济迅速发展，为城市信用社的产生和发展提供了外部环境。1979年，我国第一家城市信用社在河南成立，标志着一类新型的合作金融组织的诞生，拉开了我国城市合作化金融组织发展的序幕。1986年1月，国务院下发了《中华人民共和国银行管理暂行条例》，明确了城市信用社的地位。同年6月，中国人民银行下发了《城市信用合作社管理暂行规定》，对城市信用社的性质、服务范围和设立条件等进行了明确的规定，城市信用社得到了快速发展。1992年后，城市信用社进入高速发展阶段，风险隐患也日益突出。1993年下半年，针对金融秩序的紊乱局面，国务院决定对金融秩序全面实施治理整顿，城市信用社的发展得到控制。1995年，国务院经过充分论证，下发了《国务院关于组建城市合作银行的通知》，决定在京、津、沪等35个城市开始组建城市合作银行（后更名为城市商业银行），至1997年1 638家城市信用社纳入了新组建的71家城市商业银行。

（三）我国城市信用社的主要业务

城市信用社的主要业务是吸收社员及非社员存款；发放贷款；办理结算业务；办理票据贴现业务；办理委托代理业务等。

（四）我国农村信用合作组织

我国农村合作金融机构（主要是农村信用社，近年来随着改革的深入又产生了农村商业银行和农村合作银行等新形式）是以社员互助合作、民主管理和服务社区社员为特点的一类特殊金融机构，是我国金融体系的重要组成部分。农村信用社实行自主经营、独立核算、自负盈亏。农村信用社入股组成农村信用合作联社，主要为入股的农村信用社提供服务，同时对农村信用社实行管理、监督和协调。新中国成立60多年来，我国农村合作社在社会发展的各个历史时期都发挥了重要作用。特别在改革开放以后，农村信用社以服务"三农"为导向，满足农民和中小企业信贷需求，促进农业和农村经济发展，已经发展成为我国农村金融的主力军和联系农民的金融纽带。新中国成立初期，我国农村信用社各项业务迅速发展。随着计划经济体制的实施，农村信用社失去了合作金融的固有特征。

中共十一届三中全会以后，农村信用社的改革进入了一个新的历史时期。1978年中国农业银行成立后，农村信用社交由中国农业银行管理。1984年8月，国务院批准中国农业银行《关于改革农村信用合作社管理体制的报告》，在不改变原有管理体制的前提下，恢复农村信用社的"三性"，即社员互助合作、民主管理和服务社区。此后的十几年，农村信用社在中国农业银行的领导下，按照合作金融的原则进行了改革。1996年，国务院发布了《国务院关于农村金融体制改革的决定》，提出农村金融体制改革的重点是建立和完善以合作金融为基础、商业性金融与政策性金融分工协作的农村金融体系；要把农村信用社逐步改为由"农民自愿入股、社员民主管理、主要为入股社员服务"的合作金融组织；明确农村信用社与中国农业银行脱离行政隶属关系，农村信用社的业务管理和金融监管分别由县联社和中国人民银行承担（现为中国银监会）。1996年末，全国农村信用社与农业银行的脱钩工作顺利完成。1997年起，人民银行开始承担对农村信用社的监管和行业管理职能。

2003年6月，国务院下发了《深化农村信用社改革试点实施方案》，并首批选择吉林等8个省（直辖市）开展农村信用社改革试点工作，我国农村信用社改革进入了新的阶段。在总结首批试点经验的基础上，2004 年 8 月，将北京等 21 个省（自治区、直辖市）纳入改革试点范围。至此，全国除西藏、海南外的 29 个省（自治区、直辖市）都已组织开展深化农村信用社改革试点工作。本轮改革的模式有三种：一是在经济发达地区，对于金融环境特别好、经营绩效优的县市，建立农村信用合作银行；二是在经济较发达的县市，撤销原来的农村信用社法人资格，成立县级统一法人资格的信用联社；三是在经济不发达、经营绩效欠佳的县市，继续维持现有体制不变。在此框架基础上，国务院决定信用社与中国人民银行脱钩归地方政府管理，各省、自治区、直辖市组建省级信用联社，统一管理辖区内信用社。

改革农村信用社产权制度，是指按照股权结构多样化、投资主体多元化的原则，根据不同地区农村信用社的发展情况，分别实行不同的产权形式。有条件的可以进行股份制改造；暂不具备条件的可以比照股份制原则和做法，实行股份合作制；股份制改造有困难而又适合搞合作制的，也可以进一步完善合作制。与三种产权形式相对应，分别建立农村商业银行、农村合作银行、农村信用社等几类农村合作金融机构，并在准入条件、经营方向、法人治理结构等方面区别规范。改革后，农村信用社由单一的合作制模式将转变为股份制、股份合作制等多种模式，原来农村信用社的概念也将扩展为农村合作金融机构。

改革农村信用社的管理体制，是将农村信用社的管理职能交由省级人民政府负责，银监会依法行使对农村信用社的金融监管职能，承担监管责任。试点地区可以按照精简、高效的原则，简化管理层次，结合实际情况，成立省级联社或其他形式的省级管理机构，并在省级人民政府领导下，具体承担对辖区内农村信用社的管理、指导、协调和服务职能。省级人民政府应坚持政企分开的原则，对农村信用社依法管理，不干预农村信用社的具体业务和经营活动，不得把对农村信用社的管理权下放给地（市）和县、乡政府。地（市）级不再设立联社或其他形式的独立管理机构。同时，由省级人民政府承担农村信用社的风险处置责任。

（五）农村信用社的职能

农村信用社是我国金融体系的重要组成部分，是新形势下农村金融的主力军，主要为广大农户、个体工商户，农产品产前产后经营的各个环节提供金融服务，处于农村金融的基层，是联系农民的金融纽带，是支持农业和农村经济发展的重要力量。农村信用社的性质和地位决定了它在服务农民、支持农业和农村经济发展中的重要作用。一是聚集农村闲散资金，合理有效引导农村资金流向。农村信用社点多面广，贴近农村、农民，对于广泛吸收农村闲散资金具有独特的优势。二是为广大农户和各类农村经济组织发展农业生产及农业产业链的延伸提供金融服务。三是促进农村产业结构和经济结构的调整，支持农民组织的各类产前产后加工、运输服务组织的发展，并以此促进农民增加收入。四是调节农村货币流通。五是扶持贫困地区发展农业生产，帮助农民脱贫致富。六是引导弱化民间借贷等不规范的金融行为，维护农村金融秩序的稳定。

（六）农村信用社的主要业务

农村信用社的业务主要包括：个人储蓄；农户、个体工商户及农村经济组织存款、贷款、结算业务；代理其他金融机构的金融业务；代理收付款项；买卖政府债券以及其他经相关机构批准的业务活动。

五、其他金融机构

20世纪80年代以来，随着主要国家金融自由化进程的不断加速，银行在金融业的主体地位受到一定程度的影响，其他金融机构发展的速度与规模越来越呈现出强势，各国的金融中介发生了明显的结构性变迁，银行的重要性在减弱，而非银行金融机构的作用在不断增强。传统意义上的其他金融机构在不断得到加强的同时，一些新兴的适应于现代市场经济发展变化需要的新的金融机构不断涌现。

（一）信托投资公司

改革开放后，国内信托业进入快速发展的通道。1979年10月，中国银行总行率先成立了信托咨询部。同年，中国国际信托投资公司在北京成立。1980年6月，中国人民银行根据国务院关于银行要试办信托的指示，正式开办信托业务。接着，各银行也先后试办信托业务，以支持经济联合，搞活国民经济。此后，各家银行、各部委和各地方政府等纷纷设立信托投资公司，到1988年曾多达745家，国内信托业的发展达到了一个高峰。这一时期信托业的发展对我国吸引外资、搞活经济起到了一定的积极作用，但由于缺乏法律规范和相应的制度约束等种种原因，信托投资公司没有真正办成"受人之托，代人理财"的机构，实际上办成了以吸收存款、发放贷款为主要业务的准银行机构。另外，信托投资公司在发展过程中由于缺乏相应的监控措施，一时间出现了信托机构之间的盲目竞争、扩张机构、资本金不实、管理混乱等问题，带来了很大的金融风险。因此，在信托业发展过程中，国家曾于 1982 年、1985 年、1988 年三次对信托投资公司进行清理整顿，重组合并了大量机构，到 1991 年信托机构减少到 376 家。1993 年国内出现了新一轮金融混乱的现象，为规范信托业的健康发展，国家进一步采取措施，对信托业进行清理整顿。中国银监会成立后，为规范信托行为，于 2005 年 1 月 18 日发布了《信托投资公司信息披露管理暂行办法》，这一办法的出台对进一步规范我国信托业的发展起到有效作用。

1. 我国信托的职能与种类

（1）信托的职能。

信托的职能大致有以下几个方面：a. 信托财产事务管理职能。受托人在接受委托人委托之后，按照委托人的意愿处理财产事务。b. 融通资金职能。信托业务的主要目的是为委托人管理和运用财产，使其增值。c. 社会投资职能。信托实际上是利用专家理财的优势，获取最大投资利润的操作行为。d. 社会福利职能。信托业务中的公益信托、养老金信托等都集中体现了社会福利职能。

（2）信托的种类。

根据不同的标准可以把信托划分为不同的种类，在人类长期从事信托业务的实践中可以按如下标准划分信托的种类。a. 以信托关系成立的方式为标准划分：任意信托和法定信托。b. 以信托财产的性质为标准划分：金钱信托、动产信托、不动产信托、有价证券信托和金钱债权信托。c. 以信托目的为标准划分：担保信托、管理信托、处理信托、管理和处理信托。d. 以信托事项的法律依据为标准划分：民事信托和商事信托。e. 从委托人的角度可以将信托划分：个人信托、法人信托、个人法人通用信托。f. 以受托人承办信托业务的目的为标准划分为：非营业信托和营业信托。g. 从受益人的角度为标准划分为：自益信托、他益信托、私益信托和公益信托。h. 以地理区域为标准划分为：国内信托和国际信托。i. 以业务范围划分为：广义信托和狭义信托。

2. 我国信托投资公司的业务范围

凡经批准设立的信托机构可以经营以下部分或全部业务：

（1）经营资金信托业务，即委托人将自己无法或者不能亲自管理的资金以及国家有关法规限制其亲自管理的资金，委托信托投资公司按照约定的条件和目的，进行管理、运用和处置。

（2）受托经营动产、不动产及其他财产的信托业务，即委托人将自己的动产、房产、地产以及版权、知识产权等财产、财产权，委托信托投资公司按照约定的条件和目的进行管理、运用和处置。

（3）经营国家有关法规允许从事的投资基金业务，作为基金管理公司发起人从事投资基金业务。

（4）经营企业资产的重组、并购及项目融资、公司理财、财务顾问等中介业务。

（5）受托经营国务院有关部门批准的国债、企业债券承销业务。

（6）代理财产的管理、运用与处分。

（7）代保管业务。

（8）信用鉴证、资信调查及经济咨询业务。

（9）以自有财产为他人提供担保。

（二）财务公司

1. 财务公司的职能

财务公司起源于西方，世界上最早的财务公司创办于 1716 年的法国，后来英、美等国相继成立财务公司。由于各国的金融制度不同，各国的财务公司性质也不相同。国外的财务公司并不限于企业集团，以为集团服务为重点，但又不限于在集团内融资。在国外，财务公司一般不能吸收存款，只能承做贷款，业务品种主要是集团产品的销售融资，但也可不限于本集团的产品。在我国，企业集团财务公司（除中外合资的财务公司外）都是依托大型企业集团而成立的，主要为企业集团成员单位的技术改造、新产品开发和产品销售提供服务。

2. 我国财务公司的改革与发展

我国第一家企业集团财务公司成立于 1987 年。近年来，企业集团财务公司蓬勃发展，业务规模不断扩大，在促进我国大型企业发展方面发挥了应有的作用。总结经验教训，企业集团财务公司未来的发展需要把握好两点：一是明确发展方向，做好业务定位，把集中管理企业集团资金作为其主要职能，业务范围严格限定在集团内部。二是处理好财务公司与企业集团的关系，一方面财务公司要依托集团，为集团及成员单位提供优质的金融服务，另一方面财务公司应按照法人治理的要求发挥董事会和监事会的作用，在决策上保持独立性，避免集团的行政干预。中国银监会将加强风险管理，鼓励其引进合格的境外战略投资者，促进建立良好的公司治理结构，规范内部运作，促进企业财务公司的健康发展。

3. 主要业务范围

2000 年 6 月中国人民银行颁布的《企业集团财务公司管理办法》规定，我国企业集团财务公司的主要业务包括，吸收成员单位三个月以上期限的存款，发行财务公司债券，同业拆借，对成员单位办理贷款及融资租赁，办理成员单位商业汇票的承兑、贴现，办理成员单位的委托贷款及委托投资，对成员单位提供担保，办理成员单位产品的消费信贷、买方信贷、融资租赁，有价证券、金融机构股权及成员单位股权投资，承销成员单位的企业债券，对成员单位办理财务顾问、信用鉴证及其他咨询代理业务，境外外汇借款，经中国人民银行批准的其他业务。

根据《企业集团财务公司管理办法》的规定，企业集团财务公司的注册资本金最低限额从原来的 1 亿元增至 3 亿元；原注册资本金需要从集团中资成员单位中募集，现放宽到集团内的合资企业及不超过 40% 的外部股份，允许中外合资成员单位参股企业集团财务公司；将吸收的存款限定为三个月以上定期存款；投资业务中新增成员单位及金融机构股权投资；增加了消费信贷业务；增加了企业集团财务公司行业自律的有关条款；坚持风险控制，如限制企业集团财务公司所有对外融资（包括短期拆借及发行长期债券）余额不得超过对内融资数额，资本总额与风险资产的比例不低于 10%，1 年期以上的长期负债与总负债的比例不低于 50%，拆入资金余额与注册资本金的比例不高于 100% 等，较大幅度地提高了市场准入标准；明确本、外币业务及内、外资统一监管。同时，要求企业集团财务公司的信贷资金管理、利率管理、结算管理、现金管理、费率管理以及金融机构高级管理人员的管理等，均应执行国家的相关规定。

（三）金融租赁公司

根据《金融租赁公司管理办法》的规定，金融租赁公司可经营的业务有：

（1）直接租赁、回租、转租赁、委托租赁等融资性租赁业务；（2）经营性租赁业务；（3）向承租人提供租赁项下的流动资金贷款；（4）有价证券投资、金融机构股权投资；（5）接受有关租赁当事人的租赁保证金；（6）接受法人或机构委托租赁资金；（7）向金融机构借款；外汇借款；（8）经金融监督管理部门批准发行金融债券；（9）同业拆借业务；（10）经济咨询和担保；（11）租赁物品残值变卖及处理业务；（12）金融监督管理部门批准的其他业务。

《金融租赁公司管理办法》同时坚持对租赁公司的风险进行控制，比如资本金总额不得低于风险资产的10%，对同一承租人的融资余额最高不得超过金融租赁公司资本金总额的15%，对承租人提供的流动资金贷款不得超过租赁合同金额的60%，长期投资总额不得高于资本总额的30%，租赁资产的比重不得低于总资产的60%，拆入资金余额不得高于资本总额的100%，对外担保余额不得超过资本总额的200%等。

（四）汽车金融公司

汽车金融公司是加入世界贸易组织后，为履行开放汽车消费信贷的承诺而新设立的一类非银行金融机构。与商业银行开办汽车消费信贷业务相比，汽车金融公司是提供汽车销售融资的专门机构，其专业化程度更高，更具有专业优势。汽车金融公司的设立，有利于促进我国汽车市场的培育，提升我国汽车业的整体竞争力。为适应汽车金融服务业务发展需要，规范汽车金融公司经营行为，中国银监会颁布了《汽车金融公司管理办法》及其实施细则，并严格市场准入，确保这种新型非银行金融机构健康发展。

（五）邮政储蓄银行

1. 邮政储蓄银行的含义

邮政储蓄银行，又称邮政代办储蓄或邮政储汇机构，它是指经国务院和中国人民银行批准，利用邮政部门遍布全国各地的营业网点资源，设置专柜或专门的储蓄营业所、室，办理储蓄等业务的金融机构。目的是为了方便群众，聚集更多的社会闲散资金，为国民经济发展提供资金支持。经国务院同意，中国银监会批准，中国邮政储蓄银行于2006年6月成立。邮政储蓄银行主要从事对个人的存贷款、保险及其他特殊业务，国家通过制定完善的法规来规范邮政储蓄银行的一切行为。

2. 主要职责及业务范围

中国邮政储蓄银行的职责是：以自然人为服务对象，可以吸收本外币储蓄、办理个人汇兑、办理代理业务、承销兑付政府债券、发放贷款、吸收储蓄存款，开展银行业务。

3. 我国邮政储蓄的改革方向

2005年7月20日，国务院总理温家宝主持召开国务院常务会议，听取对中央企业监督检查情况的汇报，讨论并原则通过《邮政体制改革方案》。方案指出，我国邮政体制改革的基本思路是：实行政企分开，加强政府监管，完善市场机制，保障普通服务和特殊服务，确保通信安全；改革邮政主业和邮政储蓄管理体制，促进向现代邮政业方向发展。重新组建国家邮政局，作为国家邮政监管机构；组建中国邮政集团公司，经营各类邮政业务；加快成立邮政储蓄银行，实现金融业务规范化经营。从此中国邮政储蓄改革迈出了关键性的一步。

（六）证券机构

1. 证券及证券机构概述

（1）证券的含义。证券是指经政府有关部门批准发行和流通的股票、债券、投资基金、存托凭证等有价凭证。有价证券凭证是社会进行直接融资的载体。通过这种载体形式进行直接融资可以达到投资与融资的有机结合，同时，也可以有效地节约融资费用。

（2）证券机构的含义。证券机构通常又称之为投资银行，它有广义与狭义之区别。按照罗伯特·库恩对投资银行的定义内容，广义的投资银行是指经营全部资本市场业务的金融机构。业务包括证券承销与经纪、企业融资、兼并收购、咨询服务、资产管理、创业资本等在内的直接金融形式。狭义的投资银行是指从事一级市场证券承销和资本筹措、二级市场证券交易和经纪业务的金融机构。

我国目前证券市场主要是指狭义的市场范畴，其业务主要是一级市场的承销和二级市场的交易活动。

我国由于长期受计划经济的影响，国内经济以公有制为主体，股份制经济基本上处于销声匿迹的状态，所以证券机构在那一时期不可能得到发展。改革开放以后，随着我国经济成分多元化的进程加速，1984年北京的天桥百货和上海的飞乐音响公司发行了股票，由此拉开了我国股票投资的序幕并迅速传递到全国各地。随后于1987年国内第一家证券公司在深圳经济特区成立，以后各省（自治区、直辖市）都相继成立了证券公司。当时成立证券公司的初衷，一是配合、支持企业股份制改造，二是解决国库券发行和流通的问题。特别是1990年12月上海证券交易所和1991年7月深圳证券交易所的成立更标志着中国证券投资的突破性进展。目前国内证券机构遍布全国各地，成为金融业不可或缺的主体力量。

我国证券机构主要包括：证券交易所、证券登记结算公司、证券公司、证券投资咨询公司、投资基金管理公司、证券评估公司等。不同的证券机构在证券市场上扮演着不同的角色，从事着不同的业务，对直接融资的管理起着不同的作用。证券交易所是专门提供买卖证券的设施和交易的场所，方便大家随时随地买卖证券。证券登记结算公司则为买卖双方提供股票过户、资金清算服务。证券公司是专门从事经纪业务或自营业务的金融机构。这三类机构是证券市场的主要机构，它们各司其职，共同支撑证券市场的日常运作。

2. 证券公司

证券公司的含义。证券公司又称证券商，是经由证券主管部门批准设立的在证券市场上经营证券业务的非银行金融机构。推销政府债券、企业债券和股票，代理买卖和自营买卖已上市流通的各类有价证券，参与企业收购、兼并，充当企业财务顾问等是证券公司的主要职能定位。

我国的证券公司的前期发展大多是集承销、经纪、自营三种业务于一身的综合性经营机构。

1999 年 7 月 1 日开始实施的《中华人民共和国证券法》明确规定了综合类证券公司和经纪类证券公司的分类管理原则，按照规定要求，综合类证券公司可从事证券承销、经纪、自营三种业务，而经纪类证券公司只能从事证券经纪类业务，即它只能充当证券交易的中介，不得从事证券的承销和自营买卖业务。

3. 证券交易所

根据我国《证券交易所管理办法》的规定，证券交易所是指依法设立的，不以盈利为目的，为证券的集中和有组织的交易提供场所、设施，并履行相关职责，实行自律性管理的会员制事业法人。

在我国，设立证券交易所必须报经国务院批准。目前，经批准设立的证券交易所有两家，即上海证券交易所和深圳证券交易所。

证券交易所的职能：提供证券交易的场所和设施；制定证券交易所的业务规则；接受上市申请、安排证券上市；组织、监督证券交易；对会员和上市公司进行监管；设立证券登记结算公司；管理和公布市场信息及中国证监会许可的其他职能。

4. 证券登记结算公司

证券交易必然带来证券所有权的转移和资金流动，为确保过户准确和资金及时、足额到账，证券交易所一般都附设证券登记结算公司。证券登记结算公司在每个交易日结束后负责清算。证券登记结算公司的具体职能是：对证券和资金进行清算、交收和过户，使买入者得到证券，卖出者得到资金。由于上海证券交易所、深圳证券交易所实现了无纸化和电子化交易，建立了相应的高效、快捷、安全的结算系统，每日的结算和交收于次日上午开市前即可完成。目前两市均实行 T＋1 的交割方式完成清算交易。

（七）保险公司

1. 保险公司概述

保险的含义。保险是指运用互助共济（大数法则）的原理，将个体面临的风险通过一定的组织形式、根据合同约定的权利与义务由群体来分担的一种经济行为。保险公司的含义。保险公司是指以经营保险业务为主的非银行金融机构。它是金融机构的一个重要组成部分。

1949 年 10 月 20 日，中国人民保险公司宣告成立。新中国成立初期，登记复业的华商保险公司有 63 家，外商保险公司有 41 家。1958 年以后，由于受"左"的思想的干扰，保险业陷入停顿状态，全国保险系统职工人数锐减至不足500 人。改革开放后，国家于 1980 年恢复中国人民保险公司，中国的保险事业才得以复苏，并进入新的发展阶段。

1993 年以来，保险业改革步伐进一步加快。中国人民保险公司完成了财产险、人寿险和再保险业务的分离工作，改组设立了中国人民保险（集团）公司，包括中保财产保险公司、中保人寿保险公司和中保再保险公司三家子公司；太平洋保险公司与交通银行脱钩，改制为独立的股份制商业保险公司；平安保险公司将六家子公司的独立法人地位取消，将其改为直属分公司；太平洋保险公司与平安保险公司还完成了财险与寿险的分账核算工作。与此同时，国家还批准设立了一批新的股份制保险公司，如大众、天安、华泰、永安、华安、泰康、新华等保险公司。另外，中国再保险公司于 1999 年 3 月 18 日在原中保再保险有限公司基础上组建，中保再保险有限公司的前身是中国人民保险公司再保部。

随着我国改革开放进程的不断加快和经济实力的不断增强，国内保险市场发展进入了前所未有的高潮期，主要表现在保险市场中不仅国内保险机构得到迅速发展，国际上一些知名的保险公司也纷纷进入我国保险市场，如美国的友邦、瑞士的丰泰、日本的东京海上保险等构成我国保险市场体系的一部分，出现了保险业百家争鸣的局面。

2. 保险机构的功能

保险公司与其他金融机构相比，在经济发展、人民生活和生命财产的安全保障方面具有其他金融机构所不可替代的重要作用。它除了对个人、家庭和单位有分散风险、削减损失的功能之外，还具备以下功能：

一是承担国家财政后备范围以外的损失补偿。国家财政作为政府职能部门，在国内补偿及国际援助时，往往是出于人道主义的考虑所给予的暂时性的救助方式，它不可能对原有的财产损失给予足额的补偿。而对于生产和生活中因遭受灾害和突发性事件带来的损失，保险公司利用组织和个人缴纳的保险金和自身的保险收益积累给予补偿，以尽快地恢复生产和生活秩序。

二是聚集资金，支持国民经济发展。保险公司利用大数法则原理，汇集个人和单位缴纳的保险金，形成巨大的资金源。在日常的保险事务中，损失理赔的概率与被保险人群的比率几乎屈指可数。这些资金源形成以后，保险公司可以利用它支持国民经济的发展，同时也可以为自身创造一定的投资收益。

三是增强人们对生命财产安全的保障。保险机构开办的各式各样的保险业务，为人们提供了至少两种保障：心理安全保障和实物补偿的安全感。

四是为社会再生产的各个环节提供经济保障，防止因某个环节的突然断裂而影响整个社会经济的平稳运行，从而影响到整个产业的安全。通过保险，产业链中不论是哪个环节出问题，只要合理都可以得到保险机构的理赔，迅速恢复生产经营，而不至于因某个环节的突然断裂导致对国民经济的发展形成不利的影响。

3. 经营原则与主要业务

（1）经营原则。保险公司的运作是运用大数法则原理，以科学分析和专业知识为指导的综合性经营活动。它强调按照客观经济规律、自然规律、技术规律和保险活动本身的规律，通过预测、精算等技术手段的运用，合理而有效地组织经营。保险公司的经营原则是大数法则和概率论所确定的原则，即坚持诚实信用、保险利益、损害赔偿和近因原则。保险公司各种职能的发挥取决于保险业务开展的广度和深度，在保险经营管理过程中，一般地讲，投保户越多，承保范围越大，风险就越分散，也才能够在既扩大保险保障的范围、提高保险的社会效益的同时，又能够积聚更多的保险基金，为经济补偿奠定雄厚的基础，保证保险公司自身利益和经营的稳定。

（2）主要业务种类。当前我国保险公司的业务种类繁多，按保障范围划分，主要可分为财产保险、责任保险、保证保险和人身保险四大类。财产保险是以财产及其相关利益为保险标的的保险，补偿因自然灾害或意外事故所造成的经济损失。责任保险是以被保险人的民事损害赔偿责任为保险标的的保险。保证保险是指由保险人承保在信用借贷或销售合同关系中因一方违约而造成经济损失的补偿业务。人身保险包括人寿保险、健康保险和意外伤害保险等。人寿保险是以人的寿命和身体为保险标的，以人的生存或死亡为给付条件的一种保险。健康保险指对被保险人的疾病、分娩及由此所致的伤残、死亡的保险，又称疾病保险。意外伤害保险指保障被保险人在其遭受意外伤害及由此所致的伤残、死亡时，给付保险金的保险。

还有一种保险是在保险机构之间进行的保险业务，通常被称为再保险，也称分保。再保险是保险人通过订立合同，将自己已经承保的风险，转移给另一个或几个保险人，以降低自己所面临的风险的保险行为。再保险又分为自愿再保险和法定再保险。

保险公司的资金运用有特别的规定，要求其资金运用必须稳健，遵循安全性原则，并保证资产的保值增值。我国证券市场正处于逐步发展的过程中，保险公司内控机制有待健全，保险监管有待加强，因此，在 1999 年以前，保险公司的资金运用，被严格限制于银行存款、买卖政府债券和金融债券。随着我国市场经济的逐步成熟，1999 年 10 月 26 日，经国务院批准，保险公司可以在控制风险的基础上，在二级市场上买卖已上市的证券投资基金和在一级市场上配售新发行的证券投资基金。

（八）政策性银行

政策性银行是指由政府出资创立、参股或保证的，以配合、贯彻政府社会经济政策或意图为目的，在特定的业务领域内，规定有特殊的融资原则，不以盈利为目的的金融机构。当前，我国设有三家政策性银行，即国家开发银行、中国进出口银行、中国农业发展银行。

1. 政策性银行概要

（1）政策性银行的演进。从新中国成立到 1978 年，由于实行严格的计划经济体制，再加上人多地少的基本国情，农业地位并未削弱。这一时期尚未成立专门的政策性金融组织。改革开放以后的一段时间内，我国金融机构虽然大量扩张，但商业化趋势明显，对于需要支持的基础产业和基础设施投资资金缺乏，在此情况下，我国于1994年初设立了三家政策性银行。

（2）性质。政策性银行是由政府出资创立、参股或保证的，以配合、贯彻政府社会经济政策或意图为目的，在特定的业务领域内，规定有特殊的融资原则，不以盈利为目的的金融机构。由此决定着它既不是国家机关，同时又有别于商业性金融机构，而是介于两者之间，具有双重性质的特殊的金融组织。政策性银行的业务开展受国家经济政策的约束并接受中国人民银行的业务指导。

（3）特征。政策性银行与商业银行和其他非银行金融机构相比，有共性的一面，如严格审查贷款程序，贷款要求还本付息、周转使用等。但作为政策性金融机构也有其独特的特征，主要表现在：

一是政府的控制性。政策性银行的资本金一般由政府财政拨付。

二是经营目标的非营利性。政策性银行经营主要考虑国家的整体利益即社会效益，不以营利为目的，但考虑政策性银行经营资金来源的有偿性，其经营力争保本微利。

三是融资原则的非商业性。政策性银行有其特定的资金来源，主要依靠发行金融债券或向中央银行举债，一般不面向公众吸收存款。

四是业务范围的确定性。政策性银行有特定的业务领域，不与商业银行竞争。

2. 国家开发银行

国家开发银行（以下简称国开行）成立于1994年3月，是直属于国务院领导的、政府全资拥有的国有商业性银行。2008年12月，经国务院批准，国家开发银行整体改制成国家开发银行股份有限公司。自1994年成立以来，有力地支持国家基础设施、基础产业、支柱产业等重点领域建设，促进投融资体制改革，积极开展金融创新和金融合作，在支持经济社会发展中发挥了重要作用。为适应经济社会发展的需要，根据国家开发银行的具体情况，党中央、国务院决定实施国家开发银行改革。中央汇金公司和国家开发银行于2007年12月31日在北京签订协议，向国家开发银行注资200亿美元。2008年2月，国务院批准了国家开发银行改革实施总体方案。国家开发银行作为政府的开发性金融机构，坚持与时俱进，把融资优势与政府的组织优势相结合，用建设市场的方法实现政府的发展目标，构建支持中国经济发展的体制动力，实现项目建设和体制建设双成功的目标。2008 年 12 月 16 日，国家开发银行转为国家开发银行股份有限公司，成为第一家由政策性银行转型而来的商业银行，标志着我国政策性银行改革取得重大进展。新成立的国家开发银行股份有限公司继承原国家开发银行全部资产、负债、业务、机构网点和员工，注册资本 3 000 亿元。财政部和中央汇金投资有限责任公司分别出资 1 539.08 亿元和 1 460.92 亿元，分别持有国家开发银行股份有限公司 51.3% 和 48.7% 的股权。截至 2012 年末，本行本外币贷款余额人民币 64 176 亿元。

国家开发银行的主要任务是为国家基础设施、基础产业和支柱产业（"两基一支"）提供长期资金支持，引导社会资金投向，缓解经济发展的瓶颈制约。电力、公路、铁路、石油石化、煤炭、邮电通讯、农林水利、公共基础设施等始终是国开行的主要业务领域和贷款支持重点。主要包括：

一是支持国家基础设施、基础产业和支柱产业建设；

二是促进区域协调发展和产业结构调整；

三是加快推进国际合作业务，交流发展经验；

四是以支持县域经济发展为切入点，推动社会主义新农村建设；

五是加强对中小企业及教育、医疗等社会瓶颈领域的支持，承担社会责任；

六是加强与各类金融机构合作，促进中小金融机构的改革与发展。

现阶段，国开行的资金来源以国内外债券市场筹资为主。1998 年 9 月，国开行首次探索市场化发债，并于 2002 年全部实现了市场化发债。至 2012 年，国开行已成为仅次于财政部的第二大债券发行体。2003 年国开行债券发行量首次超过国债，发行债券金额为 4 200 亿元人民币。

国开行与政府合作的主要方式是共建开发性金融合作机制，用融资推动地方经济发展，同时促进制度建设和市场建设。国开行通过与 30 个省、（自治区、直辖市）的各级地方政府（除西藏外）签订各类合作协议，与地方政府建立了长期稳定的合作制度。具体包括：组建开发性金融合作领导机构；国开行与地方政府共同构筑省、市、区（县）级信用平台，建设以"机构 + 机制 + 项目"，以机制为中心的信用平台；地方政府指定对口国开行的具体部门，协调计划、财政、城建等有关方面，并负责信用建设和国开行贷款的信用管理；建立国开行与政府有关部门的联络制度；开展双方干部的交流挂职等。

3. 中国进出口银行

中国进出口银行于 1994 年 4 月正式成立，总行设在北京，境内设有 9 家代表处，境外设有 2 家代表处。中国进出口银行的注册资本金为 33．8 亿元，由国家财政全额拨付。

中国进出口银行实行自主、保本经营和企业化管理的经营方针。主要任务是：执行国家产业政策和外贸政策，为扩大我国机电产品和成套设备等资本性货物出口提供政策性金融支持。

中国进出口银行依据国家有关法律、法规、外贸政策、产业政策和自行制定的有关制度，独立评审贷款项目。其资金来源主要通过市场向国内外发行金融债券筹集，业务范围主要是为成套设备、技术服务、船舶、单机、工程承包、其他机电产品和非机电高新技术的出口提供卖方信贷和买方信贷。同时，该行还承办中国政府的援外贷款及外国政府的转贷款业务。

4. 中国农业发展银行

中国农业发展银行于 1994 年 4 月正式成立，总行设在北京，国内设有 2 276 家分支机构。

中国农业发展银行的注册资本金为 200 亿元人民币，由国家财政全额拨付。中国农业发展银行实行独立核算，自主、保本经营，企业化管理的经营方针。主要任务是：按照国家有关法律、法规、方针、政策，以国家信用为基础，筹集农业政策性信贷资金，承担国家规定的农业政策性金融业务，代理财政性支农资金的拨付。

中国农业发展银行实行"库贷挂钩、钱随粮走，购贷销还、封闭运行"的信贷原则，即发放的贷款额要与收购库存值相一致，销售收入中所含贷款本息要全部收回，防止收购资金被挤占挪用，保证收购资金及时、足额供应，保护农民的生产积极性，促进粮棉油生产和粮食购、销、调、存等方面的顺利开展。

中国农业发展银行的资金主要来源于中央银行的再贷款。其业务范围主要是向承担粮棉油收储任务的国有粮食收储企业和供销社棉花收储企业提供粮棉油收购、储备和调销贷款。此外，还办理中央和省级政府财政支农资金的代理拨付，为各级政府设立的粮食风险基金设立专户并代理拨付。

（九）金融资产管理公司

金融资产管理公司是在特定时期，政府为解决银行业不良资产，由政府出资专门收购和集中处置银行业不良资产的机构。这种机构以最大限度保全金融机构剥离的不良资产为已任，以减少不良资产处置的损失为经营目标开展工作，对外依法独立承担民事责任。

我国经济体制改革以来，受计划经济与市场经济双轨经济体制长期并存、金融法制不健全、金融监管薄弱、内部管理混乱、社会信用观念淡薄等历史和现实原因的影响，在这一过渡时期积累了大量不良贷款。1995年《商业银行法》颁布实施后，四家国有商业银行在建立现代银行制度、加强信贷管理等方面做了大量工作，但由于历史的积淀，自身难以化解历年积累的不良资产风险。在此背景下，借鉴国际经验，国务院于1999年批准组建了四家金融资产管理公司，分别收购和处置从国有商业银行剥离出来的部分不良贷款，专责回收、搞活，以化解潜在风险。

金融资产管理公司的成立，表明了中国政府解决银行不良资产、重整金融秩序的决心，对于解决国有商业银行的历史遗留问题，建立一个健康和可持续发展的金融生态环境，巩固和增强国际、国内对我国金融体系的信心，具有重要的现实意义。

2005年，汇达资产托管有限责任公司的招牌在北京挂出，该公司的前身为总部设在广州的光大资产托管有限责任公司。迁至北京后，更名为汇达资产托管有限责任公司，专司对中央银行不良再贷款的清收工作。

1. 金融资产管理公司的性质和职能

（1）金融资产管理公司的性质。

金融资产管理公司是经国务院批准设立的收购国有商业银行不良贷款，管理和处置所收购国有商业银行不良资产的国有非银行金融机构。金融资产管理公司属国务院设立的非常设机构，按照成立时的有关规定，四家资产管理公司成立的时限为10年。

（2）金融资产管理公司的职能。

金融资产管理公司以最大限度保全被剥离资产、尽可能减少资产处置过程中的损失为主要经营目标，依法独立承担民事责任。

中国银监会（在此之前为中国人民银行）、财政部和中国证监会依据各自的法定职责对金融资产管理公司实施监督管理。

目前，我国有四家金融资产管理公司，即中国华融资产管理公司、中国长城资产管理公司、中国东方资产管理公司和中国信达资产管理公司，分别接收从中国工商银行、中国农业银行、中国银行、中国建设银行剥离出来的不良资产。中国信达资产管理公司于 1999 年 4 月成立，其他三家于 1999 年 10 月成立。金融资产管理公司依法向工商行政管理部门办理登记手续。

2. 组建金融资产管理公司的目的

金融资产管理公司的组建，开辟了我国解决国有商业银行不良资产的先河，同时达到以下三个目的：

一是改善四家国有商业银行的资产负债状况，提高其国内外资信，同时深化国有商业银行改革，对不良贷款剥离后的银行实行严格的考核，不允许不良贷款率继续上升，从而把国有商业银行办成真正意义上的现代商业银行。

二是运用金融资产管理公司的特殊法律地位和专业化优势，通过建立资产回收责任制和专业化经营，实现不良贷款价值回收最大化。

三是通过金融资产管理，对符合条件的企业实施债权转股权，支持国有大中型亏损企业摆脱困境。

（十）境内外资金融机构与境外中资金融机构

1. 外资银行。改革开放以后，外资银行逐步进入我国的市场。从 1979 年日本输出入银行在北京设立第一家外资银行代表处以来，外资银行在华机构不断扩张。加入世界贸易组织初期，外资银行数量在 2002 年出现下降以后，2003—2004 年出现恢复性上升。截至 2004 年 10 月，外资银行在华设立代表处 223 家，营业性机构 223 家，数量超过历史最高水平。与之相对应，外资银行在华机构的资产规模也在不断扩大，占中国银行业总资产份额呈现上升趋势，截至 2004 年 10 月，外资银行资产总额约比加入世贸组织当年增长 12 倍。更为重要的是，外资银行盈利能力也大幅度提高。2003 年在华外资银行实现盈利 2.35 亿美元，比 2001 年增长 20%。加入世界贸易组织后，我国金融服务业保护期的结束，外国银行机构还将对我国进行更大的渗透。

2. 外资保险公司。1992 年，国务院批准美国国际保险集团所属友邦保险公司在上海设立分公司，开始进行保险开放的试点。1995 年初，保险开放的试点城市扩大到广州。近些年来尤其是我国加入世界贸易组织以来，外资保险公司得到迅猛发展，成为我国金融体系中的一支重要力量。

3. 外资金融机构的监管。外资金融机构进入我国后，作为我国金融体系中的一个组成部分，对我国金融市场、货币政策的操作、国内金融体系的稳定和发展必将产生一定的影响。外资金融机构的经营活动和支付能力，与其总部及其他地区的经营情况密切相关。从在华外资金融机构的经营情况看，绝大多数机构内部控制较完善，能够稳健、守法经营，但也确有个别机构存在着违规经营或因内控制度不严密造成损失等问题。因此，强化对外资金融机构的监管，减少潜在风险，是金融对外开放中的一项十分重要的内容，也是保护我国存款人、投保人的利益以及维护我国金融体系安全与稳定的需要。

随着外资金融机构强劲的增长势头，我国对外资金融机构监管的法制建设不断完善。1983 年，中国人民银行颁布了第一部对外资金融机构管理的规章：《关于侨资、外资金融机构在中国设立常驻代表机构的管理办法》。1985 年，国务院发布了关于外资金融机构管理的第一部行政法规：《中华人民共和国经济特区外资银行、中外合资银行管理条例》。1994 年，国务院又发布了《中华人民共和国外资金融机构管理条例》。目前，中国人民银行重新修订形成了《外资银行管理条例》，中国保监会拟定了《外资保险公司管理条例》。这标志着对外资金融机构的监管进一步迈入法制化、规范化轨道。

目前，外资银行由中国银监会负责监管，外资保险机构由中国保监会监管。中国银监会、中国保监会定期分别对外资银行、外资保险机构进行现场和非现场检查；在兼顾合规性监管的同时，将监管重点转向以风险性预防检查为主；同时，充分发挥会计师事务所的外部审计作用，加强与有关国家和地区监管当局的协作，以提高监管效果。

六、我国经营性金融机构常用的金融应用文

各类经营性金融机构是我国金融体系的一个重要组成部分，依照国家法律赋予的有关职责，进行合法合规经营，与监管机构不同，常用金融应用文只对自己的机构内部分布和使用，或者对有关的组织和机构间接起到作用。所以，除国务院特别规定而赋予的职能以外，经营类的金融机构常用的金融应用文不具有政府机关公文的性质，但管理类金融机构所有的公文文种大部分也会使用。

第二章 金融机构常用金融 应用文写作基础

金融监管机构常用金融应用文是金融机构对金融运行进行合规监管，保证正常货币金融运行需要发布相关的法律制度和规章；经营类的金融机构为了经营需要，为了内部正常运营的需要，也要出台各种文件。这一切都源自一个工作平台和工具，就是常用金融应用文。本章重点研究金融机构常用金融应用文写作的对象、目的及相关的写作基础。

第一节 金融机构常用金融应用文写作常识

金融应用文写作不同于单纯的文字写作，与普通应用文相比，它是一门专业性强、针对性强、应用性强的基础性写作技能，需要掌握一定的专业理论和一定实践经验。金融硕士在大学基础教育阶段已经完成了专业基础理论的学习，迈进了专业大门，如掌握了常用金融应用文的写作，就可以承担一定的金融实践工作和研究工作了。

一、金融机构常用金融应用文的概念及历史沿革

1. 金融机构常用金融应用文的概念。金融机构常用应用文是国家金融管理机关、相关金融机构和金融机构所属的企事业单位在处理经济金融运行分析、金融风险控制和机构内部正常运转中有关具体事务、传递信息、解决问题、实行管理时使用的、具有特定格式的文体，是金融管理机关和经营性金融机构进行社会有关金融管理和金融机构营运活动和处理机构之间来往必不可少的工具。金融机构常用金融应用文的使用范围相当广泛，如国家金融管理机关的公务文书、金融科研部门的学术论文、为规范和保证金融业务正常运行的法律文书、

金融行业的经济活动分析报告等。

2. 我国应用文的历史演变和发展趋势。我国是一个历史悠久的国家，有文字记载已有 2 000 多年。我国应用文是与文字同步出现的。殷商时期的甲骨文应当是我国应用文的源头。它是刻在龟甲兽骨上的一种文辞，记载着当时奴隶主管理国家的具体内容，其结构严密、形式固定，已初步具备应用文的特点。周朝时期的《尚书》一般被认定为我国现存最早的、保存最完整的、以应用文为主的总集。它主要记载着春秋战国前历代帝王和部族首领的号令、告示等，其内容和形式相当于现在的公务文书。秦朝的应用文已进入了成熟期。秦统一中国后，为了进一步巩固中央集权制，便于传达统治者的旨意和部署，秦朝的宰相李斯等制定了公务文书的规范程式，并对各种专用文书进行了明确的分类。此时，各种文书有了较为固定的名称、内涵和使用范围，上行文与下行文也有了严格的区别。秦朝以后，历经两汉、魏晋南北朝、唐宋元明清，应用文日趋完善，其文种、格式等都有了明确具体的规定，形成了一整套以封建等级制为核心的固定制度和程式。应用文在不同的历史时期具有不同的名称。殷商时称"典册"，秦时称"典籍"，汉时称"文书"，三国时称"公文"，唐宋时称"文卷"，清代才正式出现"应用文"一词（清·刘熙载《艺概·文概》）。辛亥革命后，我国的应用文开始走向大众化。当时的国民政府对应用文进行了一系列改革，废除了封建社会烦琐的格式和制、诏、敕、奏、表等名称，被人们称为"资产阶级民主革命时期公文上的一次大革命"。

中华人民共和国成立后，对公文进行了一系列根本性的改造，相继颁发了《公文处理暂行办法》、《公文处理办法》等文件，奠定了新时代公文的基本原则。此后，国务院对公文文种进行了增删、调整，以适应时代变化发展的需要。

我国金融机构常用金融应用文是我国应用文写作的一个重要分支，除了具有应用文的一般特点，同时又具有金融业的特别属性。可以说，有了金融业及金融机构就有金融应用文，它的发展既是我国应用文发展的一个结果，也是我国金融业发展到一定阶段的必然结果。近年来，随着我国金融业的不断壮大和金融机构不断增多，金融应用文的范围也在不断扩大，随着电子化办公的广泛应用，金融机构常用金融应用文出现了以下新趋势：

一是金融机构常用金融应用文写作越来越呈现出规范化的趋势。由于我国金融业快速地融入国际金融循环，与国际金融运行接轨，我国金融机构为了提高常用金融应用文写作效率和质量，所有的常用金融应用文逐步趋于规范化。有关金融应用文的法规和标准越来越多，如公文、合同、法律文书等都有了与国际金融业规则相符合的规范要求和标准。

二是金融机构常用金融应用文越来越呈现出计量分析和图表化趋势。殖着数学和统计分析在金融机构常用金融应用文中的广泛应用，在我国金融机构常用应用文中，数学分析、计量分析和图表在金融机构常用应用文中所占的比重已越来越大。另外，很多金融机构的专用文体，如产品说明书、合同、诉讼文书等文体的格式，已由文章式变为图表式，金融机构的分析报告更多地使用了计量分析和图表相结合的方法。

三是金融机构常用金融应用文呈现出与国际接轨加快的趋势。目前我国金融机构常用金融应用文的内容和形式都逐渐与国际惯例接轨。特别是金融管理机构和金融机构常用的金融应用文，如各类报告、年鉴、各类分析报告、审计报告、贷款报告等，正逐渐扬弃传统写法而与国际通用格式趋于一致。特别是近年来我国金融机构的常用金融应用文越来越与国际金融组织，如国际货币基金组织和世界银行的应用文写作风格与方法相一致。目前，我国金融机构在有关业务应用文中与国际写法基本趋于一致，大量的计算公式、插图、表格以及数据出现在常用应用文中。

3. 金融机构常用金融应用文的种类。进入21世纪以来，越来越显现出邓小平同志的高瞻远瞩，"金融是现代经济的核心"，对金融认识的重要性，以及对整个社会和经济影响的重要性。我国金融业发展极为迅速，金融体系日益呈现出复杂多样性，与国民经济其他部门体系相比，金融行业工作交叉点多，涉及面广，因此，金融机构金融应用文的写作范围和研究对象十分广泛。在不同的工作中，金融应用文也有不同的种类，主要体现为：（1）在金融业务工作中，有调研报告、检查报告、评估报告、审计报告、分析报告、预测报告、公司财务报告、年检报告、稽核报告、稽核通知书、稽核方案、稽核征求意见书、稽核结论和处理决定等；（2）在金融日常工作中，有公文、电报、总结、计划等；（3）在金融法规工作中，有金融管理机关有关规定、制度和实施细则以及部门法律等，银行类的金融机构和非银行类的金融机构有合同、协议书、诉讼书、立案通知书、查核通知书、暂停支付存款通知书、登记表、建议书、决定等；（4）在金融宣传工作中，有消息、通讯、评论、简报、社论等；（5）在金融调研工作中，有经济金融论文、金融评论、金融调查报告、金融综述；（6）在金融机构管理工作中，有命令、决定、通知与通报、批复与函、报告和请示、意见和会议纪要等。此外，与金融工作和金融文化有关的报道、采访、宣传文章，也是广义的金融应用文。

二、常用金融应用文写作及其研究的对象

所谓常用金融应用文，指包括金融机构常用公文和常用专项应用文等。金融机构常用金融应用文就是金融机构在金融机构管理、金融业务运行以及金融机构与社会关系相互关系规范中各种常用文体的总称，如各种金融监管机关的公文、金融机构内部的各种规章制度、金融工作计划、金融工作总结、金融信息、调查报告、稽核报告、经济活动分析报告、经济预测报告、项目评估报告、经济论文等。具有实用、简洁、权威的特点。

金融机构常用金融应用写作的研究对象，主要是指各种常用金融应用文文体的写作规律、方法、技巧。而这些规律、方法、技巧不同于一般应用文的写作，它服务于金融业发展的需要，服务于金融机构发展的要求，具有明显的金融特性。金融机构常用金融应用写作在内容、观念、文种、表达方式与手法等方面反映金融业的特点，正确传达金融机构与金融部门的意图。首先，随着我国经济体制改革的进一步深入，我国金融改革取得极大进展，特别是进入21世纪以来，随着我国经济金融日益融入全球经济体系，我国的金融体系、金融市场、金融工具和金融交易发生重要的变化。反映在保证金融机构运行的常用应用文方面，要求也在不断提高。仅就文种需求而言，由于中央银行及商业银行各金融机构分工不同，职能发生了根本性的变化，对不同文种有不同的写作需求，即使使用同一文种，其具体写作要求也有很大的差别。如何使金融应用写作更好地为金融工作服务、为我国经济体制改革和金融对外开放服务，成为摆在金融机构常用金融应用写作面前必须解决的重大问题。其次，金融创新速度加快，金融业务的新发展，对金融应用写作提出了新的要求。21世纪以来随着金融创新活动不断加快，新的金融机构和金融工具以及金融产品不断涌现，不论是监管还是金融业务都对金融机构的常用金融应用写作提出新要求。如我国的新型金融机构的出现、资产评估业以及征信业等一些新兴的经济行业逐步发展，与这些业务相关的金融文书写作就应运而生。如保险法规、保险合同、理

赔报告等，成为保险业务一系列工作中不可缺少的文字工具，直接关系到工作效率和质量的提高。再次，随着近几年资产评估业的兴起以及征信业的出现，出现了与评估和征信相关的文书写作，包括评估立项申请书、合同书、确认书、公证书、资产评估报告书以及征信报告等。因此，要确保金融机构有效、顺利、正常工作，必须写出反映当前政府有关金融政策、金融机构金融创新要求、符合写作规范的应用性金融公文或者应用文。这一新的变化，不仅要求金融行业的工作人员具有专业理论知识，同时还要具备相应的应用写作知识与实际的写作能力。最后，随着电子信息技术的扩大与广泛应用，常用金融应用文的写作方式和传送方式也在发生变化。目前，随着电子技术和办公自动化技术的广泛应用，利用计算机来实现办公自动化，实现文书处理程式化是当前科学技术现代化对金融应用文的写作和传送提出的新要求。从这个意义上说，办公自动化和电子计算机写作及文书处理加快了应用写作规范化的速度，也为应用写作开辟了新的领域。但是，办公自动化只是改变了金融机构常用金融应用文的传送路径和方式，并不能增强常用金融应用文的起草水平和能力。

三、常用金融应用写作的特点

邓小平同志说："金融是现代经济的核心"，他对金融业高瞻远瞩的认识，无疑证明了金融在国民经济体系中的重要地位及作用，是我们对金融在国民经济中的地位和作用最简洁最核心的概括和认识，也是我们知道金融机构撰写金融应用文的指导。随着我国经济实力的不断增强和改革开放的不断深入，金融在国民经济中的地位越来越重要。金融业作为国民经济的核心，金融应用写作在反映、研究金融运行规律和特点方面，能准确及时反映我国的金融运行和本质，其实用性、时效性、专业性和政策性体现十分明显，因而形成了金融应用文写作的若干特点。其中实用性、操作性就是金融应用写作最本质的特征，其他特征也很鲜明。具体有：

1. 常用金融应用文写作具有鲜明的实用性。金融应用写作与其他写作的最大区别在于它的实用性，即金融机构的常用金融应用文具有鲜明的实用价值。而金融应用写作的实用价值，表现在它能准确及时地传送金融机构进行金融运行、或经济运行情况、交流信息、传播经验、反映问题、调查研究、开展理论探讨、科学决策、深化改革、帮助各级行领导指导工作，具有重要的不可替代的载体作用；在对社会宣传党和国家有关方针政策，引导资金流向以及规范社会金融行为方面具有独特的作用。相对金融机构内部而言，常用金融应用文内容在指导工作、保证机构正常运转方面具有不可动摇的地位和作用。金融是应用经济学的一个重要分支，决定了金融机构常用金融应用文是为金融实践服务的。金融机构常用金融应用文是为了应用，为了解决实际问题。从结果看，所有的金融应用文都有其特定的事由和需要解决及研究的实际问题，写作目的明确，针对性强，与金融工作密切相关，具有实事求是地反映客观事物、解决实际问题的实用价值和使用价值。金融机构常用金融应用文一定要符合客观实际和客观需要，所采用的数据、情况、原因等，必须绝对真实、可靠，并经过认真的核实，能真实地反映经济金融运行和金融机构管理中存在的问题，绝不允许有半点虚构和夸张，否则，就不能达到解决实际问题的目的，还会导致研究问题和解决问题出现偏差。所以，实用性是它的第一大特点。为了提升常用金融应用文写作的实用性，要求在整个写作活动中，一切从实际出发，实事求是，准确及时地全面反映要表现的情况和要解决的问题，每一篇应用文都要解决一个实际问题，不写空文章。

2. 金融机构常用金融应用文要求时效性及简洁性。金融机构常用金融应用文写作一般都具有针对性和目的性，研究和反映的问题要求具有较强时效性。所谓时效性，是指两个方面，一方面要研究和反映的问题时效性强，过了这个时间和期限，经济金融运行情况就发生了根本性或重大变化，需要研究的问题基础环境已经变化了，下发的文件已经失去了原有的意义；另一方面，指草拟成文以后，对特定对象在特定的时限内产生的特殊效力，过了特定时限，文件就失效了。如传达上级指示精神，要及时发出通知；出了问题，要马上调查并写出调查报告或情况通报等；有些会议材料或草拟急件还需要加班赶写，保证不误发文时间。为了不错过发文时间要求，快写、快印、快发是必需的，尽快产生时效以利于问题的解决。但是在现实社会、经济、金融运行过程中，部分重要文件，一旦下发，对未来很长一段时间将产生重大影响或方向性的影响，如党的十八届三中全会是一部决定未来数十年加快社会经济体制改革的纲领性作用的文件，要经过长时间的酝酿、论证、征求意见、反复修改，最后形成文件，这些文件一旦形成就可能在未来一段时间内甚至几十年内，对全社会产生重大的影响。这样的文件出台一定要慎重，要广泛征求意见。金融机构常用金融应用文的实用性决定了它必须具备时效性。作为金融机构为了提高常用金融应用文的实用效能，撰写金融应用文时要求用最精练的文字准确说明事由、反映诉求、陈述办法、提出解决问题的方案，或者反映真实的调研结果，以达到撰写常用金融应用文的目的。未达到以上目的，要求在语言运用上，必须突出简明扼要的特点，要根据处理事务和文种的要求，用简洁、平白、朴素的语言明确地表达，有什么写什么，有多少写多少，一般不能出现感情色彩的语言和网络语言，要求以最直白、最通俗易懂的语言文字说明要反映的问题，提出解决问题的办法。

3. 金融机构常用金融应用文具有很强的专业性。金融机构草拟金融应月文，其内容基本上都是有关金融工作或为维护机构运行而起草的，即使是消息、通讯报道、理论研究或政策研究，都紧密联系金融部门的业务及其他活动。因此，常用金融应用文撰写一般专业性较强。草拟和写作金融应用文，不但需要扎实的金融和经济基础理论，对所从事的专业有较深刻的了解，而且本人还应该是某一个领域的专家，有多种获得资料和情况的渠道，这样才能做到收集材料时轻车熟路，构思立意时高屋建瓴，行文改定时拿准分寸。

4. 金融机构常用金融公文草拟和写作时需要对党和政府一个时期内的有关方针政策有非常深刻的理解。毛泽东同志说过："政策和策略是党的生命"。金融机构起草的金融公文必须坚决贯彻党在一个时期内关于经济金融的方针政策，这是草拟和撰写金融常用应用文的前提，体现党的政策性是基本要求。我国金融机构的一切活动都是在党和国家的金融方针政策指导下进行的，作为反映金融活动的金融应用写作，必然具有鲜明的政策性。例如，每年年初，各个金融机构在制订年度金融工作计划时，首先要考虑如何贯彻党和国家关于当年的金融方针、政策和原则的重点，如何按照国家的宏观调控要求安排全年工作，确定信贷规模，采取相应的措施与步骤做好金融服务工作。所有的金融机构草拟常用金融公文时，首先要考虑公文的内容是否符合党和国家有关金融方针、政策的精神，应用文能否以党和国家的政策指导本地区、本部门的实际情况。如果对政策理解不到位，所撰写的金融应用文特别是公文，如不能全面贯彻党在一个时期内的方针政策，就可能会出乱子，犯错误。特别是金融部门的各种应用写作由于和业务活动密切相关，无一不强调写作时的政策性。所以常用金融应用文特别是公文体现党和政府的政策性是首要条件和撰写应用文的基础。

5. 金融机构常用金融应用文具有简洁准确的特点要求。常用金融应用文写作时一定要体现简洁准确的特点和性质要求。常用金融应用文是为经济金融运行和领导决策服务，为社会各阶层了解金融机构的意图服务，与研究论文不同，需要简明易懂，用语准确。如果语言不能大众化，过于烦琐，就不能体现常用金融应用文的实用性和通俗易懂的价值。一篇应用文写长了容易，如果以简洁明了通俗易懂的简短语言文字向社会以及领导表明意图及想法和要求，是非常不容易的，需要对业务的熟悉，对政策意图的深刻了解，以及具有很好的文字功底。做到这些，需要长时间的磨炼，需要刻苦的学习和对基层情况的了解以及吃透政策和上级的精神要求。

6. 具有鲜明政策性和专业性相结合的特点。金融机构常用金融应用文是国家有关金融管理机关进行金融管理工作、防范金融风险、代表政府对社会发布有关金融政策命令、金融机构开展金融业务、保障金融体系正常运行、交流金融信息的重要工具，也是研究金融工作、实施金融监管、宣传党和国家金融方针政策的重要手段之一。它除了具有应用文的一般特点外，因金融工作的特殊性，还具有自身的特征，金融机构常用金融应用文具有很强的专业性和鲜明的政策性。特别是对社会宣传党和国家关于金融工作方针上金融常用应用文的政策性更加鲜明。另外，金融机构常用的金融应用文章关系到金融机构的管理，经济金融形势的分析，往往具有非常强的专业性，涉及较多的经济金融数据和金融基础理论以及金融专业术语，具备扎实的经济金融理论基础、金融知识和深刻理解党和政府的经济金融方针政策以及丰富的实践经验，才能写好金融机构常用金融应用文。

7. 金融机构常用金融应用文具有程式性和规范性的特点。程式性是指金融机构常用金融应用文具有特定的体式、格式和处理程序。国务院对文书的印制规格、组成要素、文书布局和有关标记等都有严格的规定，对文书的拟稿、会签、合稿、签发、发放和签收、登记、拟办、承办、催办等程序也有规范性的要求。金融机构的起草人必须遵照有关规定撰写金融类文书，并对已起草的常用金融应用文按照发文程序和上报程序进行上报和发文。

第二节　金融机构常用金融应用文写作的意义、作用

社会对金融知识的了解和应用在很大程度上是通过所起草和撰写的金融应

用文的水平和内容表现出来的，是通过相关部门的金融应用文告知社会的　是通过金融应用文为决策层面提出建议的金融应用文表现出来的。特别是掌握金融机构常用金融应用文可以保证金融机构正常运转。所以，写好金融应用文意义重大。

一、学习金融应用写作的意义

1. 有力地宣传贯彻党和政府一定时期内的经济金融方针政策和重大经济金融措施。党和政府对经济金融工作的方针政策是需要通过一定的文字形式对外宣传和对内的贯彻，社会各界也需要对一定时期内党和国家的金融政策有所了解，就需要金融机构通过常用金融应用文要将党和国家一定时期的方针政策扩大对外宣传的影响，常用金融应用文就是最重要的一种形式，通过写好常用金融应用文可以更好地宣传党和国家在一定时期内的金融方针政策，让社会了解金融如何为经济发展和社会发展服务的。

2. 写好金融应用文是做好金融工作的基本技能。金融是现代经济的核心，是一个知识密集型产业，大量的工作和业务主要靠数据分析和文字来完成，并通过金融常用公文来表现。所以，要成为一个合格的金融工作者，做好金融工作就必须写好常用金融应用文。

21 世纪以来，金融创新的速度加快，经济全球化成为市场经济发展的一个大趋势。特别是 2008 年国际金融危机以来，我们面临的金融复杂情况和程度已远远超过以往任何时候。经济金融与经济形势的分析难度越来越大，如果想更好地把握金融运行态势，需要有扎实细致的调查研究，出色的分析能力，丞要通过高水平的金融应用文表现出来。比如高水平的分析预测报告、严谨的管理制度和规定、通俗易懂的公文等。

3. 提高金融硕士自身专业素质的需要。金融硕士是一类金融理论和金融事务紧密结合的高层次实用型金融人才，而高层次金融人才就要具备高水平的常用金融应用文的写作能力，如果不能用常用金融应用文自如地反映工作情况，交流信息，阐述自己的思想和观点，并提出富有创造性的建议或方案，是很难做好工作以适应形势发展的需要。常用金融应用文写作，是金融硕士巩固金融基础理论、灵活运用金融知识学以致用的一个重要途径。常用金融应用文写作本身就是一个非常复杂的创作过程，它需要作者运用素质、知识和能力，是金融硕士专业基础和分析能力的综合体现。常用金融应用文写作时，需要有一个全面的规划，从收集资料到分析问题，需要培养金融硕士的观察、阅读、调研及对事物的感受能力。动手写作时，需要运用缜密的逻辑思维与创造性思维，提炼观点，谋篇布局。在行文阶段，需要金融硕士具有扎实的文字基本功，把党的方针政策在常用金融应用文中体现出来。常用金融应用文写作的过程就是一个促使金融硕士不断学习、不断探索、不断研究、不断提高的过程，也是促使他们主动进取、不断自我提升的过程。这个过程日积月累、循序渐进，只有多想、多写，写作水平才会不断地得到提高。所以金融应用写作是每一个金融硕士提高自身素质与水平的重要途径。

二、掌握金融应用写作的重要作用

1. 金融应用文是金融机构宣传贯彻党和国家经济金融方针政策的一个重要途径和手段。党和国家关于金融领域的大政方针需要通过日常工作去宣传和落实。其中最重要、最普遍的形式是以应用文来宣传和保障运行的，如命令、决定、指示、通知、条例和规定等。而计划、总结、调查报告、经济活动分析报告、项目评估报告等，则用于反映贯彻执行政策的情况；经济预测报告、经济论文等可以用来进行金融理论研究，所以，金融机构常用金融应用文是宣传党和国家金融工作方针政策最重要的途径和手段。党和政府在一定时期内有关经济金融的方针、政策必须通过制定发布相应的金融应用文来部署、贯彻和宣传，通过相关的应用文对社会进行宣传和交流。作为金融业的管理机关"一行三会"，通过常用金融应用文作载体，对下级金融机构进行具体的指导。如中国人民银行通过其制定发布的各项决议、措施、工作步骤等重要文件，指导各级金融机构的工作。银监会、证监会、保监会通过各种政策、命令、决议、通知等，指导我国金融防范金融风险，规范金融运行。而政策性及商业性的金融机构及其各级金融组织，则根据中央的政策性文件，制定和发布各种决定、计划、意见、通知等来指导下级金融业务部门的工作，保障整个金融部门的正常运行。

2. 常用金融应用文是保障金融机构业务正常运转和提高经营管理水平的必要手段和载体。金融系统是一个复杂庞大的体系，金融体系是国民经济的核心，既有管理机构，也有经营机构；既有市场、也有众多的产品，涉及社会所有的人和行业。金融机构内部的管理和运作要有一套严格的规章制度，对内部员工的管理和任务的下达必须通过有关公文和应用文进行。为了提高管理水平和完成经营任务，金融机构常用金融应用文是一个重要的形式和载体。一是金融机构要对金融经营机构进行管理，必须通过相应的金融公文规范来约束金融经营机构的行为，以及对全社会宣传党和政府的金融政策；二是金融机构内部为了保证机构正常运转，也要依靠常用金融应用文作载体。经营性金融机构为了提高盈利水平，会通过有关金融应用文下达经营指标和管理目标。经济、金融方面的应用写作是经济、金融活动的纽带，是经济、金融领域中，联系、协调、制约的重要手段和工具，在金融机构中起着下达指令和命令、同级之间交流经验、机构内部告知事项、与社会联系协调以及互动的媒介作用，同时也为各机构内部监督制约提供科学依据。例如，要了解金融市场的变化情况，制定贷款决策，就需要金融市场与企业资金需求调查报告、贷款可行性研究报告等，因为这些金融机构的金融应用文，都是根据党和国家一定时期内的有关方针政策、市场和企业的实际情况以及上级领导的具体意见撰写的，具有很强的指导性。金融机构所撰写和发布的各种金融应用文通过不同的渠道和各种形式，向上级机关报告金融工作现状，请求上级帮助解决的问题以及要求的政策指导，又通过常用金融应用文的形式，向下一级传达工作计划、指令，以及组织存贷业务、结算业务及相关的金融业务等；通过对利润、成本、资金流量以及风险和金融市场变化等指标的分析研究，进一步提高资金使用效益，加强风险防范。作为一种交流载体，常用金融应用文成为联系上下级机关的纽带，成为反映情况的重要通道。作为一种重要的载体，它可以在不同金融机构之间，发挥其沟通协调的功能以及相互通报情况、协调步骤和解决相互之间的问题等。另外，金融机构常用金融应用文又可以促使金融机构与其他机构部门或社会团体和个人，进行讲解、沟通、协调以及帮助，促进相关业务的开展。

3. 常用金融公文是防范金融风险的最好平台和工具。防范金融风险是金融机构最重要的一项任务，金融机构风险的防范是依靠一系列的规章制度和政策规定，需要用金融应用文来表达，需要可以操作的，针对不同的问题进行深入调研，提出解决风险的办法和措施，制定有关制度。所以，写好常用金融应用文是金融机构防范金融风险的必要条件和基础。

4. 具有加强监管执法作用。国务院、金融主管部门对我国金融运行的监管、宏观调控是我国金融机构保持正常运行的依据，金融机构必须按照党和政府的要求从事金融业务。我国的金融监管部门依靠常用的金融应用文对有关金融机构的金融活动进行监管和业务指导，金融机构内部的稽核、审计和纪检监察部门，在实施监管履行职责的过程中，通过撰写一系列有法律效力的文件来规范金融机构从业人员的行为和活动。金融管理部门以及金融机构内部的稽核监察、审计部门所起草和发布的常用金融应用文文件，具有特殊的法律性、强制性、规范性等特点。如我国金融管理部门发出的通知书、调查报告、建议书等，都具有法律效力，被监管者必须遵照执行。

第三节　金融机构常用金融应用文写作的基本要求

常用金融应用文写作是一项专业知识和文字水平相结合的过程，要写好金融应用文，不但对专业理论基础有较高的要求，而且对相关文字水平也有较高的要求。提高常用金融应用文写作水平不是一蹴而就的事情，必须经过艰苦的努力和长期的磨炼，不仅要加强文字修养，掌握写作基础知识，还需要有一定专业积累，深入的调查研究，掌握第一手情况。更重要的是对党和国家的方针政策有深刻的理解，对上级的意图有明确的认识，以及掌握一定的法律知识。金融应用文起草和写作要达到一个较高水平，必须达到以下要求：

1. 熟悉党和国家一个时期内关于经济金融工作的方针政策以及具体要求，正确领会上级的意图，并将这些精神自觉地贯彻到所起草的应用文中。政策是党和政府为实现一定历史时期的路线和任务而规定的行动准则。要写好金融应用文，一是要认真学习马列主义、毛泽东思想、邓小平理论和科学发展观的重要思想，并将这些思想真正地融会到公文中；二是要求掌握一定的经济、金融方面的专业理论知识，并能熟练地运用到日常工作中去；三是提高写作的相关基础理论知识。

2. 熟练掌握起草常用金融机构金融应用文必备的法律知识。市场经济是法制经济，起草金融机构常用金融应用文，一定要符合相关的法律要求和法律条文。将有关法律规定和要求必须贯彻在常用金融应用文的写作中。体现法律要求和规定的中心环节是依法起草文件，合法性是金融常用应用文写作的基本原则之一。改革开放以来，我国先后修订和颁布了大量的经济金融法律、法规，并出台了一批新的经济金融法律、法规。如《中国人民银行法》、《商业银行法》、《票据法》、《保险法》等重要法规。在草拟金融文件的过程中，要将法律规定和要求贯彻进去，坚持做到写作内容的合法性。否则，不仅写作过程成了无效劳动，甚至可能因为违背法律、法规而使起草和下发的文件产生严重后果。这样，需要平时加强有关法律法规的学习，精通和掌握所从事的金融领域或相关业务方面的相关法律法规和制度要求，能够熟练运用一些法律条文，起草常用金融应用文时，确保有关内容与法律不抵触或不冲突。作为一个金融硕士，对于经济金融相关的法律知识的学习和掌握是完全必要的，需要在平时不断地学习和积累，避免欠缺相关法律知识而发生错用、误用有关法律条文的事情。

3. 必须具备扎实的金融基础理论，熟悉相关经济金融业务。金融机构常用金融应用文主要是业务用文，主要是反映金融机构业务运行情况和对经济金融形势的分析以及专项调研报告，如果没有扎实的金融基础以及理论知识就不能写出高水平的常用金融应用文。金融机构常用金融应用文需要深厚的金融理论和知识支持，需要相关的金融理论和分析方法恰如其分的应用。要写好金融应用文，就要精通业务，比如写银行工作总结，要熟悉银行的所有业务工作，了解银行业务工作的全过程和整个流程以及相关的知识，才能透过复杂的现象认清银行业务的本质，分清主次，突出重点，写出特色，正确地总结经验与教训；如果没有相关金融知识的积累，不懂银行业务写起来就非常困难。

4. 需要深入基层以及在具体业务中调查研究，深入了解基层并掌握情况，了解国内外经济金融最新动态。金融机构常用金融应用文写作最大的特点，是它的实用性，即通过常用金融应用文来反映和解决金融工作中的实际问题。因此，在写作中一定要深入实际调查研究，发现问题，分析问题，解决问题。否则，凭空议论，无的放矢，言之无物，这种写作不仅毫无意义，解决不了任何问题，甚至可能贻误工作。金融机构的常用金融应用文是用来进行金融管理和指导工作的，需要全面地分析金融运行中存在的主要问题，提出解决问题的办法、拿出解决问题的具体措施。还需要我们在日常工作中能够经常性地深入调查研究，掌握第一手情况，看清问题的实质，归纳和总结实际工作中的经验教训，通过常用金融应用文正确地分析、认识问题，才能写出观点正确、认识深刻的调研报告、分析文章，才能对金融运行中的实质性问题和新问题做出正确的反映。由于金融应用文写作的目的是为解决经济金融运行中的问题，所以，我们首先要熟悉其基本情况，包括熟悉主要业务工作，了解相关部门的业务流程、本系统之内的其他业务工作以及与本职工作有关的经济工作。通过日常的深入调查研究，不断发现问题、研究问题，寻找解决问题的办法和措施。做到平时多积累，不断发现新情况新问题，在用时才能写好金融应用文。

5. 要求具有朴实简洁的写作文风。金融机构常用金融应用文实质上是一种应用文体，要求简洁朴实和实用。现在培养的金融硕士基本上走的是一条从小学到中学再到大学的学院派路子，学习的是按命题作文，或按所给的材料作文，思路往往受材料和题目限制。即使自由选题作文，选材也多局限于日常生活或自然景物，思维方式多以形象思维为主，语言风格习惯于散文的笔调，以抒发个人的思想感情为主。但常用金融应用写作则要求简明扼要，注重调查研究，注重实用性，必须能够解决实际问题，根据经济金融运行的实际需要以及管理的需要，从实践中，发现问题，研究问题，解决问题。写作的目的，不是为了抒发个人情感，而是为了解决实际问题、推进工作，特别是一些金融应用文以解决重大的经济金融问题为目的，所以，必须注重文章的实用性；思维方式则以逻辑思维、创造性思维为主；语言的风格以庄重、朴实、简洁为特征，文风以实用为标准。由于大多数金融硕士过去从未以这样要求进行金融应用文写作，因此，需要对自己的写作思想、方式和语言进行一个根本的转变。

6. 要求具备较强的文字语言表达能力。与一般文章不同，常用金融应用文需要较高水平的文字表达能力，文字表达能力是常用金融应用文写作的基础，也是写好常用金融应用文的基本条件。写作既是以语言为工具，又最终体现在语言上。离开语言，文章则不能存在。语言水平的高低直接影响着写作的质量。毛泽东同志说，文章的语言应当具有这样三种性质：准确性、鲜明性、生动性。首先，坚持阅读，不断用心学习和揣摩一些优秀的公文，学习写作方法，用词用语，公文的布局和结构，通过不断积累，逐步改变语言贫乏、表达不能得心应手的状态。特别要学习各种富有表现力的句式以及简洁的表达方法，为常用金融应用写作打下深厚而坚实的语言基础。其次，对常用金融应用写作各种文体的语言要有正确的理解和把握，达到应用写作的语言准确、平实、简练、得体的要求。所谓准确，是指对事实的叙述、说明，对观念的解释、阐发，用语确切，意思明确；平实，是指语言朴实无华，平淡实在，不加修饰；简练是指语言简明扼要、开门见山；得体，则是指语言必须切合各类文种要求，符合常用金融应用文表达的目的以及其特定读者的阅读习惯。最后，一定要达到语言的生动性，生动性是指尽可能地应用受众喜闻乐见的语言，尽可能在常用金融应用文中不使用晦涩难懂专业性过强的语言。

金融机构常用金融应用文写作是一个实践性很强、水平提高很慢并且收效很慢的积累过程。培养提高写作能力是一个较长的实践过程，必须多读、多思、多写，特别是多向一些优秀的应用文写作者学习。读与写是提高写作能力的必由之路。只要坚持不懈地进行训练，勤于读书、勤于思考、勤于练习并随时总结经验，找出改进的方法，学习优秀的常用金融应用文好的经验，那么，常用金融应用文的写作能力和水平就会不断得到提高。

第四节　金融机构常用金融应用文的特点

金融机构在制发常用金融应用文时，面临的主要问题是草拟应用文的主题如何确立以及素材如何选取。可以说主旨的确立关系到金融机构常用金融应用文的高度和水平，素材的选取关系到常用应用文的深度和质量。本节重点介绍金融机构常用金融应用文的基本结构和常识。

一、金融机构常用金融应用文主旨的确立

（一）常用金融应用文主旨的概念

文章的主旨一般是指撰写人在文章中所要表现的基本思想或核心观点。它体现了作者写作的核心意图和要求，体现了作者对文章所反映的客观事物的基本认识、理解和评价，更重要的是反映了上级机关对下级的要求。主旨又被称为中心思想、主题思想。在论说文中，主旨被称为论点或基本观点；在应用文中，则常用主题、主旨或基本观点等名称。由于常用金融应用文实用性非常强，则金融机构常用金融应用文的主旨要直截了当，目的性强、要求明确、反映的问题和提出的要求要具体，符合实际工作的需要。金融机构面临的问题都是具体的，所以，具体工作要求一事一报，一事一议，而且事情和问题往往是单一的。所以金融机构常用金融应用文一般也是要求一文一事，即一篇应用文只写一件事，主题单一，这正是金融机构常用金融应用文处理工作、解决问题、提高工作效率等简洁性、实用性的体现。

（二）如何确立常用金融应用文的主旨

1. 要求熟练掌握常用的政策法规和具有扎实的经济金融理论知识以及过硬

的专业业务水平。金融机构常用金融应用文，特别是公文及事务类文书，其内容往往直接体现党和国家的方针、政策和法规，写作者只有具备较高的政治素养和政策水平，才能使起草的应用文特别是公文体现党的政策、方针和要求。同时，金融应用文又具有很强的专业性，要求起草人具有扎实的经济金融理论基础和过硬的业务能力，这样才能写出合格的常用金融应用文。如果金融专业知识不合格、业务水平不高，对基层情况不了解，即使政策水平再高、文笔再好，也写不出适用对路的金融机构常用金融应用文。只有不断积累，勤奋实践，注意观察，深入基层调查研究，才能不断提高自己的政策水平和金融专业水平，不断提高自己的实际工作能力，把握好所起草的金融应用文的写作主旨。

2. 准确把握所应用的基本素材性质。在常用金融应用文中，素材的具体性质和其中蕴含的深层意义，决定了主旨的提炼。主旨是从素材中概括和抽象出来的，基础素材是主旨提炼的基础。因此，在提炼主旨时，我们应该立足于所收集的基本素材，并且通过素材突出起草应用文的取向和目的，手头所拥有的素材在一定程度上决定了应用文的成功与否。所以，正确领会上级机关的意图，是收集素材的关键，深入实际收集有关素材是起草文件的关键，对有关素材加以合理利用并确立主旨是起草常用金融应用文的重要过程和必要准备。

3. 充分反映急需解决的问题。金融机构常用金融应用文的主旨一般都应该具有强烈的现实意义，能够反映要求解决的现实问题。如果反映和研究的问题远离经济金融运行所要解决的问题，常用金融应用文的主旨就失去意义。所以，站在一定的高度起草有关应用文是解决问题的关键。

4. 反映主旨的角度应独特且不重复不落俗套。金融机构常用金融应用文写作过程中，要善于选择新颖、独特的切入角度，即善于从不同的角度观察写作对象，从不同的侧面挖掘主旨，从不同的层面反映基层情况，一定要表现出本应用文独到的见解。因为从不同的角度反映和说明的问题不同，使得交流的目的不同，能给不同的机构提供不同的参考，只有独特角度及不落俗套和不重复，才能起到应用文所要达到的目的，否则，起草的应用文将失去真正的意义和作用。

（三）确立金融机构常用金融应用文主旨的要求

1. 主旨必须正确。所谓主旨正确，就是要求常用金融应用文在起草过程中必须符合党和国家的方针政策，符合有关法律法规，符合客观实际情况，能够正确反映客观事物的本质规律，反映问题的本质和基层的实际情况，要经得起实践、时间和历史的检验。金融机构常用金融应用文的主旨必须准确、健康、向上，所反映的主旨不能和党和国家大政方针有冲突，不能违反有关法律法规，不能弄虚作假，不能言过其实或者言不副实。否则，起草的常用金融应用文将是失败的、错误的或者方向性错误，将会给领导机关的决策带来误导，给实际工作带来较大失误甚至是损失。

2. 主旨要求鲜明。所谓主旨鲜明，就是要求金融机构常用金融应用文的基本思想要明确、清楚。表明起草人赞成什么，反对什么，肯定什么，否定什么，都要表述清楚，绝不能含糊。常用金融应用文的主旨不同于文学作品以及其他文字作品，它不能只提问题而不提出解决问题的办法，也不能含而不露，晦涩难懂，言已完而意未尽，让读者去猜测、想象，或者有多种理解。起草应用文时一定要旗帜鲜明，态度鲜明，观点鲜明，立场明确，不能给人多种理解。观点更不能左右摇摆、意图含糊不清。

3. 主旨要求意图集中。由于金融机构的常用金融应用文实用性非常强，按照金融机构工作的特点，一般要求一个文种反映一类事情，一篇文章说明一个问题，也就是通常所说的一事一议。所以，金融机构常用金融应用文主旨集中，就是指常用金融应用文的总主旨要单一、突出，每一篇应用文的基本观点和要求以及意图要集中、突出地表现出来。坚持一事一文，要求保证主旨集中，防止面面俱到。这样，可以提高办事效率，有利于解决实际问题，同时还能防止意图不集中冲淡了本来要急迫解决的问题。

4. 主旨要求深刻。主旨深刻是指常用金融应用文的起草人起草公文时，应该站在较高的高度，对研究和反映的经济金融问题或者一些重大的事件和突出问题、诉求以及所起草的制度政策规定进行深入的挖掘和概括，鲜明、直接地提出具有前瞻性的全局性观点，对未来的工作有指导意义。因此，需要起草人具有深厚的经济金融理论基础，对基层的情况有深入的了解，能刻苦钻研业务，深刻领会上级意图，深入了解问题的本质，特别是能消除本位主义，站在战略的高度反映存在的问题，研究经济金融运行和风险防范的客观规律，以此起草具有前瞻性的应用文。

二、关于常用金融应用文素材的选取

（一）金融机构常用金融应用文素材的概念

所谓素材，就是指根据写作目的、意向，从经济金融活动中收集、选择加工后写入常用金融应用文中的一系列事实和论据。其包括两个方面的内容：一是为写作而收集的各种原始材料，二是指经过挑选后写入文章中的那些事实和道理以及展示的图片资料等。

（二）金融机构常用金融应用文素材的来源

1. 仔细深入的调查研究和日常观察。调查研究和日常观察是在起草活动中出于一定的目的所进行的有计划的知觉过程和认识过程。它不限于感觉，常与积极的思维相结合。调查研究和观察的方法包括全面调查研究及观察、专项调查研究和观察、比较观察和反复观察等。调查研究一定要深入细致，调研到位，观察一定要做到认真细致、敏锐持久。只有深入调查研究和日常细致的观察，认真反复的思考，才能反映问题的根本，抓住问题实质和特点，才能收集到起草常用金融应用文所需要的素材。特别需要指出的是调查研究是通过采访他人和考察社会情况来收集写作材料的一种实践活动。它既可获取材料，又能帮助确立观点。调查研究的主要方法有开调查会、个别访谈、现场察访、问卷调查等。调查研究要明确目的、抓住要害，实事求是、诚恳虚心，要做到腿勤、嘴勤、脑勤、手勤，方能获得大量有价值的写作材料。调查研究除了全面调研外，日常应用最多的是专项调查研究，这种调研既有工作上的需要，也有前瞻性的专项调研活动。只有深入调研和认真仔细分析调研结果，才能获得良好素材。所以，深入调查研究也是观察的一个重要途径。

2. 日常保持广泛阅读的好习惯。古人说："读书破万卷，下笔如有神。"可见，平时保持良好和广泛的阅读习惯是我们积累知识的一个重要途径和手段。阅读可以帮助我们从模仿别人开始，积累到一定程度后自己进行创造，阅读可以使我们从别人的文章中学习写作方法和经验。但是阅读是要讲求方法的，在阅读中要学会使用工具书，做好读书笔记等。

（三）金融机构常用金融应用文选材的要求

1. 所选素材必须为主旨服务。选材就是对所收集到的素材进行取舍。主旨的形成和提炼需要大量的素材，但在具体表现主旨时，由于不可能将所有的素材全部写入文章。只有选择典型、有利的材料，主旨才能得到充分的体现。如果不加任何选择地堆砌材料，文章的主旨反而会被削弱甚至淹没和偏离。材料的取舍与多寡，都要根据主旨的需要进行选择。材料太多了，会淹没文章的主旨；太少了，则不能为表达主旨服务。

2. 素材必须要真实可靠。选用的素材必须真实，是指金融常用应用文中的事实性素材要与客观实际相符，观念性素材要准确无误、恰当贴切。素材的运用要求准确，既应该有主次之分，也有重点和非重点之分，但对调研来的素材不可随意篡改、增删，使用的素材一定要与原意相合，切忌断章取义，以偏概全。

3. 素材应具有典型意义和典型性。素材的典型性，是指选择的素材要具有独特性和说服力，能够深刻揭示事物的本质，反映事物的客观规律。恰当地运用典型材料来说明问题，能收到点石成金、事半功倍的效果，可以进一步深化文章的主旨。

4. 素材要新颖，能够反映经济金融最新动态和最新发展趋势。所谓素材的新颖，主要是指别人不常用的或鲜为人知的新材料，也包括一些可以产生新意的材料。新颖的思想、观点一定能够让常用金融应用文与众不同。特别是一些常用的素材，运用逆向思维，换个角度思考，常常会获得新的观点，产生化腐朽为神奇的效果。

5. 素材选用与常用金融应用文的文体应相一致。不同的文体对素材的选取有不同的要求。例如，同样是公文，请示和报告就有所不同：请示是一文一事，要求素材单一、简洁，便于上级研究、批复；报告则既可一文一事，也可以围绕一个主旨从几个方面谈与主旨有关的几件事。同样，一些素材用在不同的文体中，加工方法也有所不同，如同一事例用在消息、通讯、调查报告等记叙文体中，要具体、详细，而用在经济论文中则宜简洁、雄辩、有力。

三、结构

（一）常用金融应用文结构的概念

所谓金融机构常用金融应用文的结构就是指行文的组织和构造。具体地说，就是把纷繁众多的材料，依据主旨的要求和表述内容的需要，进行合理的组织与安排，使之成为一个有机的整体。为了起草常用金融应用文，当我们收集足够的素材后，并在明确写作主旨的前提下，就要尽快进入写作状态。要写好一份常用金融应用文，首先要考虑应用文的结构，即应用文应该按什么顺序来写，该怎样安排素材、结构与材料才能更好地为主旨服务。可以说确定应用文的写作结构是写作成败的关键。

（二）常用金融应用文结构的基本内容

金融机构常用金融应用文的结构要做到严谨、自然、完整、统一，其内容主要包括：层次与段落、过渡与照应、开头与结尾。虽然这些只是常用应用文的结构与形式，但都与其内容密切相关，形式为内容服务。结构是构建一篇应用文的关键，也是思路的表现。

1. 常用金融应用文的层次与段落。常用金融应用文的层次是用来体现应用文的总体布局或思路演变轨迹的、表示内容逻辑联系的结构单位。金融机构常用金融应用文常见的层次安排有总分式、并列式、递进式等方式。所谓金融机构常用金融应用文的段落是构成文章的基本单位，是表达应用文内容次序、步骤或内容转换、间歇、停顿的标志。在形式上常用空格、转行、小标题等来表示。金融应用文的层次与段落既有联系，又有区别。层次着眼于思想内容，而段落则侧重于文字表达的需要。层次要靠段落来表现，但段落不等于层次，一般地说，层次小于篇章、大于段落，但有时二者也会一致，偶尔也会出现层次小于段落的现象。层次分明、段落清楚，这是写金融应用文的基本要求之一。

2. 常用金融应用文的过渡与照应。金融机构常用金融应用文中的过渡是指文章的层次和段落之间的连接承转。层次与层次之间、段落与段落之间、句群与句群之间必然有意思上的转换与衔接，过渡段或过渡句是文章转换与衔接的桥梁与纽带。常见的过渡方法有三种，即关联词语、过渡句、过渡段。有关应用文体中的照应。照应是指应用文中前有伏笔，后有呼应，以使全文连贯，前后浑然一体，增加文章的整体美。常见的照应方式有首尾照应和题文照应两种。照应能使文章所写事物或问题之间互相补充、加深，使全文线索清楚、严密周到。

3. 常用金融应用文的开头与结尾。文章的开头应根据具体情况而定。好的开头可以起到统领全文的作用。常用金融应用文的开头常用的有目的式、根据式、引述式、提问式、结论式、概述式等方式。结尾也是文章的有机组成部分，在应用文中占有特殊的地位。金融应用文常见的结尾有总结式、要求式、号召式、说明式等方式。好的结尾常常会起到总括全文或令人回味的作用。

（三）金融应用文结构的作用

1. 能更好地表现主旨。常用金融应用文要突出文章的主旨，使金融机构常用金融应用文产生深刻而广泛的影响，就必须精心布局，把主要事件摆在显要的地位，加以突出，而其他的事件则根据各自的重要性依次排列。一篇文章的内容再深刻、再有意义，如果没有恰当、完美的结构形式，也不能称为好文章。文章的结构在应用文中具有十分重要的作用。

2. 能更好地组织和调度材料。有些材料单个看似乎很重要，但一经布局就显得不重要了；而有些材料刚一看，似乎很一般，但是，布局之后则会发现其说明问题的闪光点。因此，在使用材料时要精心布局，充分利用材料，往往会起到意想不到的效果。

3. 能更好地制约和整顿文章层次。写常用金融应用文最忌篇章脱节、文气不畅，最忌单调、呆板，而文章结构布局得法，则会使它层次清楚有序、轻重分明，有抑扬顿挫之感，产生比较强烈的效果。

（四）金融机构常用金融应用文结构应把握的原则

1. 要求坚持条理明晰的原则。常用金融应用文的结构同其他应用文的结构一样，必须遵循条理明晰、结构严谨、格式规范等原则。条理明晰是指文章的条理清楚、纲目分明，能分门别类地把问题写清楚、写明白，给人一种主次分明、一目了然的感觉。

2. 要求坚持结构严谨的原则。结构严谨是指文章的结构要严密完整、衔接紧密，是浑然一体的整体。如公文的写作要有标题、主送单位、正文、落款等，正文的结构要有开头、主体、结尾等部分。任何一个部分都不能缺少，不能顾此失彼，残缺不全，从而影响文章内容的表达。

3. 要求坚持格式规范的原则。格式规范是指符合应用文体的结构格式。金融机构常用金融应用文体大都有比较固定的规范格式，必须严格遵守。如公文的格式由版头、发文字号、秘密等级、缓急时限、标题、主送机关、正文、附件、发文机关的印章、成文时间、主题词、抄送范围、印发说明等组成；合同由首部、主体、尾部组成。这些结构形式都是在长期的实践中约定俗成的较为固定的模式，不得随意更改。

四、金融机构常用金融应用文的语言特点

（一）金融机构常用金融应用文语言的特点

1. 一般使用介词多。金融应用文虽然重在实用，但它同样重视语言文字的表达及其技巧，讲究语言的务实、规范、简洁，具有其自身的语言特点。在金融应用文中，出现较多的介词，是为了更好地说清事由、讲明道理、引用文件、表达目的等，如公文的标题大都用"关于"一词引出，而正文为了更有说服力地引出所要论述的观点和依据，常常用"关于"、"根据"、"对于"、"为了"、"在……下"等介词。应该注意的是，金融应用文中最忌使用修饰性语词，只需实事求是地反映情况，不必进行生动、形象、夸张地描绘。

2. 使用金融专业词汇多。常用金融应用文是金融运行的反映，理所当然地会用到金融专用术语。这些词具有单义性、稳定性和一定范围的可读性。正确使用专业语词，才能使文章显得凝练、平实、易懂。在文学作品中经常使用的语气词，在金融应用文中基本不用，因为用这些语气词会影响应用文的严肃性和庄重性。使用经济和金融专业词汇可以使文章更具有说服力和可读性。目前，常用金融机构应用文越来越多地使用专业词汇和用语。

3. 有时使用文言词多。相对于其他文体而言，应用文更多地使用文言语词，这是由应用文的语言规范、庄重、严紧、简洁等特点决定的。特别在公文、信函中，文言语词用得更多，如"兹"、"莅临"、"此复"、"商洽"、"接洽"等。在应用文中恰当地运用一些文言语词，可以起到白话语词所无法达到的语言效果。

4. 切忌用网络用语以及口语。由于金融机构常用金融应用文是一个非常严肃的文体，用语和遣词造句都力求规范，而目前流行的网络用语生命力有限，而且流行范围有限，一般不规范容易引起歧义，不能为全社会所有人理解。所以，在起草金融机构常用应用文时，一般不要用网络用语或者使用网络名词来写，否则，达不到应用文的效果，容易引起歧义。在金融应用文中，切忌使用口语。使用口语不仅不利于文章的表达，而且会削弱文章的庄重性和严谨性。同时，使用口语会造成理解不一致，达不到常用金融应用文的制发效果。

（二）对常用金融应用文语言的要求

1. 要求精确。常用金融应用文的语言要求表达得精确。表达精确，主要体

现在两个方面：首先，用词的精确。用词精确才能反映出事物之间的细微差异。特别是一些政策性强和具有法律效力的应用文，更要注意语言的精确。稍有不慎，就有可能造成政策表述上的错误或者法律用语上的错误，引起不必要的社会实践以及带来重大的经济损失。其次，语法的准确。不犯语法逻辑错误，才能保证语言的精确表达。

2. 要求简洁。所谓简洁，金融机构常用金融应用文要求以尽量少的语言文字来表达尽量丰富的内容。要做到简练，就要对词语和句子进行锤炼，删繁就简。首先，要删去与基本观点表达关系不大的字、词、句甚至段，要删去假话、大话、空话、套话，删去不必要的头和尾。其次，要简化层次，合并语意相同的段落，集中单一的表达。最后，要力戒语言的重复、堆砌、冗长，不可大量使用专用语词、固定习惯用语、成语等。

3. 要求平实无华。常用金融应用文，除了有些文章在引述事实时使用概括性的叙述和描写方式外，一般使用说明方式。它不追求语言的形象生动，要求语言的质朴、平常、普通，实实在在地反映客观事物。只有这样，才能与它内容的庄重、实用相一致。

4. 要求得体。金融机构常用金融应用文要求得体包含两层意思：首先，语言的运用应根据场合、对象、身份的不同而有所区别。其次，文体不同，使用的语言也有所不同。如在公文中，作为下行文的命令和上行文的请示，二者语言的口气、说法就应有所不同。

5. 要求规范。金融应用文语言的规范是指其行文必须符合国家的有关规定。如标点符号的使用、专业名称的运用、主题词的选取、缩写词语和简称的使用等，都必须按照统一的规定进行使用，不能随意乱用，以免造成混乱，影响办事效率和表达效果。

（三）常用金融应用文的表达方式

1. 平铺叙述。表达方式是文章中反映客观事物和作者主观思想情感的方法和手段。常用的表达方式有五种，即叙述、描写、抒情、说明、议论。常用金融应用文主要是为了解决和处理经济金融运行中的问题，其表达方式通常只用叙述、说明和议论，而抒情和描写，除了在通讯报道和广告中使用外，其他文中很少使用。叙述是指对文章中人物的经历、事件的发生发展变化过程及环境进行介绍、说明和交代。它是写作中的一种基本表达方式。金融应用文的叙述一般要求简明扼要、真实客观。它不求所叙述的人和事详尽、具体、完整，只要简要地叙述事实本身；也不求夸张和铺陈，只要真实准确地表述，以免造成对读者的误导。

2. 说明。常用金融应用文中的说明就是指用言简意赅的文字，介绍客观事物的形状、性质、特征、成因、功能等的表达手法。应用文中的规章制度、活动报告、公文等文体，都广泛使用说明这一表达方式。说明的表达方法很多，不同的写作目的，要求有不同的说明方法。在常用金融应用文中，主要使用定义、分类、举例、引用、比较、数字、图表七种方法。在使用说明方法时，应该注意三点：一是知识准确，态度客观；二是条理清楚，层次分明；三是抓住特征，突出重点。

3. 议论。常用金融应用文中的议论就是指对某一客观事物或问题进行分析和评论，以揭示事理或直接表明自己的观点和态度的一种表达方式。在常用金融应用文中，议论运用得相当普遍。如在调查报告、总结、分析报告中，经常在叙述、说明的基础上，表明对人物、事件、问题的评价，以鲜明地表达观点。一段完整的议论，要由论点、论据、论证三个要素组成。但是在金融应用文中的议论，一般不做长篇大论，不做复杂、多层次的逻辑推理，也不一定要保证论点、论据、论证齐备，而只是在需要时，采用夹叙夹议的方法，或只进行简单的议论，点到为止。同时还要注意以事实为依据，以法规为依据，不能夹杂个人主观情感。常用金融应用文常用的议论方法有举例证明法、引证法、对比法等。在使用时，选择哪种论证方法，要根据论证的实际需要而定。既可以只侧重使用一种方法，也可以将几种方法结合起来使用。

第三章　管理类金融机构的公文写作

在我国，管理类金融机构包括中国人民银行，中国银行业监督管理委员会、中国证券监督管理委员会、中国保险监督管理委员会。另外，一些金融机构受国家机关的委托，本身代国家机关执行某种行政职能或发放某种政府信贷或者进行金融管理业务，如国家开发银行、中国进出口银行、中国农业发展银行等。这些机关常用的金融机构最常用的应用文首先是法定公文。法定公文是在长期公务活动中形成的体式完整、内容系统、程序规范的材料。因此也被称为公务文书。本章重点介绍管理类金融机构常用的法定金融公文基本格式、要求和写法等。

第一节　管理类金融机构公文的基础

由于管理类金融机构是代表国家对我国的金融业进行政策和业务管理，代表国家对我国金融体系进行金融风险的防范。与经营类金融机构不同，管理类的金融机构常用的金融应用文主要为法定公文。本节主要介绍与法定公文写作有关的基础。

一、公文的分类

公文从其性质、使用范围、内容、行文关系、文件体式等不同的角度，可进行诸多不同的分类。

1. 从公文使用范围的角度划分，可分为三大类：第一类是通用公文。分两部分：一是法定公文，即《国家行政机关公文处理办法》规定的十三类公文；二是公务应用文，如总结、计划、工作安排、工作要点、方案、提案、调查报告、讲话稿、汇报提纲、制度、守则、规则、大事记、简报、动态、快报、信息、参阅件等，这些应用广泛的文字材料虽然没有列入国务院规定的国家机关行政公文的文种，但这些公务应用文通过法定公文文种作为载体印发或转发、批转后，也具有法定公文的性质和作用。第二类是专用公文，指一定的工作部门和业务范围内，根据特殊需要专门使用的文书，如外交部门使用的国书、照会、备忘录、议定书、条约、公约、护照等，司法部门使用的起诉书、控诉书、抗诉书、笔录、开庭通知书、调解书、裁定书、判决书等；经济部门使用的协议书、担保书、稽核（审计）结论、各种经济合同、契约、统计报表、账册等。第三类是技术公文，是各部门在科研、生产、基建等活动中形成并使用的技术图纸、图表、技术计算材料、技术鉴定书等。

2. 从公文作用的角度划分，可分为法规性的公文、政策性的公文、事务性的公文、凭证性的公文等。

3. 从行文关系的角度划分，有上行文，即下级机关对上级机关的行文；平行文，即不相隶属的机关或同级机关之间的行文；下行文，即上级对下级机关的行文。

4. 从制发机关的角度划分，可分为政府行政机关的公文、党务机关的公文、司法机关的公文、社会团体的公文、企事业单位的公文……还可具体到某一单位的公文，如国务院的文件、中国人民银行的文件等。

5. 从处理公文的角度划分，可将收到的公文分为承办性公文和参阅性公文。

6. 从阅知公文的角度划分，公文又分为普发件和专发件。

7. 从公文机密程度的角度划分，公文分为密件和非密件，密件又具体分为绝密件、机密件、秘密件；非密件具体分为内部文件和周知性文件。

8. 从处理时限的角度划分，有特急件、急件、平件。其中电报，又根据紧急程度，分为"特提"、"特急"、"加急"、"平急"。

9. 从公文材料载体的角度划分，公文可以分为纸质公文、磁介质公文、感光介质公文、电子公文。纸质公文是指外在形式以各种纸张、纸板为载体的公文。纸质公文是沿用时间最长、使用最普遍的公文。磁介质公文是指外在形式以磁盘、光盘等含有磁性的材料作为载体的公文。感光介质公文是指外在形式以胶片、录像带等感光材料作为载体的公文。

电子公文是指在计算机系统中形成、处理、传输和存储的电子文件。它直接参与公务活动，并成为公务活动的组成部分或重要工具。

10. 从档案分类学的角度划分，每个公文制发机关都依公文的具体用途、承载内容，按不同的冠字和序号对公文进行分类，冠字一般体现公文制发机关的特点和文种特点，如国务院的公文冠字有国发、国办发、国函；人民银行的公文字号有银发、银办发等。

总之，分类的角度不同，公文的类别归属就会不同。同一件公文，会有不同的类别属性。

二、法定公文的内涵

1. 公文的概念。公文是指各级党政机关社会团体在社会实践中，为实现一定的目标而形成并使用特定格式的各种文字资料。由于是在公务活动中形成的体式完整、内容系统、程序规范的材料，因此称为法定公务文书。国务院颁发的《国家行政机关公文处理办法》中明确指出，行政机关公文（包括电报，下同）是行政机关在行政管理过程中形成的具有法定效力和规范体式的文书，是行政机关依法行政和进行公务活动的重要工具。

2. 具有行政管理性质。公文是在长期行政管理过程中形成，为政务工作服务，这是法定公文的行政管理性质。行政管理是一项国家行政职能，具体表现为推行国家的政令和根据实际需要（借助公文）制定相应的方针政策或管理办法。法定公文的这一性质是其他如计划、总结、调查报告等事务性文书所没有的。管理类金融机构是代表国家对我国金融业进行政策法律和业务管理，主要是通过公文来进行管理和运转的，其常用金融应用文中法定公文的文种就充分体现了。

3. 具有法定效力。强调公文具有法律约束力的性质，是指法律规定或法律赋予的效力。法律的最突出特点就是由国家强制力保证执行，任何个人或单位不得违反，否则就要受到应有的处罚。公文的这一性质是其他实务性文书所不具备的。管理类金融机构对经营类金融机构正是通过公文对外宣传党的方针政策、防范金融风险进行管理。

4. 具有规范体式。公文一般都具有特定的体裁样式。它包括公文的种类、格式、行文规则、公文办理等内容。其格式是公文的文面样式或印制形式，它是权力机关（中共中央办公厅、国务院办公厅）为便于公文的阅办而专门规定的，不得随意更改。

5. 依法行政的重要工具。这是强调公文的作用。金融机构的管理机关通过公文来传达贯彻党和国家的方针政策，发布行政法规和规章，实施行政措施，请示和答复问题，指导、布置和商洽工作，报告情况，交流经验。公文是各级行政机关行政的依据，也是金融管理机构依法行政或者依法履职的法律依据。相对而言，这也是公文有别于其他实务性文书的特点之一。

三、法定公文与其他文书的区别

法定公文的以上四种内涵性质是辨别公文、文书和文件三者之间的区别：在国家机关和行政系统的公务活动中形成的公务文书，一般统称为公文；在党务系统使用、有法定格式的、有红色文件头，并标有密级编号等内容的正式公务文书，一般统称为文件；文书则是指以文字作为信息记录主要方式的书面材料。因此，如果比较文书、公文、文件三者的外延，那么文书的外延较大，公文的外延次之，文件的外延则最小。金融机构的公务活动中形成的文书基本上都具有法定公文的性质。

四、法定公文的特征

1. 法定公文由法定的作者制作和发布。公文制作者必须是具备法律赋予的身份、职责，并能以自己的名义行使权利和承担义务的组织。它们可以在职权范围内制作或发布公文。每一篇公文的产生都是制发机关集体意志的体现，每一篇公文的撰写者都是代表制发者立言。即使是签署个人姓名的公文，它也是代表所在机关、单位行使职权。因此，公文有法定的作者制作和发布，这是其主要特点。管理类的金融机构一般都具备法律授予和国务院赋予的身份、职责，并且对我国金融业和金融机构有着管理职能，代表国家行使特定职能，所以，具有发布法律效率公文的责任和职能。公文是国家机关处理政务的载体和工具，拟写公文时，必须具有依法行政的意识，要考虑公文的法律背景、法律环境、适用法律等问题，考虑公文的内容是否超出了法律授予的行政权力和职责范围，行政上能否作为，以及需要承担的法律后果等。凡是涉及上述问题的，或者法律法规方面拿不准的，应主动请条法部门、有关法律专家进行论证。

2. 法定公文内容的政令性和权威性。管理类金融机构常用金融公文内容的政令性和权威性体现了公文的效力特点。作为传达党和国家的方针政策、发布各种法规和规章、通报情况、指导工作、答复问题等的重要载体，它直接体现党和国家的方针政策和法令，反映国家的意志和人民群众的根本利益，从而以其鲜明的政令性为突出特征而区别于其他文体。管理类金融机构公文的权威性则是和法定作者的权力相联系。它是建立在法定作者、在法定范围内行使法定职权所制作发布的基础之上，是国家法律所赋予的。管理类金融机构的公文作为依法行政的重要工具，一经发出即具有法定的强制力。受文机关、单位或个人都必须依此履行义务或获得权利。因此，它具有法律的强制性或行政的约束力。同时，由于管理类金融机构的公文具有政令性和权威性这一其他书面材料所不具备的特征，人们只能在法定职权范围内制作、发布公文，逾越职权范围的公文是无效的；假托名义、伪造公文者则要承担相应的法律责任。

3. 法定公文体式的规范性和程式性。管理类金融机构公文的体式的规范性和程式性是公文有别于其他文体而独具的特征。每一种公文都有其特定的体式。首先，公文的体式、种类都有统一的规定。每一种公文的适用范围、表达内容都有一定的格式，重要的公文在文头制作、书写格式、纸张尺寸、公文结构等方面都有严格规定，任何公文制作者不能违背这一规定而自成一格。其次，在公文文字上表达的结构、格式的安排，表达的方式等方面都有约定俗成的规范。比如上行文和下行文的用语措辞就有明显的区别。虽然对此无明文规定，但办文人员都要约定俗成，自觉运用。再次，公文的制作和处理，都必须经过一定的程序，手续制度也有严格的规定，不能颠倒或疏漏。公文文面的规范能体现公文的庄重性和严肃性，制发处理程序的规范则有利于提高办文办事的效率。公文是规范性公务文书，具有不同于其他应用文的特点和办理规则，具有规定的体式和运行程序。具体的行政机关还会根据本单位的情况，制定适应于自身业务运作特点、机构管理方式的公文办理制度、办法。公文经办人员应熟知这些规则、制度和程序，以保证公文办理的高效、准确、安全、完整。最后，办理公文人员具有公职人员的职业操守。尽管办理公文的公职人员不是公文的起草者，但公文是国家行政机关的产品，办理公文是公职人员的工作，因此，国家行政机关公文的所有经办人员必须对国家行政机关的特殊产品——公文的质量负责；同时，国家行政机关的公文涉及行使行政权力和公共利益，兼有自然人身份的国家公职人员，不得利用起草和办理的便利使公文夹带个人、小团体、地方等利益，不得利用掌握的政策信息牟取私利；另外，公职人员在处理公文过程中，应自觉履行保守秘密的义务。

4. 公文的时效性和定向性。公文的时效性和定向性是其在时间和空间上的作用特点。对于每一份具体的公文而言，它都有特定的效用和适用对象。时效性是指公文的现实效用，一是指它代表制发机关的具体使命，要求受文机关或单位贯彻执行、受理答复的期限；二是指它的有效期。没有一份公文是永远有效的，何时发出、何时生效、何时终止，公文都有明确的规定。公文的目的性、实用性特点决定了公文的适用对象具有较强的定向性。除公告、通告有较广泛的适用对象外，大多数公文的对象一般都是特定的，有专门的范围规定。事实上，公文从起草开始就已经明确了公文的适用范围及其对象。

5. 语言的朴实性和庄重性。公文作为传达、贯彻党和国家的方针政策，开展公务活动的工具，决定其语言在选词用语上要做到"句稳词妥"，语言朴实庄重，言简意赅。文字风格的朴实庄重是其突出特征。从语体上说，公文语体属于事务语体，不同于文艺语体。它不能追求表达的艺术性，不允许出现诙谐和幽默，排斥想象和夸张，而只需对客观情况做如实说明，意旨明确，质朴无华，意尽言止。同时，要求语言言简意赅。

五、公文的效力

公文与其他文字材料的重要区别之一，就在于它具有法定的约束力与强制力。公文的效力及适用程度与公文制发机关行政职能的发挥密切相关，是公文处理中不可忽视的重要课题。目前，有关法律性公文，依照法理，其效力的诸问题已经明了。行政公文的效力问题，以及同一机关不同文种的公文之间效力有无差别，并未有明确、具体的规定。但在实际工作中，不可避免地要遇到有关公文的效力及效力等级问题。公文效力的概念。公文的效力是指公文所具有的约束力和强制性。以人民银行的公文为例，分析公文的效力。根据《中华人民共和国中国人民银行法》第二条的规定，中国人民银行是中华人民共和国的中央银行。第四条规定，人民银行履行的职责包括：制定和执行货币政策；发行人民币并管理其流通；金融监管；经理国库；持有、管理、经营国家储备；维护支付、清算系统正常运行；负责金融业的统计、调查、分析和预测；代表国家从事国际金融活动等。由此，在上述领域，人民银行依法制定或认可的公文，对受文主体具有普遍的约束力。这种约束力不以受文主体自身的意愿为转移。具体地说，人民银行公文的效力包括两方面的内容，即效力范围和效力等级。

一是公文的写作为被动行文。一般应用文的写作是主动行文，可以完全出自个人的意愿从个人的角度去写作，表达什么、什么时候写以及写作的速度完全取决于个人。而公文则不同，这个问题可以从几个角度理解。首先，公文的产生是有个人因素以外的原因和条件的，并不是取决于公务员个人的意愿；其次，行政机关的工作是按照职责分工进行的，公务员个人只能按照工作分工，拟写工作范围内的有关公文，不可能按照个人意愿随意拟写范围之外的公文；再次，具体公文的办理是有着严格的程序和要求的，机关公文的起草工作，从起草机构到起草人都是指派性的，以至于公文的主题、内容、篇幅、完成的时间也是规定好的，不是什么人想写就可以写、想写什么就可以写什么、想怎样写就怎样写的；最后，公文的拟写既然是工作任务，就有完成任务的时间，起草人一般应在规定时间完成拟写任务，有的紧急公文甚至必须限时拟就，个人不能想何时写就何时写，想写多久就写多久。

二是公文的拟写人并非作者。一般应用文的作者就是拟写人，公文的作者则是法定的国家行政机关而非拟写人，这一点公文与其他应用文有着显著的区别。所谓公文的法定作者，首先，公文的作者是依法成立并能以自己的名义行使权力、承担相应的法律责任的机关团体、组织，而并非起草者个人，起草人只是授权办理。其次，公文作为制发机关的处理公务的工具，代表的是制发机关的意志和权威，而并非起草者个人的意愿。当然，公文中包含了包括起草者在内的公职人员个人的大量付出，如调查实践成果、理论研究观点等，但这些只能服务于公文制发机关的意志，当个人意见、观点与公文制发机关领导集体的意图相左时，起草人必须放弃自己的意见、观点，服从相关领导的意图。相应地，对公文产生的后果承担法律责任的是公文的制发机关，而不是起草人。

三是公文发布者不是个人。公文一般是以某一机关的名义发布，有时也以机关首长或国家领导人的名义发布，如"国家主席令"，但需说明的是，这种情况绝非表明公文的个人身份，因为机关首长、国家领导人的权力是法律授予的，是权力的体现，以其名义发布公文，是行使法定的权力。因此，在公文处理的过程中，公文的写作人员与审核人、签批人一样，是经手办理人之一，而非作者。综上所述，国家行政机关公职人员写作公文是受命行事，写作状态是被动的。

六、我国法定公文近年来的发展

由于法定公文的重要性，党和政府历来十分重视公文工作。党中央于1951年2月发出了《关于纠正电报报告请示决定等文字缺点的指示》。同年4月中央人民政府政务院在北京召开了全国秘书长会议，讨论通过了《公文处理暂行办法》，明确规定了公文工作的基本原则和指导方针，统一了公文名称、体式和适用范围，确定了公文处理程序。1955年1月、1956年11月中共中央和中共中央办公厅又先后批发了《中国共产党中央和省（市）级机关文书处理工作和档案工作暂行条例》与《中国共产党县级机关文书处理工作和档案工作暂行办法》，对党务机关的文书工作做出了明确的规定。这些办法和条例的颁布实施，使公文在适应、规范国家党政管理需要方面迈出了新的一步。

改革开放以来，国务院于1981年2月颁布了《国家行政机关公文处理暂行办法》，并于1987年2月和1993年11月两次修订颁布《国家行政机关公文处理办法》。同时，中共中央办公厅也于1989年4月和1996年两次发布、修订了《中国共产党各级领导机关文件处理条例（试行）》，对党务系统的文件处理工作做了进一步调整、规范与完善。这样为党政机关公文的规范化、制度化、科学化奠定了坚实的基础。

随着社会主义市场经济体制进一步确立，依法治国、规范行政的观念日益深入人心，2000年8月21日国务院再一次修订、颁布了《国家行政机关公文处理办法》，对公文的种类、适用范围和格式，行文的规则和收办文处理，公文的归档管理等方面做出了最新的、更为简明规范的、科学的界定，使公文处理朝着适应现代社会发展和改革开放需求一级市场经济体制建设的需要，向实现现代化、科学化的管理目标又前进了一步。

第二节　管理类金融机构常用公文的种类

中国人民银行、中国银行业监督管理委员会、中国证券监督管理委员会、中国保险监督管理委员会也是受国务院委托对专项金融业务管理的机构，是我国管理类的金融机构，它们依照国务院赋予的职能和权力，依法发布的公文也具有法定效力。相应地说，中国人民银行、中国银行业监督管理委员会、中国证券监督管理委员会、中国保险监督管理委员会及其下属机构系统，其发布的公务文书中，也包括办公过程中形成的签报、简报等大量内部文字材料。由于管理类金融机构的机关公务文书是一个相对宽泛的范畴，涵盖的内容比较多，本节主要介绍管理类金融机构常用金融公文知识。由于中国人民银行在我国管理类金融机构中最具有代表性，其公文也最具国家行政机关的特点，同时也最具有金融管理机构的特点，本节主要以中国人民银行部分文种为例。

一、管理类金融机构机关的行政公文

（一）管理类金融机构机关行政公文的种类

在我国现行的金融运行和管理体制中，中国人民银行作为中央银行，是国务院的组成部门之一，是履行行政职能的政府机关，中国人民银行的机关公务文书中，有相当大的部分是体现国家机关行政职能的行政公文。中国人民银行的公文在我国管理类金融机构的公文中最具有代表性，中国人民银行行政公文是履行中央银行职能过程中使用的公务文书，具有规范体式和法定效力。同时，中国人民银行的机关公文中，也有一部分行政过程中形成的具有特定用途和固定体式的制式公文。中国人民银行总行是国务院的组成部门之一，中国银行业监督管理委员会、中国证券监督管理委员会、中国保险监督管理委员会是组成国务院授权的对金融机构进行监督管理的专业管理部门，这些机构的总行机关行政公文的办理遵循国务院《国家行政机关公文处理办法》的规定。国务院《国家行政机关公文处理办法》规定，国家行政机关公文分为 15 种。总行机关的行政公文种类，基本上是《国家行政机关公文处理办法》规定的种类。它们分别是：命令（令）；决定；公告；通告；通知；通报；议案；报告；请示；批复；意见；函；会议纪要。主要类别如下：

1. 命令（令）。适用于依照有关法律和行政法规发布金融规章，宣布实施重大强制性金融行政措施；嘉奖有关单位及人员。令属于下行文或周知性公文，是上级机关（包括以领导人的名义）对下级机关或全社会发布的一种指令性文件。令具有极端的权威性、强制性、严肃性，必须不折不扣地执行。适用于依照有关法律发布行政法规和规章，宣布实行重大强制性行政措施，嘉奖有关人员。命令（令）内容事件重大，体式严肃庄重，多为省（自治区、直辖市）级以上国家机关或领导人所发布。其特点是篇幅短小，语气果断，叙事简要。常用的有行政命令（令）、任免令、嘉奖令、发布令等。有的命令（令）不以文件的形式发布，而是公开刊登于报纸上，标题由发令单位或发令领导人和文种名称组成，标题下面为顺序编号；有的以文件形式发布，标题为完整的公文标题。

2. 决定。适用于就重要事项或者重大行动做出安排，奖惩有关单位及人员，变更或者撤销下级机关不适当的决定事项。决定主要是上级机关就重要的事项、行动做出部署，或者变更、撤销下级机关不适当的决定事项，奖惩有关单位及人员，绝大多数情况是下行文，有时也可做平行文。决定是对某一事项或问题经过组织或者会议讨论议决，形成统一意见而付诸施行的文件，是一种重要的领导性、现实性文种，具有郑重性、确定性和周密性的特点。决定在机关团体、企事业单位使用较多，按其用法可分为：知照类决定、任免决定、表彰与处分决定等。

3. 公告。适用于金融管理机构向国内外宣布重要事项或者法定事项。如调整利率，发行新币，就金融行政法规和规章的起草或者央行的重要决策征求意见等。适用于向国内外宣布重要事项或者法定事项。公告属于告知性文书，使用范围宽，周知面广，面向国内外。公告的发布者一般级别、地位较高，并带有新闻性、消息性。除特例外，一般不涉及强制性执行要求。

4. 通告。通告适用于公布社会各有关方面应当遵守或者周知的事项。通告是国家机关、企事业单位、社会团体使用较为广泛的一种告知性文书。它分为法规性通告和周知性通告。通告与公告一样都是公布性文书，可以向社会张贴或登报，具有周知性和公布性的特点。两者在使用方法上既有相同之处，也有严格的区别，具体表现在：一是发布范围不同。公告面向国内外，适用范围宽于通知，告知对象极广；通告适用范围较窄，只限于对国内公布，其告知和约束的对象是作者统辖范围内的有关单位与人士。二是发布内容的重要程度不同。公告发布内容的重要程度大于通告。公告的内容必须是要使世人皆知晓的重要的事项或法定事项，而通告则不限于此类性质的内容。三是发布的性质、作用不同。公告带有新闻性、消息性。除特例外，一般不涉及强制性的执行要求，只起到宣布作用，周知面宽；通告则具有专业性，周知面窄，常常涉及需要遵守和强制执行的事项。

5. 意见。适用于金融管理机构对重要问题提出见解和处理办法。意见可以用于上行文、下行文和平行文。作为上行文，应按请示性文件的程序和要求办理，上级机关应当对下级机关的"意见"做出处理或给予答复。作为下行文，文中有明确要求的，下级机关应遵照执行；无明确要求的，下级机关可参照执行。作为平行文，提出的意见供对方参考。适用于对重要问题提出见解和处理办法。意见是国务院在修订后颁布的《国家行政机关公文处理办法》中新增加的公文文种。意见往往是为了更好地贯彻执行上级机关的某一方针、政策，根据某项决定、办法、规定、通知等文件而制订的实施方案，报请上级机关批准后形成的公文。意见一经上级机关批准而转发，即成为政策性公文，下级机关、单位必须认真贯彻执行。

意见一般有实施性意见，政策性意见，试行性意见。

6. 会议纪要。适用于金融管理机构记载、传达会议情况和议定事项。会议纪要是一种特殊形式的公文，通常情况下按照参加会议的范围发送，也可以发送会议纪要内容涉及的单位，有些会议纪要尤其是凭证性纪要也可以没有发送单位直接归档。会议纪要一般不应直接发送上级机关。适用于记载、传达会议情况和议定事项。会议纪要是会议文件，是根据会议主旨用准确而精练的语言综合记录其会议要点的书面材料。会议纪要在会议记录的基础上，分析综合、提炼而成，用来概括反映会议精神和会议成果。其作用一是要让与会者带回去作为传达贯彻会议精神的依据。二是要上报，使上级机关和有关单位了解会议的精神或予以转发。

7. 通知。通知是一种上下级机关之间、平行和不相隶属的机关单位之间以及机关单位内部都可以使用的文种。单位级别不限高低，事项不论大小，都可以用"通知"行文。尤其是上级机关对下级机关布置工作，传达指示时，多数以"通知"行文。因此，通知的使用范围较广，使用频率较高。适用于金融管理机构批转下级机关的公文，转发上级机关和不相隶属机关的公文，传达要求下级机关办理和需要有关单位周知或者共同执行的事项，任免人员。通知是使用范围最广，又是使用最多的文种，通知在公务活动中起着承接上下，联系四方的作用。通知是下行文或平行文。适用于批转下级机关的公文，转发上级机关和不相隶属机关的公文；传达要求下级机关和需要有关机关周知或者执行的事项；任免人员。

通知按其用途可分为：指示性通知；批转、转发性通知；发布性通知；事务性通知。

8. 通报。通报一般用于上级机关把具有普遍性典型事例的成功经验和失败教训等告知下级单位，以起到示范、教育和警戒作用。通报还可以起到交流情况、沟通信息、互通情报的作用。通报是下行文。常用的通报有表彰性通报、批评性通报和情况通报。适用于金融管理机构表彰先进，批评错误，传达重要精神或者情况。通报可以是下行文或平行文。以上"命令"、"决定"、"通报"三个文种都有嘉奖、表彰先进的功能，应依据法律的规定和职权，根据奖励的性质、种类、级别、公示范围等具体情况，选择使用相应的文种。

9. 报告。适用于向上级机关汇报工作，反映情况，答复上级机关的询问。报告是机关单位向上级机关陈述情况的陈述性公文。汇报性是报告的突出特征，经常把本单位、本部门的各项工作进展情况汇报、告诉给上级，有利于密切上下级关系，沟通信息，便于上级对下级工作予以针对性指导。同时，对于本单位的工作也能起到总结经验教训，明确前进方向的目的。报告是各机关单位最为常用的文种之一。报告是上行文。按其使用目的可以分为工作报告、情况报告、调查报告、答复报告。报告中不能提出请示、请求。

适用于金融管理机构向上级机关汇报工作、反映情况，答复上级机关的询问。

10. 请示。适用于向上级机关请示、批准。请示是下级向上级呈送的请求指示、批准事项的"请准性"或"请示性"的上行公文。所谓请准性是指从职权范围出发，须经上级批准方可办理或方能生效的事宜；所谓请示性是指除职权范围关系之外，有时对上级文件或国家政策不理解或执行中遇到的问题，须由上级给予指示、解答方可进行工作。适用于金融管理机构向上级机关请求指示、批准。以上请示、报告都是上行文，是下级机关发送给上级机关的公文。请示和报告的共同特点是，行文方向单一、固定。

请示与报告有如下区别：

一是行文目的不同。请示是请求上级对请示事项予以答复，批准解决某个问题。报告则着重下情上达，陈述情况，为决策提供依据，不需要上级批复。

二是行文时机不同。请示要求事前行文，在得到上级批准或答复后方能行事，不允许"先斩后奏"。报告则在工作完成后或工作进程中都可以行文汇报。

三是行文内容不同。请示必须坚持"一文一事"的原则，行文较短。报告则可一文一事的做专题性报告，也可以一文多事、涉及面广的做综合性报告。

四是办理要求不同。请示的事项多是切实需要解决的问题，请求上级予以答复后方能办理，一般带有较强的时间性，是"办件"。报告则多是汇报工作及有关情况，报请上级阅知的，是"阅件"。

五是报告制度不同。报告可以有定期报告的制度，如"月报"、"年报"等，请示则必须是只有必要时才行文，没有定期请示制度。

六是结束词不同。报告不要求复文，结束语用"特此报告"，"专此报告"。请示要求答复，结束语用"妥否，请批复"，"如无不妥，请批转各地执行"等。

正确使用请示与报告这两种文体，关键还是抓住行文目的，需上级答复的，用请示；需要上级了解情况或批转而无须答复的，则用报告。只要紧紧抓住这一点，请示与报告两者就不会混用了。

11. 批复。批复是上级机关针对下级机关的请示事项专门作出的答复，发出指示的文种，是一种针对请示单位、针对"请示"这一文种、针对请示中提出的问题的、针对性很强的下行文。没有请示，就没有批复。适用于金融管理机构答复下级机关的请示事项。批复绝大多数情况是下行文。批复具有很强的针对性，是对下级机关请示事项的答复，是被动行文，行文内容涉及的范围必须与下级机关的请示事项密切相关，必须态度明确，不能答非所问或环顾左右而言他；同时，对下级请示的问题，同意或不同意，都要答复。适用于答复下级机关的请示事项。针对下级的请示事项，批复要明确表达同意与否或者可行与否的态度。必要时还要提出指示性意见。这些表态和指示性意见，对下级机关具有行政约束力和指导意义。如果是针对法律、法令、法规而做的解答，对下级则具有法律效力，下级机关必须遵照执行。

批复一般有指示性批复和表态性批复。

12. 函。适用于金融管理机构向不相隶属机关之间商洽工作，询问和答复问题，请求批准和答复审批事项。函主要是商洽性公文，一般适用于平行及不相隶属的机关商洽公务、询问、答复问题等。函的适用范围宽泛、形式灵活、使用方便，具有其他文种不具备的功能，凡不宜或不便使用其他文种行文的，一般都可以用函。因此，绝大多数情况下函是平行文，有时也可以作下行文。函作为主要文种之一，与其他主要文种同样具有由制发机关权限决定的法律效力。适用于不相隶属机关之间商洽工作，询问和答复问题，请求批准和答复审批事项。总之，函是一种使用面较广，体式也较为自由的公文。在平行机关单位之间，不相隶属机关单位之间、上下级之间都可以使用。函的内容大都属一般事务性工作，不涉及大政方针问题和机密事项。函的功能多样，既可以商洽工作、联系事务，又具有代行"请示"，"批复"较小事项等功能。

13. 内审结论和处理决定。适用于金融管理机构对系统内被审计单位进行检查审计后作出审计结论、提出处理意见和整改要求。

14. 备案报告。适用将人民银行及其他金融管理机构制定的部门规章向上级机关法制部门备案的报告。国务院《国家行政机关公文处理办法》中没有"内审结论和处理决定"这一公文种类。

15. 议案。根据《国家行政机关公文处理办法》第九条第七款规定：议案"适用于各级人民政府按照法律程序向同级人民代表大会或者人民代表大会常务委员会提请审议事项"。因此，议案只有各级人民政府对同级人民代表大会或人民代表大会常务委员会提出请求审议事项时才可使用，一般的公务联系只能使用其他文种而不可轻易使用议案。其他部门、单位如果有提请会议审议的事项，如提请职工代表大会、团员代表大会等审议的事项，只能用"提案"而不可使用议案。

在人民银行机关一级其他金融管理机构的行政公文中，"内审结论和处理决定"也是作用、形式、发送范围都比较特殊的公文。它的特殊性在于：第一，它是人民银行及其他金融管理机构自身专门用于处理内部审计工作的公文，作用单一；第二，它的发送对象是人民银行及其他金融管理机构系统内部［包括总行（总会）机关职能司局和直属企事业单位］的被审计单位，而且仅为被审计单位，受文对象单一；第三，它标题中的文种词不是《国家行政机关公文处理办法》规定的文种。同时，国务院《国家行政机关公文处理办法》中也没有"备案报告"这一公文种类。"备案报告"这一公文形式，是国务院法制部门为国务院各部、委、局向其报送部门规章而专门设置的，它的内容、用途都是单一的。

与国务院《国家行政机关公文处理办法》规定的行政机关的公文种类比较，总行及其他"三会"机关的公文中少了"通告"和"议案"两个公文种类。这是因为，"通告"这种公文形式，主要适用于公布社会各有关方面应当遵守或者周知的事项，而人民银行及"三会"作为研究、制定货币政策，提供金融服务进行金融风险监管的部门的专业部门，面对的主要是社会的经济层面，而且以运用经济手段间接调控为主，因此，人民银行及"三会"机关的公文中没有"通告"这个公文形式；"议案"这种公文形式，适用于各级人民政府按照法律程序向同级人民代表大会或人民代表大会常务委员会提请审议事项，人民银行只是中央政府的一个部门，"三会"也只是受国务院委托管理金融机构的一个专门管理机构，不是一级政府，不具备向人民代表大会或人民代表大会常务委员会提请审议事项的资格，因此，人民银行及"三会"机关的公文当然不会有"议案"这种公文。

在公文处理实践中，经常出现"规定"、"办法"、"制度"以及"规程"、"程序"等公文，这些文种不属于国务院《国家行政机关公文处理办法》规定的文种，不能作为公文种类直接对外行文。操作时，可以法定文种附发此类公文，比如：《中国人民银行办公厅关于印发〈规章制定标准规程〉的通知》，其中，法定文种"通知"是主件，"规程"作为"通知"的附件印发。了解文种的目的是为了拟写公文时正确地选择文种。因为，公文文种是构成公文的形式要素，是公文的重要组成部分，它能够从形式上体现公文的性质、用途、制发机关与收文方的关系，规范公文的体式和公文语言的使用。公文文种使用的准确，对于维护行文的严肃性，有效发挥公文的作用具有重要意义。

（二）人民银行总行机关及"三会"总会机关行政公文的级别

人民银行总行机关和"三会"总会的行政公文分为行（总会）发文、办公厅发文、司局（或部不含直属企事业单位，下同）发文三个级别。

1. 行（总会）发文

行（总会）发文是总行（总会）机关以中国人民银行（或者"三会"总会）名义的对外行文。主要适用于：向中共中央、国务院、全国人民代表大会等上级机关行文；向全社会发布有关中央银行和"三会"的职责范围内的金融规章、重要事项、决定等；向有关金融机构、人民银行系统和"三会"系统部署有关重要工作或政策；向有关金融机构、人民银行系统、"三会"通报重要情况；回复人大代表、政协委员有关金融工作的建议、提案、议案；对下级机关或内部机构做出内审结论和处理决定；对人民银行系统及"三会"机构、人员的表彰或处分决定，进行人事任免；转发上级机关的文件；与平级机关之间沟通情况、商洽工作等。行及"三会"发文是具有法定效力的公文，它是中国人民银行及"三会"依法以自己的名义独立地发布决定和政策措施的工具。中国人民银行及"三会"承担由此带来的法律后果。

2. 办公厅发文（简称厅发文）

厅发文是以总行机关（或者"三会"）办公厅名义的行文，主要适用于以下情况：与国务院各部门、各地人民政府、省级人民政府、各金融机构商洽工作、征求或回复意见；印发党中央、国务院领导同志批示，转发不相隶属机关的文件；公布仅适用于人民银行总行机关（或者"三会"机关）或人民银行系统（或"三会"系统）的内部管理办法，对人民银行系统（或者"三会"）内的机构部署一般事务性的工作、对有关管理办法、规定进行解释或补充；各种会议通知；总行机关内部确需以公文形式处理的各类事务。国务院《国家行政机关公文处理办法》第十五条规定，"部门内设机构除办公厅（室）外不得对外正式行文"，也就是说，经过授权，国家机关的办公厅（室）是可以对外行文的。如《中国人民银行公文处理办法》规定，办公厅发文是行发文的补充形式，以内部制度的形式赋予办公厅对外行文的权力。在司法实践中，经过授权的政府机关办公厅（室）的公文在授权范围内具有相应的法律效力。

3. 司局（或者"三会"所属各部）发文

以人民银行为例，如总行司局（或者"三会"所属各部）发文是以内部职能机构的名义的行文。国务院《国家行政机关公文处理办法》第十五条规定："部门内设机构除办公厅（室）外不得对外正式行文。"即部门内设机构不得向本部门机关以外的其他机关（包括本系统）制发政策性和规范性文件，不得代替部门审批下达应由部门审批下达的事项。这是因为，行政机关的内部机构（包括临时机构），虽然由于行政机关的内部分工具有一定的行政权力，可以从事部分行政管理活动，但内设机构不是独立的行政主体，不能以自己的名义对外作出任何决定，也不能独立承担相应的法律后果，当然不能对外正式行文。

按照国务院的上述规定，人民银行总行机关内部职能司局（或者"三会"所属各职能部门）除办公厅外，原则上是不能对外正式行文的。但是，为了减少总行机关（或者"三会"的机关）行政发文总量，方便部分一般事务性工作的办理，提高办事效率，结合工作实际，按照有关规定，总行（或者"三会"）部分一般事务性工作事项的联系和沟通允许司局行文；同时，对司局行文涉及的事项、行文的程序、范围以及行文规则等做了严格的限制。如人民银行总行机关司局发文仅适用于：（1）与分行、营业管理部、省会（首府）城市中心支行对口处室，其他国家机关和有关金融机构的对应内设机构，就仅限于本司局职能范围内的一般事务性事项进行联系，如专项调查、索要数据、邀请座谈等；（2）向分行、营业管理部、省会（首府）城市中心支行对口处室布置年度工作要点、计划、总结事项；（3）印发专业会议纪要及司局领导在专业会议上的讲话；（4）仅要求分行、营业管理部、省会（首府）城市中心支行对口处室派员参加的专业会议、培训班通知；（5）答复分行、营业管理部、省会（首府）城市中心支行对口处室有关本司局职能范围内的具体工作事宜的询问。

人民银行总行机关司局（或者"三会"各部）发文的程序为：上述第（1）、第（5）种情况的发文涉及敏感性问题或出台新的政策等内容时，以及第（2）、第（3）种情况的发文，必须经签报分管行领导批准。

总行机关司局（或者"三会"各部）发文的范围：鉴于总行司局（"三会"各部）是人民银行（"三会"）的内部职能部门，对外不具有行政职能，因此，总行司局（"三会"各部）发文原则上只能发至分行（分会）、营业管理部、省会（首府）城市中心支行（各省会）对口处室、其他国家机关或有关金融机构的对应内部具体业务部门。

总行机关司局（"三会"各部）发文除必须遵守以上《国家行政机关公文处理办法》第十五条规定的规则外，还应严格遵守以下规则：（1）发文内容只能是涉及本司局（"三会"各部）职责的一般事务性工作事项，如果涉及总行机关两个以上司局职责的工作事项或分行两个以上部门分工负责的工作事项，应以办公厅或总行名义行文；各司局之间一般不能联合行文。（2）除人事、内审、监察部门涉及机构、人员、检查等事项外，总行机关司局之间的工作往来原则上不应行文。（3）向相应的其他国家机关、金融机构进行工作联系确需司局行文时，只能以函的形式行文。（4）总行机关司局作为人民银行内部职能部门，不能与其他国家行政机关或部门的内设机构联合行文。

综上所述，总行机关司局（"三会"各部）发文不具有法律效力，只能用于接洽、联络和处理部分一般具体事务性工作。

二、行使行政权力的行政格式文书

行政格式文书是人民银行（或"三会"）作为行政主体在实施具体行政行为

时，如行政许可、行政处罚或处理非诉讼案件时依法制发的具有法律效力或法律意义的文书。行政格式文书是行政行为做出过程和支持行政行为合法性的重要依据。人民银行（"三会"）在行使行政权力过程中制发的行政格式文书主要包括行政许可文书、行政处罚文书、行政复议文书三种。

（一）行政许可文书

中国人民银行（"三会"）行政许可文书是根据《中华人民共和国行政许可法》和《中国人民银行行政许可实施办法》以及"三会"有关规定制作的，主要在中国人民银行（"三会"）根据金融机构、其他单位和个人的申请，依法审查，准予其从事特定金融活动时使用。以人民银行为例，根据《中国人民银行行政许可实施办法》，行政许可文书共9种，包括：受理行政许可申请通知书、不受理行政许可申请通知书、不予受理行政许可申请通知书、行政许可申请材料补正通知书、不予行政许可决定书、准予行政许可决定书、行政许可听证告知书、行政许可听证通知书及送达回证。

（二）行政处罚文书

人民银行（"三会"）行政处罚文书是根据《中华人民共和国行政处罚法》和《中国人民银行行政处罚程序规定》制作的，主要在人民银行（"三会"）对金融机构、其他单位和个人违反有关金融法律、法规和规章的行为给予行政处罚时使用。根据《中国人民银行行政处罚程序规定》，行政处罚文书包括：行政处罚立案审批表、移送案件通知书、行政处罚意见告知书（有非重大行政处罚决定和重大行政处罚决定两种）、听证通知书、行政处罚决定书、当场处罚决定书、送达回证、强制执行申请书和结案报告。

（三）行政复议文书

管理类金融机构都有行政复议的职能。以人民银行为例，人民银行行政复议文书是根据《中华人民共和国行政复议法》和《中国人民银行行政复议办法》的规定制作的，主要在行政相对人认为中国人民银行的具体行政行为侵犯其合法权益，向有管辖权的中国人民银行提出行政复议申请，人民银行受理行政复议申请和作出行政复议决定时使用。根据《中国人民银行行政复议办法》，行政复议文书包括：行政复议申请书、不予受理决定书、行政复议案件立案审批表、行政复议案件移送管辖通知书、行政复议案件责令受理通知书、行政复议案件答辩通知书、行政复议答辩书、停止执行通知书、行政复议终止通知书、决定延期通知书、行政复议决定书（有总行专用和其他复议机关使用两种）、送达回证、责令履行通知书、强制执行申请书（有总行专用和其他复议机关使用两种）及结案报告。

行使行政权力的行政格式文书与一般行政公文比较具有以下特点：

一是制发的法律规定性。行使行政权力的制式行政公文的制发必须依据相关的法律、法规并符合相关的法律、法规的规定，如人民银行的行政复议法律文书就是依照《中华人民共和国行政复议法》和《中国人民银行行政复议办法》的规定制发的。

二是格式和用语的程式化。制式行政公文一般均有固定的程式，主要表现在结构固定和用语规范两方面。制式行政公文大都有固定的结构，一般具有规定格式，行文时只需文书制作者在规定的栏目或空白处填入适当的文字即可。制式行政公文的用语较之一般的行政公文更加符合法律规范和司法程式的要求。同时，基于其涉及国家、集体、个人根本利益或合法权益，用语要求高度精确，解释单一，避免歧义。

三是内容的法定性。制式行政公文要求写明的内容具有法定的明确要求。一般应包括有关当事人的基本情况、事实、理由和法律依据、处理或请求的意见等。各部分又有较规范的要素化要求。

四是使用的实效性。制式行政公文是为解决一定的行政法律问题而制发的，制式行政公文一经发出，即表明进入规定的法律程序，因此与公文等公务文书相比，制式行政公文的实效性更强。行政机关制作的实施具体行政行为和处理非诉讼案件的法律文书具有不可置疑的法律效力。

五是严格的时效性。制式行政公文既然是解决法律问题的程序和手段，因此，部分制式行政公文的制发和执行必须严格遵守法定的时限，不符合时限要求或不遵守时限要求，必须承担相应的法律责任和法律后果。

三、中国人民银行总行机关（"三会"总会机关）的其他公务文书

（一）党、团、工会组织的公文

总行（"三会"）机关党、团、工会组织的公文目前使用的文种有"决定"、"意见"、"通知"、"通报"、"报告"、"请示"、"批复"、"函"等。

1. 党组织序列的公文

总行（"三会"）机关党组织序列的公文，按照公文制发主体的不同，分为

人民银行（"三会"）党委文件、人民银行（"三会"）纪委文件，人民银行（"三会"）党委办公室、人民银行（"三会"）纪委办公室及党委部门文件。人民银行党委（"三会"）公文按行文级别分为人民银行（"三会"）党委文件、人民银行党委（"三会"）办公室及党委部门文件。人民银行（"三会"）党委文件主要用于与中央有关职能部门如中组部、中宣部、统战部等部门商洽工作、征询或回复意见，请示工作事项、汇报工作情况等；根据党中央、国务院的有关规定，向国家信访局报告党中央、国务院领导同志批转人民银行办理的群众信访、举报事件的核查情况；向分行（分会）、营业管理部党委、直属企事业单位党委等下级党组织传达党的方针、政策，部署重要工作，作出重大决定，宣布党内人事任免事项等。人民银行（"三会"）党委办公室及党委部门文件用于根据党委授权，向下级党委或党委相关部门布置具体的工作任务，下达一般性工作意见，制定部门工作的规章制度。

人民银行（"三会"）纪委公文按行文级别分为纪委文件和纪委办公室文件。纪委文件用于向中纪委请示事项、汇报工作；转发中纪委文件；向分行、营业管理部纪委、直属企事业单位纪委等下级纪委布置工作等。纪委办公室文件用于向下级纪委的相关部门布置具体的工作任务。

2. 工会组织的公文

人民银行（"三会"）工会工作委员会文件分为工会工作委员会文件和女职工委员会文件。用于向上级工会组织请示事项、汇报工作；转发上级工会组织的文件；制定有关工会工作的制度、办法；向分行、营业管理部工会组织布置有关工作等。

3. 共青团组织的公文

人民银行（"三会"）共青团文件用于向上级团组织请示事项、汇报工作，转发上级团组织文件，向分行、营业管理部团委布置工作以及开展创建"青年文明号"活动等。除了行政公文和党、团、工会组织的公文外，人民银行总行（"三会"）机关其他专门机构的发文主要有：人民银行（"三会"）保密委员会和密码工作领导小组发文，适用于依据《保密法》制发人民银行保密及密码工作制度、办法；传达上级保密机关有关保密工作部署，转发上级保密机关的文件和党中央、国务院领导有关保密工作的批示；通报保密及密码工作情况，向下级机关保密工作部门布置工作等。

人民银行专业技术职务评审委员会发文，适用于人民银行系统专业技术职务评定、评审方面的需要行文处理的工作。

（二）人民银行总行（"三会"）机关的其他公务文书

1. 简报类公务文书。国家机关有效地进行行政管理和行政服务，必然要掌握大量的有用的信息，这样，国家机关的行政工作才能够有的放矢；国家机关在行使职责的过程中也会接触、采集和产生大量的信息，在利用这些信息的同时，也有责任和义务向上级行政机关、有关部门和下级机关反映、通报相关信息。信息的存在形式是异常丰富多彩的，社会和经济活动中，文件、书刊、档案等材料中，新闻媒介中，文艺作品中，甚至普通百姓的衣食住行、日常语言中，每时每刻都产生着无以计数的信息；同时，客观现实中的信息材料又是异常庞杂的，有关的、无关的、真实的、虚假的、正面的、负面的，泥沙俱下，鱼龙混杂。在当前信息爆炸的时代，有效地获取和利用信息，是国家行政机关工作的重要组成部分，而从纷繁复杂的信息材料中采集、捕捉和提炼出有用的信息，分类编辑，则是简报类公务文书的最重要的作用。

所以说，简报类公务文书是信息载体之一，是将履行行政职责相关的各种信息条理化、集中化的产物，是沟通和反映情况、交流和传播经验的工具。之所以称国家行政机关编发的简报为公务文书，是因为：第一，它是以国家行政机关或其内设部门的名义编发的文书材料；第二，这种文书材料是与该机关履行行政职能及其有关政务活动密切相关的；第三，它具有该国家机关规定的采集、反映信息的方式或范围；第四，它具有规范的文书形式、制发程序、归档和保存方法以及规定的发送方式和范围。

从不同的角度对简报会有不同的分类标准或分类方式。从编发时间上划分，有定期简报如日报、旬报、周报、月报，也有不定期简报等；从存在方式划分，有固定形式的简报，在简报中占绝大多数，也有临时性简报，如会议简报，临时性机关、工作、活动产生的简报等；从发送范围上划分，有专送性的，有普发性的，有对外的，也有内部的，等等；从是否涉密的角度划分，有涉密简报，又有非涉密简报等，当然，更多情况下，对简报习惯于按照编发主体或承载内容进行分类。简报的报头名称也是多种多样的，如今日要情、值班简报、快报、摘编、情况反映、信息、动态、内部通报、参阅件等，同时，简报的报头名称与其发送形式、编发时效、反映内容有很强的关联性。人民银行简报类公务文书一般具有相对规范的形式，如固定的版头格式（包括制发单位名称、编号、编发日期等要素），标题、按语形式，版记格式（包括主题词、发送范围、印刷份数、信息来源等要素）等。

人民银行总行（"三会"）机关的简报类公务文书，按编发单位划分，分为两个层次，一是以总行（"三会"）名义编发的简报；二是各司局（"三会"各部门）级行政或党务单位编发的简报。

2. 简报与公文的区别。简报与公文同为国家行政机关制发的规范性公务文书，都具有相对固定的规范格式，它们的运转方向绝大部分是对外的。但是，它们又是性质上截然不同的两种文书形式，它们的主要区别是：

一是作用不同。《国家行政机关公文处理办法》第二条指出："行政机关的公文（包括电报，下同），是行政机关在行政管理过程中形成的具有法定效力和规范体式的文书，是依法行政和进行公务活动的重要工具"，明确了公文的作用，即公文是国家机关管理国家行政事务、处理公务的工具，具体而言就是制定有关方针、法规、政策、部署和要求，履行行政职能，指导行政工作；传达、知照情况和商洽工作；向上级行政机关报告工作和请求指示。而简报是信息的载体，其作用就是反映、沟通、交流、交换相关信息和情况。

二是目的不同。公文既然是行政的工具，发文的目的是谋求行政效果，谋求公文受体的动作和反应。公文中的绝大部分是用来办事的或者是办事的规范、标准，是需要操作、处理的或者是操作、处理的标准，例如，有关法规、政策、制度、操作规程等是应该贯彻、遵守、执行的，有关上级机关的指示、通知、询问、批复等，是需要落实、报告、付诸实施的；对待下级机关和不相隶属机关或单位的公文，也是需要回复和反馈的。而简报的目的仅是通告情况，阅知即可，不要求向编发简报的部门反馈。

三是效力不同。公文是国家机关行政权力的体现形式之一，一经发出，即具有法定的权威性和行政的约束力，同时，公文的制发机关要承担由此产生的相应的法律后果，如行政诉讼、行政复议和行政赔偿等。对于下级机关来说，上级机关的公文是其工作的凭证和依据。而简报只是信息载体。虽然简报也可以传达上级机关领导的讲话，传递上级机关的有关精神，但简报不是行政的工具，一般不能利用简报部署工作，下级机关可以将上级机关的简报作为工作的借鉴和参考，但原则上，下级机关的工作应以上级机关的公文作为依据，简报不具备公文所具有的法定的权威性和行政的约束力。

四是与公文相比，简报在制发程序、文字要求等方面要宽泛、灵活许多。简报在发送范围上，可以根据情况同时发送上级机关、平级机关和下级机关以及不相隶属的其他单位；简报的编辑可以不受职责范围的局限，或者是自己履行职责时发现的情况，或者是影响到自己有效地履行职责，或者与本部门的职责并无直接关系但涉及国家的宏观行政管理，均可以反映、提出建议和意见；在内容方面，简报的正文可以由不同内容的文字组成，各自成篇，互不连贯，即一份简报可以反映多项事情或情况，一件事情也可以根据情况通过几份简报分次反映，且既可以反映整体情况，也可以反映片段、局部的情况；在制发程序上，为了以最快的速度反映一些突发情况、紧急信息，编发简报时可以简化某些程序，使得信息情况的上传下达更具时效性等。

3. 签报类公务文书。（1）签报的概念。签报是国家行政机关组织办公的主要形式之一。签报体现的是国家行政机关办理工作事项的内部报批程序。国家行政机关的内部办公是按照规定的运转程序有序进行的。办公的组织、内设机构与机关领导的沟通、情况的上传下达，有些需要当面交流，有些需要以召开会议的形式进行，有些则需要书面形式进行。签报是国家行政机关内设机构以书面形式向本机关领导者报告工作、反映情况、请求指示、提出意见或建议、回答领导者询问等具有规范格式的载体，是内设机构与领导者个人进行工作联系的重要纽带，也是行政机关内设机构处理工作的重要的书面文字依据。

（2）签报的特点。

第一，签报是体现行政机关工作事项内部报批程序的文字载体。签报反映的是国家行政机关政策、法规、决定和行政工作事项产生、部署、操作的内部处理过程，属于行政机关的内部事务。签报的这一特点决定了不管签报是否标注涉密等级，经办人员均无权对外披露。即使签报事项最终以政策、法规、公文、新闻等各种方式公之于世，但披露或公布的是议定事项的结果，而非国家机关就该事项的内部办公程序和组织办理过程。

第二，签报是行政机关内部处理工作事项的依据和凭证。国家行政机关的工作事项涉及公众利益、社会利益和社会安全、国家安全，处理这些工作事项需要承担巨大的责任，必须严格按照规定的工作程序进行，绝不能想干什么就干什么，想怎么办，就怎么办，任何工作事项的处理应经得起审计或检查，经得起历史的查考。岗位职责和工作分工是处理常规工作事项的凭证和依据，除此之外，会议决议、签报等也是行政机关内部处理工作事项的凭证和依据。

第三，签报是给本机关行政领导者的事关公务活动、工作事项、信息材料、与公务相关的个人事务、领导者关注或询问的事项等的文字材料，可以给领导者个人，还可以给相关的几个领导人，还可以给领导集体。

第四，签报属于公务文书。首先，它是在行政机关内部办公过程中产生的；其次，它反映的是与公务办理相关的事项；最后，签报具有规范的拟写形式，签报的办理必须履行规定的程序。这种规范的形式和规定的程序体现了行政机关办公过程中相关的各级工作人员的责任。

（3）签报的主要办理规则。第一，一事一报、简明扼要的原则。第二，沟通协调的原则。涉及其他司局职责的工作事项，必须履行会签程序，产生协调意见。第三，各个环节经办人员各司其职、各负其责的原则。第四，要素齐全、格式规范、程序合理的原则。

（4）签报与公文的区别。签报与公文一样属于公务文书，它们都是国家行政机关在政务活动中产生的文字材料，都是办理工作事项的凭证和依据，它们的运转程序同样严格。但是，签报不是公文，它与公文的区别在于：

第一，就某一具体工作事项来说，签报与公文在工作事项的办理过程中所体现的工作状态不同。签报体现的是工作事项的内部操作程序、办理依据和处理过程，而公文则是该工作事项某一时段的对外处理结果。

第二，从运转范围的角度看，签报既然是行政机关的内部工作程序的体现，其运转自始至终都是在机关内部，并且是不允许流转到外部或对外披露的。曾经出现过这样的笑话，某国家机关将一项政策调整事宜的签报送给与此事项有关的其他国家机关会签，签报理所当然地被退回了，人家还附了一纸短文，大概意思是，我单位非贵单位内设机构，签报退回。此事如需征求我单位意见，请正式行文。建议贵单位理顺工作程序，健全工作制度，不要再发生类似情况。简言之，签报是不对外印发的公务文书。而公文运转的最终出口是制发机关以外，或是普发性的，面向全社会，如公告、令、通知等，或是确定的行文对象，因此，公文是对外发出的公务文书，并且原则上不允许对内部机构行文。

第三，从办理规则的角度看，签报与公文的办理均应遵守严格的程序和规则，但也有诸多不同。主要有：公文原则上不允许给领导者个人；而签报恰恰是给本机关领导者个人的，包括领导集体或不同的领导者。给上级机关的上行公文，"请示"、"报告"的功能是不能混淆的，尤其是"报告"中不得夹带请示事项，而给本机关领导者的签报，在这方面的要求比较宽松。公文的标题，必须要素齐全，必须有体现公文种类的标准文种词，而签报在这方面几乎没有严格的要求，签报的标题只要主旨清楚、通顺即可。

四、中国人民银行（"三会"）分支行机关公文

人民银行（"三会"）分支行是总行（"三会"）的派出机关，经总行（"三会"）授权在辖区内履行中央银行职能。如人民银行分支行的公文工作，参照总行办公厅制发的《中国人民银行公文处理办法》等相关规定办理。

（一）人民银行（"三会"）分支行机关的行政公文

1. 人民银行（"三会"）分支行行政公文的种类。

（1）一般行政公文的种类主要有：公告、会议纪要、决定、通知、通报、请示、报告、意见、批复、函、内审结论和处理决定。在分支行的机关行政公文种类中，没有"令"这个公文文种。这是因为，人民银行的分支行是总行的派出机关，不是决策主体，按照行政行为学的理论和相关行政法规的规定。根据《国家行政机关公文处理办法》的规定，人民银行分支行只能在总行授权范围内履行职责，不能制发应由决策主体制定的部门规章。同时，鉴于"决定"这一文种的适用范围主要是上级机关就重要的政策、工作事项和行动作出部署，或者变更、撤销下级机关不适当的决定事项，奖惩有关单位及人员，分支行在使用"决定"这个公文文种时，应该注意：第一，不能代替上级决策主体决定重大政策、业务、行政工作事项，凡有关政策、业务以及重要行政管理工作事项，能够作出决定的，应该是行政主体而非分支行。第二，由于总行在进行各种表彰时，人民银行系统一级的重要表彰事项使用"决定"，一般单项工作或者临时性工作的表彰事项使用"通报"，因此，分支行在利用公文办理表彰事项时，在文种的选择上应考虑表彰的级别。另外，分支行对辖内金融机构违规行为的处理，行文时应注意依法使用行政格式文书，尽量不使用机关公文。

（2）行政格式文书的种类主要有：行政许可类文书、行政处罚类文书、行政复议类文书、现场检查通知书、现场检查意见书。如根据中国人民银行令［2001］第3号、［2001］第4号、［2004］第3号的规定和人民银行办公厅银办

发〔2004〕136 号、〔2004〕239 号文件的具体部署，人民银行分支行在总行授权范围内履行行政职责，办理行政许可、行政处罚、行政复议事项使用行政格式文书的种类主要为行政许可类文书、行政处罚类文书、行政复议类文书三大类。同时，为了强化人民银行分支行履行行政职责行为的规范性和严肃性，结合分支行职责的具体情况，与总行比较，增加了现场检查通知书、现场检查意见书两种制式文书形式。

2. 分支机构行政公文的级别。以人民银行为例。人民银行分支行行政公文的级别。

（1）分支行行级发文。分支行行级发文是人民银行分支以总行派出机关的名义的行文。主要适用于向上级机关请示、报告工作，提出工作方面的意见或建议；经总行授权向辖区内公布有关中央银行的金融规章、规定、重要事项等；不相隶属机关、单位之间通报工作情况，商洽工作，联系公务等；向辖区内的金融机构、人民银行系统部署工作、通报情况；对下级机关或内部机构作出内审结论和处理决定；进行人事任免，表扬先进，批评和纠正错误；转发上级机关的文件；回复下级机关的请示、询问事项，对所在地政府部门和金融机构的来文进行答复；办理职责范围内的人民代表、政协委员有关金融工作的建议、提案、议案等。

（2）分支行办公室发文。分支行办公室发文是其行发文的补充。主要适用于印发内部管理办法；对下级行和内部处室部署一般事务性工作；对分支行制定的有关管理办法、规定进行解释或补充；各种会议通知；开展专项检查等事务性工作的通知；与所在地政府部门、金融机构商洽工作、征求或回复意见；转发不相隶属机关的文件；分支行机关内确需以公文形式处理的事项等。

（3）分行、省会（首府）城市中心支行处室发文。根据《国家行政公文处理办法》的规定，比照人民银行总行办公厅有关司局发文的规范，人民银行分支行内部处室除办公室外，一律不得对人民银行以外的单位行文，原则上也不应向上级机关行文。为了减少分支行机关行政发文总量，方便工作，提高办事效率，结合工作实际，少部分一般事务性工作事项的联系和沟通允许处室发文，但分支行应对处室发文涉及的事项、行文的程序、范围以及行文规则予以严格限制。原则上，处室发文涉及的只能是一般具体操作性事项；处室发文的内容必须是本职工作事项，不应涉及其他处室的职责，处室之间不能联合行文；处室发文只能发往总行的对口司局、下级行的对口科室。除人事、会计、内审、监察、事后监督部门涉及机构、人员、检查等事项，发文属于履行规定的程序且具有凭证作用外，提倡处室发文不用红头，而使用便函形式。这是因为，处室发文多用于系统内具体操作性、一般事务性工作事项的办理，不对外产生行政或法律效力，不必使用红头文件的形式；同时，随着办公自动化的推广，一些内部工作的指导、部署、通知、通报等，在履行相关领导审批程序后，可以通过内部办公网络广而告之或"点对点"告之。

（二）管理类金融机构分支机构党、团、工会组织的公文。以人民银行分支行党、团、工会组织等机构的公文为例

1. 分支行的其他发文机构：党委及党委办公室、组织部、宣传部，纪委及纪委办公室，团委、工会、女工委员会，保密委员会及其办公室等。

2. 分支行其他发文机构发文的种类：决定、通报、通知、请示、报告、批复、意见、函、会议纪要。

第四章　管理类金融机构公文写作的要求与前提条件

公文是国家行政机关管理国家事务最常用的一种文体，在国家立法和保证国家机器正常运行中有着重要的作用，国务院对公文的起草使用有着严格的要求和规定，管理类的金融机构是国家的专门行政管理机构，管理类金融机构公文是管理类金融机构常用金融应用文的一个重要组成部分，在管理类金融机构管理活动中发挥着重要作用。其写作有一些基本方法和规则，必须遵守的原则和要求。本章重点研究管理类金融机构常用公文的基本写作方法和要求等。

第一节　金融机构公文写作的基本要求

公文的写作方法决定公文的质量，公文的行文目的、内容以及行文方向又决定草拟公文的具体方法，两者相互制约、相互决定又相互关联。本节主要研究草拟公文的一些基本方法，包括公文文种的确定，材料的选取与组织、语言的使用等。

一、关于公文文种的确定

草拟公文的前提是先确定公文的文种，一般情况下，由金融机构行文目的、公文内容、行文方向确定公文的文种按照国务院《国家行政机关公文处理办法》的要求，其规定了 13 种公文，对每一种公文的适用范围、适用情况都有明确细致的界定。金融机构办理公文，其公文的文体首先应该符合规范，即正确选择和使用公文文种，其次要考虑行文的方向。公文是行政行为的文字载体，从外在形式看，它首先表现具有规范的体式。体式的正确规范是公文质量的重要体现。如何正确地选择金融机构公文文种，需要重点考虑的方面有：

（一）行文目的是选择公文文种的重要依据

公文作为处理公务和依法行政的工具，达到拟写公文的主要目的是第一要务，发文的目的决定文种的使用。如果行文目的是把行政机关的政策意图部署发布出去，一般选择公告、决定、通知等文种；如果行文的目的是让上级机关了解有关情况，或向上级机关汇报工作，一般选用报告；如果行文的目的是请求上级机关批准事项用请示等。管理类金融机构公文行文文种的确定也是自行文的目的来确定，比如，有关利率调整的事项对社会发布一定用公告，关于调控工具的使用向国务院请示一定用请示。

（二）行文的内容是选择公文文种的重要依据

内容和形式是公文重要的两面，在公文办理过程中，公文的质量体现在内容和形式的统一上。如果就重要事项或重大行动做出安排，使用决定文种就比较庄重、威严，具有气势；而一般具体事务性工作安排，使用通知文种即可，同样是告知情况，就已经完成的工作进行总结后在系统内告知结果，一般使用通报；而宣布新的情况、告知新的事项，一般使用通知。

（三）行文方向是选择公文文种的重要参考

公文根据主送单位的不同，分为下行公文、上行公文和平行公文。上级机关对下级行文，适用命令、决定、通知、通报、批复等文种；下级机关或单位对上级行文，适用报告和请示等文种；平行或不相隶属机关之间的行文，适用函、意见等文种。如果请求批准或报告工作事项，向上级机关行文则使用请示或者报告，而向平级主管机关行文就要用函；如果回复询问事项，对下级机关用批复，对不相隶属机关就要用函。作为我国经济活动的中心，由于面临问题的特殊性和复杂性，各金融机构在使用和确定公文文种时应特别关注公文的行文方向。

可以说，文种是公文形式的主要内容，选择正确的文种，是保证公文本式规范的基础。选择正确的文种，对公文的写作思路和框架产生重要的影响。一般情况下，当公文文种确定，公文语言的表述方式也就确定了。

二、发文意图确定公文主题与写作思路

由于拟写公文是"依职责行事"，准确领会领导机关和领导人的发文意图是写好公文的决定性因素也是关键因素。公文的草拟人应在明确发文意图的基础

上，确定主题和写作思路。快速准确领会发文意图，需要做到以下几点：

一是了解熟悉相关领导的业务观点、学术主张、工作方法以及思维习惯，准确领会领导的发文意图和发文要求。这就需要起草人平时注意研究有关领导对同类问题以往的观点和看法，了解领导的处理问题的方法和立场，掌握领导的意见和主张，知晓领导方向性的要求，在公文起草前就形成体现领导意图的基本框架。在此基础上对领导的想法和要求进行加工提炼，并以此先期认识作为公文的写作思路。

二是深刻认识和了解、熟悉与拟行公文有关的政治经济和法律背景情况。掌握相关的材料，形成初步意见，这是准确领会发文意图的基础。金融机构的公文起草人如果对相关背景和相关情况一无所知，就无从领会领导的意图，不知道领导要干什么，理不出公文的头绪；同时，还要对事情有自己的独到见解，形成有预见性的意见，产生创造性思维，能够体现领导意图。一般有关情况下，领导提出发文意图，并对写作思路提出原则性的意见，但具体怎样写、能否写好就在起草人自身了，根据领导意图确定公文主题后，接下来就要进一步围绕领导意图进行创造性思考，形成具体的写作思路。

三是了解相关部门的思想，领会有关部门的意图，集合大家的智慧，减少不必要的内耗。草拟公文时一定要认真征求有关部门和人员的意见和看法，否则，很难集中确定公文的主题和思路。只有听取不同单位和部门有关人员的意见，才能使拟写的公文突出重点。要胜任拟写公文的工作，准确领会发文意图，特别需要培养协调力。

三、以公文的主题为中心组织材料

公文是公务应用文，用来发布大政方针、承载复杂事项需要解决具体问题的公文，需要阐明主题，需要用材料支持观点，主题是公文的灵魂，材料是公文的躯体，主题和材料是相互依存、不可分割的。没有材料的支撑，主题只是一个简单的论断，没有现实意义和实际价值。没有主题，材料就像一盘散沙，杂乱无章，不能论证什么问题。拟写公文时，在准确领会发文意图的同时，公文的主题就基本上确定了，围绕主题选择和组织材料成为中心任务。选择的材料确定了，就要依据发文意图和公文的主题组织材料，拟写人需要进行精心的设计，以充分展示公文主题，达到行文目的。运用、组织材料的过程，包括对材料的分析、研究和取舍。需要注意的是，加工和组织材料不能违背材料的原意，断章取义，要尽量保持材料的本来面目。对一些重要的事实和数据，要加以核实，不能随意处置。关于公文材料的选择需要做到以下几点：一是所选用的材料应能够有力地支持主题。二是所选用的材料必须客观真实。三是所选择的材料应力求全面体现事物的总体情况。四是所选择的材料应能够反映事物的本质。五是所选择的材料必须准确，出处、时间、地点、范围等应正确无误。简单事项，尤其是有些事务性工作的事项通过公文的形式部署，事项说明白了，目的就达到了，这样的公文既不需要观点，也不需要材料。

四、明确公文的语言表述方式

公文是国家行政机关处理政务的工具，作用就是解决问题，属于应用文。公文的语言表述方式与小说、散文不同之处是：不使用修辞手法，不进行艺术性的铺陈描述，更不允许夸张虚构；与学术性论文不同之处是：不需要大量的推理过程，不做严格的立论程式。公文的语言表述方式也有别于新闻报道、书信、日记等其他应用文，不允许表现写作者个人的主观意愿，遣词造句不能随意。公文的语言要平白易懂，不能对公文有第二种理解。

（一）公文语言表述的基本特点要求

行政公文是国家机关行使权力，实施管理，处理公务的工具，具有权威性和公信力，其语言要求严肃庄重、简洁凝练、规范得体、准确明了、平实易懂、直述不曲。一是要求语言严肃庄重。即公文使用正规的书面语言，避免使用俗语、俚语、口头语等表述方式；同时，一般无须描写、抒情等形象的表述方式，基本上不需要含蓄、幽默等表现手法。二是要求简洁凝练，即公文的语言要简练，要把重复的意思和事例、无须受文方了解的事件及过程、不必要的修饰性语句尽可能删去。三是要求规范得体，即遣词造句要合乎语法规则，数字和标点符号的使用、引文方式等要符合有关要求，语言表述方式要与行文关系、行文目的、行文形式相适合。四是要求准确明了。即字、词、句的使用以及逻辑关系的体现要能够正确地表达意思，实事求是，恰如其分；同时，技术术语、外来语、专业用语的使用应适当，按照国家新闻出版总署的要求，必要时应予以注释或说明，避免出现除专业人士外谁也看不懂，或者今人明白后人看不懂的情况，杜绝生编硬造除自己或少数人之外谁都不明白的术语或缩略语。三是要求平实易懂。公文的语言表达应尽可能平白、朴实、大众化，一般不使用修辞方式。六是要求直述不曲，是说意思的表达要直截了当，不应环顾左右而言他，更不应让对方揣摩言外之意。要达到以上要求，要求在拟稿过程对语言锤炼，对文字进行推敲，注意语句是否通顺，用词是否贴切，遣词造句是否符合规范，逻辑关系是否清楚等。

（二）要讲究语言具有得体表述方式

公文是处理公务的工具，实效性原则是公文处理的总的原则之一。要通过公文解决问题，语言表述方式必须得当，这样公文的效果就好，反之，语言不得体，不仅影响公文的严肃性，其实效性也受到负面影响。恰当地选择语言表述方式，确保公文收到实际的效果，避免由于语言不得体或表述不当，影响公文的实际效果是草拟公文的语言要求。公文语言的表述方式实际上是公文的针对性问题，实质是在解决"怎样说"的问题。得体的语言要求做到：一是根据行文方向确定公文语言的表述方式。从行文方向看，公文分为上行文、下行文、平行文，还有面向社会的公示公文和出示给公民个人的公文。行文方向不同，公文的语言表述方式也不一样。上行文的语言表述应体现对上级机关的尊重，应与下级机关身份相适应。行文实践中，下级不能对上级机关使用指令性语言，但语言表述与下级身份不相适应的情况却时有发生，比如上行文中出现质问式语式、通牒式语式、回绝式语式等。举几个例子：有的公文回复上级机关征求意见，不是用陈述性语言正面提出意见，而是用反问句式对意见或意向提出质疑；有的公文征询上级机关的意见或请求上级机关批复，不是正面阐明时间紧急，请上级机关抓紧回复，而是使用最后通牒式的语言如"届时如不回复，将视同无意见或将按请示原则自行处理"；还有的公文在回复上级机关询问时告之，如按上级机关的意见实施，"后果不得而知"等，可想而知，如此表述，效果是不会很好的。平行文的语言表述根据情况大多应友好、客气，体现平行单位之间的平等、协作关系，即使是表达不同意见甚至是反对意见，也要心平气和，据"理"力争，而使用指令、责备、教训性的语言显然是不妥的。实践中，确有少数因部门之间意见分歧或责任问题，在公文中"唇枪舌剑"，互相指责的情况，但多数情况是不讲求语言表述技巧，不经意间对对方职责范围内的工作事项"指手画脚"。下行文的语言表述总体上应是肯定的、指导性或宣教性的，以体现上级机关行政管理的权威性。而面向公民个人的公文，语态应是平和的、客观的，既平易近人，又不失国家机关行政的严肃性。二是根据公文的形式选择公文语言的表述方式。命令、公告、决定等权威性很高的公文，语言表述方式应是决断性的、毋庸置疑的；通知、通报、批复等公文，语言表述方式虽然是肯定的，但语态上却平和得多；而函、意见的语言表述方式一般是陈述性的，语态上更加客观、随和、谦谨。三是根据公文的内容选择公文语言的表述方式。公文的内容丰富多样、千差万别，语言表述方式肯定不是千篇一律的。同样的行文方向，同样的发文形式，公文的内容不同，语言表述方式肯定是不一样的。比如回复意见的公文，所涉及问题的性质不同，分歧的程度不同，商榷工作的难度不同，为了说服、反驳对方或表达己方的观点、要求，语言表述的方法和技巧是很有些讲究的。又如，同样是"决定"，有表彰性的，有处罚性的，也有指挥性的，语言表述方式、语态肯定是不同的；同样是"通报"，也是有表扬、有批评，还有一般的知照情况，语言表述方式要根据公文的具体内容而定。尤其是"函"，适用的范围很广，在行文关系方面也比较灵活，就更应根据公文的内容，发送的对象，选择恰当的语言表述方式。

（三）要求语言表述具有规范性

公文作为行政工具的权威性、严肃性，其体式和办理程序上的规范性，决定了公文的语言表述也必须规范。所谓公文语言的规范性应该符合以下要求：一是公文的语言应符合逻辑规律。公文语言的逻辑，是指思维的规律。思维与语言有着直接的联系，思维是语言的内容；没有语言也就没有思维，语言是思维的直接实现。要求公文的语言必须反映正确思维的普遍规律，必须准确地表达思想，准确地表达发文意图。公文的语言如不合乎逻辑，违反思维规律，就不可能正确地进行表达。所以，公文的语言表述中，概念必须明确，判断必须恰当，推理必须合乎逻辑。公文办理实践中，由于主办人员违反了逻辑规律，公文汇总出现概念不明确，判断不恰当，推理不合乎逻辑的问题，发文者的思想、意图没有表达清楚。因此，拟写公文，一定要认真推敲，语言表述上必须合乎逻辑。二是公文的语言应符合语法规则。要通过语言准确表达自己的意思，不论是词的使用还是句子的构造，都必须遵守语法规则。使用什么样的词，与哪些词发生组合关系，句子如何构造，句子与句子之间如何联系，都应该符合语法规则。要准确表达思想，娴熟自如地遣词造句，就需要较高水平的语言组织能力，需要一定的语法修养。

公文以书面语言为工具表达行政意图、宣布政令和管理措施、指导工作、处理公务，其语言表述必须严格遵循语法规则，规范词法、句法、章法，才能严谨准确地表达思想。在拟写公文的过程中，由于各种原因，有些拟稿人往往忽视语法规则，用词造句漏洞百出，影响了公文的严肃性，也影响了公文的执行效力。所以，强调公文语言表述的语法规则问题是公文语言表述正确性的保证。

第二节　写好公文的前提条件

草拟一份公文需要一些基础条件，比如选用什么样的材料，从什么角度来写，选用什么样的语气和词汇来表达公文的意思，这些都是写好公文的基础条件，本节重点研究写好一份公文应该具备什么样的前条件和基础。

一、有关写好公文的材料积累

公文写作需要大量的各个方面的材料。材料是形成公文的基础，也是正确立意的依据。公文的写作过程，实际上是收集材料并围绕写作主题而创造性地运用材料的过程。重视对材料的收集和选择，是公文写作的基础性工作。

金融机构的员工要写好公文，首先要学会积累材料。积累材料是储备知识、经验和方法的过程。做好积累材料的工作不是一朝一夕的事情，需要长期有意识地收集，有条理地分类积累。如果没有事先做好这项基础工作，"材料到用时方恨少"，就难以从容不迫、驾驭自如地起草公文。但并非起草任何公文都需要大量的材料，有些公文，尤其是事务性的公文，从内容到形式都是非常简单的，只要知道行文的基本规则，具有一定的驾驭语言的能力，就能够写好。但是，大多数公文政策性、业务性很强，有些公文承载的情况十分复杂，这就需要通过大量搜集材料，分析材料，启发思路，借鉴历史，提炼出政策性的东西，找出解决问题的方法。为写作公文做好基础性工作，需要掌握以下一些方面的材料。

（一）直接材料和间接材料

直接材料是指来源于公文起草者的直接经验的材料，是公文起草者亲身经历或通过调查研究等实践活动获取的第一手材料。直接材料具有真实、生动、可靠的特点，能提高公文起草者的感性认识或理性认识。对于一些重要文件的起草，公文起草人员要进行有针对性的实地调研，积累丰富可靠的感性材料，了解事物发展变化的最新情况。由于直接材料又带有一定的局限性，因为有限的时间和精力决定了每个个人获取直接材料的途径、数量、质量都很有限。因此，仅仅依靠直接材料进行公文写作，公文内容必定十分贫乏和有局限性，这就需要大量丰富的间接材料。

间接材料是指来源于公文起草者的间接经验的材料，是公文起草者通过学习、交流等途径间接获得的材料。广义的间接材料包括人类的一切文明成果，其丰富程度远远大于直接材料。实际公文写作中，运用间接材料比直接材料更频繁，数量更多，因此也更为重要。由于间接材料有真伪之别、良莠之分，运用间接材料时务必进行理性分析，去粗取精，去伪存真。

（二）正面材料和负面材料

对于正面材料和负面材料，需要从两个角度去认识。一是在经济金融体制改革的背景下，正面材料是指符合经济金融改革发展趋势、社会文化发展方向和人民根本利益的材料。由于公文是具有法定效力的规范文书，具有政治性、政策性、导向性，因此，公文内容应以正面材料为主，切实反映社会主流思想，经济金融改革趋势，鼓励积极向上。但要全面、客观和辩证地分析经济金融发展趋势，反映问题，也必须关注负面材料。负面材料是反映客观事物中消极面的材料。通过收集负面材料，可以形成分析研究的新视角，透过现象深刻认识事物的本质，更全面地反映客观事物，并增强解决问题的紧迫性。我们知道，正面材料一般会符合公文起草人意志、政策偏好，支持其观点、政策取向的材料，而负面材料是反映问题的材料。为了保证公文能够全面、客观地反映现实情况，审慎地制定政策，确保公文的顺利操作，起草公文不仅要掌握、运用正面的材料，也必须掌握、关注负面的材料，这样才能客观、公正地分析有关问题。

（三）历史材料和现实材料

历史材料是指过去的时期发生和存在过的事实和观念，是对事物演变过程的记载。用历史的观点看问题，通过分析特定事物的历史材料来获取对解决现实问题的启示，对公文写作大有裨益。以史为鉴，可以更好地解决现实问题。现实材料是指与公文描述的特定事件相关的当期材料。现实材料的内容往往包括公文事件发生的事由、经过和亟待解决的问题等，是反映、解决现实问题最重要的材料来源。因此，充分拥有和深刻领会、借鉴历史材料，准确把握、深入分析现实材料，是积累材料的重要方法。

（四）国内材料和国际材料

国内材料是指对国内发生的经济金融事件或现象进行记载、分析和研究的有关文字材料。国际材料是指对国际上发生的经济金融事件或现象的记载、分析和研究的有关文字材料。公文作为行政管理工作的书面载体，对社会经济政治发展具有实质性的影响。进入 21 世纪以来，国际一体化进程发展迅速，公文的起草者不能局限于国内材料，必须大量掌握相关的国际材料，积极开展国内外比较研究和比较分析，充分借鉴国际经验和教训，开阔视野，使政策导向更加紧跟时代的步伐和世界潮流，同时更加符合我国的客观发展实际。只有最大限度地积累和拥有材料，起草公文时，才能厚积薄发。

二、正确领会和把握发文意图

（一）具有准确的判断力

写好公文的重要前提之一，就是正确领会和把握发文意图。公文起草在动笔之前，必须在分析材料的基础上，准确领会领导意图，明确公文写作的主旨和思路。这就要求公文起草人员，培养自己对客观事实的判断力、对事件发展趋势的洞察力和对领导思想内涵的领悟力。判断力是对事物本质的认识能力，解决"是什么"的问题。首先，要在全面、准确和客观地对材料进行科学的分析、取舍和加工的基础上，得出对问题的初步看法。其次，要征求有关专家学者的意见，通过交流思想，仔细思索辨析，对事物或问题本质作出进一步的判断。最后，最重要的是要听取领导的意见，分析领导对问题的基本看法，修正已经得出的初步结论。因此，公文写作人员要在加强理论学习的基础上，不断培养、提高自己对客观现实、政策取向的判断力。

（二）具有深刻的洞察力

洞悉事件发展的趋势，就是在准确定义事物本质和科学判断基础之上进行推理。比判断力更进一层，洞察力要解决的是"为什么"、"会怎样"的问题。要预知未来，必先深谙历史。因此，在准确定义特定事件本质的基础之上，要对该事件发生和发展的全过程进行动态分析，了解其在不同阶段的发展变化，在此基础上对其进一步的发展趋势作出判断。同时，要对同类事件发生的国内外历史材料，进行比较分析和深入研究，从中总结出该类事件的历史经验，进一步把握事件发生的深层次原因，探索事件发生和发展的一般规律。在这些科学分析的基础上，做出对事件未来发展趋势的基本推理。

（三）具有深邃的领悟力

领导的思想决定着公文的最终结论，对领导意图的领悟是公文起草的出发点和归宿。因此，领悟力通常解决的是"怎么办"的问题。领会领导意图，最重要的是在公文起草之前和起草过程中，了解领导对事物的判断、领导的政策意图、领导倾向解决问题的基本方法和想要达到的目的，以此作为自己起草公文的落脚点，以此整理自己的思路。领导有时候没有给出明确的指示，并且领导的思想是动态变化的，因此需要在日常工作中，积累领导对相关问题发表的观点和看法，了解和熟悉领导思维习惯、工作习惯，领会领导的思想意图，把握领导的思想脉络。此外，要注意做到领会领导意图和进行创新思维的结合，并且围绕领导意图进行创造性思维，把领导的决策思想、工作意图准确地、系统地、创造性地表达出来。

第三节　拟写金融机构常用公文应该注意的几个问题

由于公文承载的具体内容不同，公文的种类不同，行文关系不同，公文的拟写方法永远不会是固定的、雷同的；加上领导者的要求，拟稿人的阅历、经验以及语言习惯的千差万别，公文在写法上更不会是千篇一律，虽然"文无定法"，表达内容的具体方法各不相同，但拟写公文还是有必须遵循的基本原则。

一、金融机构的公文必须具备合法性

管理类金融机构的职权是法律所赋予的，国家行政机关的一切行政行为都必须坚持"凡法律未允许的，都是禁止的"这一基本规则。这个基本规则，体现了国家行政机关的权力来源于人民的授权，且必须在授权范围内行使行政职权，既不允许行政失责，也不允许滥用行政职权。行政公文是国家行政机关依法行政的工具，依法行政体现在公文上，即是公文的合法性问题。

（一）公文的内容必须符合国家的法律、法规

坚持宪法和法律至上，是我国社会主义法制的基本原则。宪法和法律在社

会生活的一切领域具有极大的权威性，这种权威性要求，任何组织、任何个人必须服从宪法和法律的规范，不允许有超越宪法和法律的特权。国家行政机关必须依法行政，行政行为必须符合国家的法律、法规。公文是代表行政主体行使行政权力、处理公务的工具，承担着相应的法律责任以及由此产生的法律后果，因此，其内容必须以法律、法规为依据。所谓以法律、法规为依据，即公文的内容不得与法律、法规相抵触、相矛盾或存在出入；在法律、法规允许行政权自由裁量的领域，以公文的形式做出的行政决定不得超过法律、法规的范围和界限；没有法律、法规的规定，不得让人民承担义务和侵犯人民的利益；没有法律、法规作依据，不得为特定人设定权利或免除义务。金融机构公文的内容如果有悖法律、法规的规定或存在法律方面的不当之处，性质上，属于行政行为的不合法，这样的公文是无效的，有可能被上级机关否定，也有可能引发行政复议或行政诉讼。在拟写公文时，拟稿人必须首先具有法律意识，无论是起草政策、制定规章、抑或是提出建议、答复询问等，凡涉及法律事宜的，均应与相关的法律、法规、规章的规定认真核对，并征求法律部门的意见。虽然，拟稿人不可能是法律方面的专家，不一定熟知所有的法律事宜，关键在于具有法律意识，只要具备了法律意识，一定会处理和解决依法行文的问题。

（二）规章的制定必须符合法定授权和立法程序

我国宪法规定，国务院部委可以根据法律、行政法规制定规章。2000 年施行的《中华人民共和国立法法》第七十一条进一步明确，"国务院各部、委员会、中国人民银行、审计署和具有行政管理职能的直属机构，可以根据法律和国务院的行政法规、决定、命令，在本部门的权限范围内，制定规章"。相应地，国务院发布的《国家行政机关公文处理办法》中规定的国家机关行政公文种类之一——命令（令），即"适用于依照有关法律公布行政法规和规章"。也就是说，部门规章是国家行政机关的公文中很重要的一部分。管理类金融机构拟写法规性公文即部门规章时，应知晓制定规章必须符合法定授权和立法程序。所谓符合法定授权，首先，规章制定主体必须是法定的。其次，必须在法律、行政法规和国务院的决定、命令做出具体授权的前提下，才能从事强制行为规范的立法活动；并且，根据法律、行政法规和国务院的决定、命令制定属于本部门职权范围内的规章时，不得超出法律、行政法规和国务院的决定、命令规定的事项。所谓符合法定立法程序，即制定部门规章必须符合 2001 年国务院发布的《规章制定程序条例》有关规章的立项、起草、审查、决定、公布等方面程序的具体规定。在拟写部门规章等法规性公文时，各层次、各环节的经办人员必须严格执行国务院《规章制定程序条例》以及金融机构的相关规定，只有维护立法程序的合法性，才能最终保证规章的合法性。否则，就是程序的不合法，程序不合法，制定的规章也是无效的。

（三）公文的内容应与法律赋予的职权相符合

管理类金融机构的权限和责任是法律赋予的，并且是进行了合理配置的。也就是说，法律规定了行政主体行使职权所不能逾越的范围和界限，管理类金融机构的行政行为必须符合法律确定的职责范围，不能超过职权行使的限度。超越自己法定职责范围的行政行为，则是越权行政，越权行为是无效行政行为。在拟写公文时，必须树立严格依法行政的理念，公文的内容必须与法定职责相符，做到既不失责，又不越权。在公文处理实践中，公文的内容超越权限和职责的情况比较普遍，往往在不经意间，公文的内容就超越了本机关的职权，说了不该说的话，做了不该做的事。如部门的公文对法律、法规或上级机关、不相隶属机关文件的相关规定、相关内容进行解释，或者单方面对联合发文的内容进行了解释。要避免公文内容超越职权的情况，一是要熟悉有关的法律，明确本部门和相关部门的法律职责；二是加强与相关法律部门的协调和沟通，对公文内容进行法律方面的把关；三是加强与职责交叉部门的协调和沟通，涉及其他部门职责的公文，应履行会签程序。

（四）公文中对法律概念的定义、使用必须准确

具有法定效力的公文，包括部门代为起草的法律、法规和授权起草的规章中，经常会出现对事物的定义，也经常会使用现成的法律概念。拟写此类公文时，一是应注意法律概念本身的准确性，定义必须明确、严谨；二是应注意法律概念使用的准确性。

二、金融机构的公文必须符合党和国家相关政策要求

（一）符合国家的大政方针

金融机构公文是党和国家各项政策的载体，绝大多数行政公文都体现着某个领域、某一方面或某一时期的政策意图、政策取向、政策尺度以及政策的适用、实施范围等。拟写公文文稿时，必须正确体会和把握公文内容的政策性，

保证政策内容的准确无误。政策是国家行政机关调控社会利益关系、管理社会的工具，是政府意志的体现。政府发布的政策，是一定时期内社会成员的行为准则。金融机构公文是政策的载体，其内容必须符合一定时期内国家的宏观政策。拟写公文时，一是要注意文稿的内容应与当时党和国家的有关政策精神保持一致，如国家的大政方针是发展农业和解决"三农"贷款难的问题，经济、财政、税收等部门的有关具体政策就应该配合国家的宏观政策，向农业和"三农"倾斜；二是各行政部门的政策，无论是特定领域的宏观政策，还是一定时期的具体政策，都必须有利于国家的政治、经济、社会的稳定，制定政策时，一定要关注当时的政治、经济、社会形势，关注相关领域的动态；三是文稿内容涉及的具体政策口径应符合党和国家的相关政策口径。

（二）与相关部门的政策规定相协调

现代社会管理是一个复杂的系统，是一个有机的结构体系。同时，宪法对国家行政机关的权力是进行了合理配置的，规定了不同行政机关的设置、相互关系以及权限和责任，以便于对政府的公权力进行有效的监督和制约。国家对社会的管理是通过不同的机关从不同的角度进行的，这样，就不可避免地会出现管理上的交叉、制约、协调、平衡。国家行政机关以公文的形式颁布政策，或者公文的内容涉及政策问题时，一定要注意文稿与相关政府部门或具有行政管理职能机关政策的联系，注意政策是否矛盾、是否抵触。比如，中央银行的货币政策与银行业、证券业、保险业监管政策的关系，与财政、税收政策的关系，如发现问题，要及时与相关政府部门协调，否则，文件发下去就有可能出现矛盾，社会经济活动就要受到影响。

（三）与以往政策规定的有机联系

政策是调整社会利益的工具，它必然会随着社会利益的变化，随着政府偏好、政府目标导向不断的调整。不同的时期，政府目标会有不同的侧重点，政策便会产生变化。尤其是，目前我国处于社会大变革的历史时期，政策的变化和调整是必然的、不可避免的。但是，在出台新的政策时，一定要考虑新的政策与以往政策的联系，因为，在同一类事情的处理上，往往过去的政策是提出新政策的基础和背景，而新政策又是旧政策的自然延伸，因此，必须注意与过去相关政策规定的关系：一是当新政策与原有政策调整方向一致时，要注意它们的承接关系；二是当新政策与原政策的导向产生错位时，要对政策的改变予以必要的说明，注意新旧政策之间的衔接。同时，在同一时期内，政策又具有相对的稳定性，拟写公文时，要注意文稿的政策口径与同一时期的已发文件在政策、规定上是否出现矛盾，否则，政策"朝令夕改"，前后不一，相互'撞车"，下级机关就将无所适从，这样会贻误工作，给社会造成不稳定感，影响政府政策的公信力。

（四）注重政策的可行性和操作性

政策是国家行政机关动员、组织和指导工作的依据，是下级机关工作的规范和准则，必须具有可行性和操作性，否则，政策的指导作用就是一句空话，政策也就成了一纸空文。拟写公文时，必须注意政策的可行性和操作性。首先，政策目标应明确，这里有几层含义，一是政策目标要具体明了。二是政策目标的表述要清楚。也就是说，政策的规定应严谨，避免自相矛盾或存在漏洞。要注意政策规定有否前后不一致的地方，要寻找政策规定上的空隙和漏洞，比如，相关的政策界限有没有该划而没有划的现象，政策界限的划定是否过宽或过严、过于烦琐或过于笼统，政策口径是否一致，等等，如果存在这些问题，政策的实施当然缺乏可行性。其次，制定政策时，要有符合实际的实现政策目标的方法、步骤，实现政策目标的手段要具体，谁来做，怎么做，以及掌握政策的分寸、政策的实施范围、时间、相关事宜等都应清楚明确。公文办理实践中经常出现的一项政策出台后紧接着就下发一系列补充通知、更正通知的情况，或者下级机关就具体操作事宜询问不断的现象，在一定程度上说明了行政机关的政策在可行性、操作性方面存在问题，需要引起注意。

三、关于公文的针对性

公文是国家行政机关处理公务的工具，无论是发布政令、部署工作、商洽事项、提出意见，目的都是一个，即解决问题。要解决问题，公文的拟写就要强调针对性，缺乏针对性，解决问题就成了一句空话。事实上，经办人员在接受公文拟写任务的同时，关于行文的针对性就应该清楚了，但在具体写作的过程中，由于各种原因，经常还会在针对性方面出现问题。为了使行政公文更具实效性和公信力，拟稿人在拟写公文文稿时，应在如下方面重视公文的针对性。

（一）行文对象的针对性

行文对象的针对性问题，强调的就是"对谁说"的问题，只有先弄清楚"对谁说"，才能知道"怎么说"。一些拟稿人员，往往忽视"对谁说"的问题。

有这样几种情况：一是不顾行文关系，自说自话。比如，A 单位向国务院或其他不相隶属机关行文，由于文中事宜涉及人民银行的职责，国务院或其他不相隶属机关将 A 单位的公文转给我行办理，经办人员在拟稿时，开头便写道，"来文收悉，现函复如下云云"；又如，我行收到下级机关或不相隶属机关的公文，由于来文涉及事宜超出我行职责或事关重大，需要请示国务院，经办人员在拟稿时，也是开篇便云，"××来文收悉，现就……请示如下"，不管对方是否向我行行文，也不向对方解释我行行文来龙去脉的情况，让收文方摸不着头脑。二是不管行文对象是谁，径自我说我的。比如，在传达政策或是部署工作时，发给商业银行的公文，要求人民银行分支行如何做，而发给人民银行分支行的公文，又要求商业银行如何做；又如，对待人民群众、人大代表、政协委员或有关单位的询问，不管提问方的身份、对金融情况了解的程度、所提问题的细微区别，千篇一律一个模式地机械回答，不顾发文的客观效果。

（二）行文内容的针对性

所谓行文内容的针对性，强调的是公文"说什么"的问题。"说什么"，是公文针对性的核心。公文"说什么"，无非是两类情况：主动行文，如部署工作、通报情况等，公文内容对应的是发文的意图；被动行文，公文内容针对的是对方来文。公文内容缺乏针对性，有几种情况：一是通报问题或根据存在的问题部署工作时，大谈相关成绩，冲淡了发文意图，削弱了公文内容的针对性。二是不愿意或难以正面回答来文提出的问题，于是就环顾左右而言他。比如有些文稿，本身的意思清楚，文字也通顺，娓娓道来，情况介绍得非常详尽，似乎没有问题，但一看所附对方来文，就会发现毛病大了，对方来文提出解决中小型企业贷款难问题，答复的文稿介绍国家的信贷总政策和近年来银行发放贷款的总量，以及信贷政策对于宏观经济的发展以及发挥的种种作用，仅仅在文稿的最后提到一句——"在可能的情况下，适度考虑中小型企业的贷款问题"，绕了半天，全没讲到点子上，最后"虚晃一枪"，只能给人毫无诚意的感觉，文稿的内容基本上没有针对对方来文的询问。三是文不对题，答非所问。比如，对方来文询问境内美元如何到境外投资的问题，答复的文稿详尽地向对方解释国内金融机构办理查询业务的各项规定和具体办法，人家问东你答西，让人啼笑皆非。

第五章 金融机构公文的 格式和行文原则

公文格式的规范性是公文的权威性、严肃性在公文形式上的具体体现。按照规定，金融机构公文的格式一般由标题、发文字号、涉密等级标识、缓急程度标识、主送机关、正文、附件、印章、发文时间、抄送机关、附注等部分组成。按照文面的排列顺序，公文格式由文头（或称眉首）、正文、文尾（或称版记）三部分组成。本章主要研究金融机构常用公文的格式等内容。

第一节 金融机构常用公文的格式

公文的文头部分又称眉首部分。金融机构公文的文头格式，主要包括版头、发文字号、涉密等级标识、缓急程度标识、签发人等要素。正文是金融机构公文的主体。这部分通常包括公文标题、主送机关名称、公文正文、附件、生效标识（或称落款）等。公文的文尾部分又称版记部分，包括注释、主题词、抄报抄送机关（包括内部发送单位）名称、印发机关、印发日期、印数等。本节主要研究金融机构常用公文的组成格式。

一、金融机构公文的版头格式

所谓版头也叫发文机关标识，即通常所说"红头文件"的红头。版头一般由发文机关名称或规范化简称加"文件"二字组成，如国务院文件、中国人民银行、银监会、保监会、证监会文件等；也可以只标示发文机关名称，不加"文件"二字。通常，金融机构的重要公文应标示"文件"二字。联合发文的版头中，发文机关的排列，主办机关的名称在前，不同序列机关或组织联合发文的版头中，发文机关的排列，党的机关名称在前，以后按政、工、群依次排列。

（一）发文字号

发文字号是公文制发机关对公文的编号，简称文号。公文的发文字号由发文机关代字、分类标识、年份号、同一年度发文顺序号组成，如中国人民银行的公文银发〔2001〕35 号，"银"为中国人民银行的机关代字，"发"为中国人民银行机关发出公文的类别标识，〔2001〕为发文的年份号，"35"则表明此件公文为中国人民银行 2001 年第 35 件"发"字类的公文。为了便于公文的分类管理，通常公文制发机关在编排发文字号时，一般会用不同的发文字号对发出的公文进行大体分类，如中国人民银行的公文字号中，有"银发"、"银函"、"银复"等。区别同一机关不同类别的公文的标志，是发文字号中的分类标识。仍以中国人民银行的公文为例，一般请示、报告、决定、通知、通报等相对重要的公文编在"银发"中，重要的公文数量相对比较少一些，可以几个文种编在一个公文分类标识中，而对于政府部门来说，平行机关之间公文往来函类公文以及答复下级机关来文的批复类公文比较多，所以，函类公文单独编在"银函"中，批复类公文单独编在"银复"中。

（二）涉密等级标识

涉密等级标识显示的是公文的秘密等级，而公文的秘密等级是公文涉密程度的标志。涉密等级不同，公文的阅知范围、管理方法也不一样。公文的保密时限是对涉密公文保密时间的规定。按照《中华人民共和国保守国家秘密法》的规定，国家秘密的密级等级分为绝密、机密、秘密三级。如果公文的内容涉及国家秘密，应根据本部门的保密管理制度规定确定秘密等级和保密期限，并将秘密等级和保密期限标识置于文件的右上角。以中国人民银行的公文为例，如涉及保密事项，应按照《中国人民银行国家秘密范围和管理规定》及《中国人民银行国家秘密保密期限一览表》确定秘密等级和保密期限，并将相应的秘密等级、保密期限标注在文件的规定位置。秘密等级与保密期限之间用"★"隔开。例如：机密★2 年，表示此件公文的秘密等级为机密，保密时限为两年。同时，对涉密公文，还应按照保密管理规定，在文件的左上角注明该文件的份数序号。标注秘密等级和保密期限应注意的几个问题：

1. 标注密级的依据。金融机构公文标注密级的依据是国家保密法以及发文机关根据国家保密法和本部门的具体情况制定的保密规定。金融机构公文的密级不是随意设定的，有两层含义，一是所定密必须有依据，不能随意定密，不能自己认为公文的内容重要，或者认为应该控制公文的阅知面，就随意标个密级；二是根据公文内容涉及秘密事项的等级定密，不能随意提高或降低秘密等级。同时，设定密级一定要考虑相关的保密管理问题、操作问题、解密问题。密级设置不合理，将会给公文的管理和相关的工作带来麻烦。

2. 密级设定针对的对象。给金融机构公文标注密级，针对的是成文以后的管理和操作是否需要保密以及怎样保密的问题，即依据的情况不仅是成文前而是成文后，不是发文方而是收文方。成文后的密件，办理过程需要按照保密规定进行管理，有些涉密事项，办理过程和成文以后的执行过程，都应按照保密制度的规定操作。但多数情况是，事情的酝酿过程以及办理过程是保密的，但是，事情一旦定下来，就是需要社会周知的，或者公开操作的，当然就无须保密了。如利率调整的事情。因此，金融机构公文承办的经办人必须清楚，办理过程中保密，是公文制发过程中涉密事件保密操作的问题；公文成文以后的保密，是该件公文管理及执行过程的保密问题。金融机构公文的定密必须准确、恰当，定密不当，会对收文方造成不必要的麻烦。

3. 保密时限问题。一是标注密级时应注意同时标注保密时限，否则将给解密和相应的管理带来麻烦；二是保密时限应为具体的年或月（最低时限为月），尽量避免用"执行前"、"实施前"作为保密时限，如此，一旦发生失密、泄密案件，保密时限上的模糊概念在司法裁定时将难以界定。

（三）缓急程度标识

缓急程度标识显示的是公文的紧急程度，而公文的紧急程度是对公文送达和办理时限的要求。公文内容如需紧急办理的事项，应将缓急程度标识置于文件的右上角。如公文同时标注了涉密等级标识，紧急程度标识排列在涉密等级标识的下面。按办理的缓急程度，公文有特急件、急件、平件之分。特急件是指内容特别紧急，必须随到随时优先迅速传递处理的文件。急件是指内容紧急，必须打破工作常规优先迅速传递处理的文件。平件是指无特殊的时间要求，可按工作常规传递处理的文件。由此可见，缓急程度针对的对象是收文方，目的是要求收文方在规定的时限处理公文。对要求收文方从速办理的公文，理应标注缓急程度，同时，还应在公文中说明紧急办理的理由，文中不便说明的，应通过电话等方式告知收文方。而有一些公文，是发文方自己需要紧急发出的，如紧急出台政策、限时宣布事项等；或者是应对方要求时限送出的，如报告情况、回复意见、提供数据等，不要求收文方在规定时限做的，均无须标注缓急程度，而是发文方自身应按照紧急事项的内部处理程序办理。

（四）签发人署名

所谓签发人署名，是在公文成品上印上该公文签发人的姓名。国务院《国家行政机关公文处理办法》规定，上行文即报送上级机关的公文要注明签发人姓名，以示对上报公文的内容负责。有的单位为了强化领导责任，对下发的公文也注明签发人姓名。金融机构的公文标注签发人应注意只标姓名，不标职务。当金融机构的公文需要标注签发人时，签发人姓名应平行排列于发文字号右侧。如金融机构公文属于几家机构联合发文，应注意主办机关领导人姓名排列在前面，并依次注明所有参与联合发文单位签署文件领导人的姓名；如金融机构公文经过会签，应在主办机关领导人姓名后面依次注明会签单位签署文件领导人姓名。

二、金融机构公文的标题

金融机构的公文标题是公文的重要组成部分。金融机构的公文具有高度的严肃性和实用性，对标题的质量要求较高。好的公文标题，一是要清楚，二是要准确，三是要简洁，四是要规范，好的标题能尽快把握文件的性质和特点。标题是反映金融机构公文主旨以及行文目的的"窗口"，其作用：一是揭示公文的中心内容或主题；二是表明公文的性质、特点以及行文关系；三是便于登记、查询；四是方便引用。公文标题位于公文正文内容之上。

（一）公文标题的几种形式

1. 标准式公文标题。标准式公文标题一般由发文机关、相关介词、事由、文种四部分组成。

2. "三项式"公文标题。"三项式"公文标题有两种情况，一种是公文标题由相关介词、事由、文种词（省发文机关）组成，比如，关于调整存贷款利率的通知。有些机关的公文，由于版头中已经标明了机关名称，公文标题一般又与版头置于同一版面，标题中的发文机关就省略了。另一种是公文标题由发文机关、事由、文种词（省相关介词）组成，比如，某银行2000年金融创新业务考核评比情况通报；某银行办公厅转发财政部关于……文件的通知。以上两例标题显得文字简洁、精练，尤其是转发文件的公文标题这样写，可以避免介词和文种词的重复。

3. "双项式"公文标题。"双项式"公文标题即公文标题由发文机关和文种（省事由和相关介词）组成，如有些公文文种如公告、通告、通知、通报，标题中的相关介词、事由可以省略，如银行的公告、证券公司的通告。

4. "单项式"公文标题。"单项式"公文标题即公文标题中的发文机关、事由、相关介词都省略了，仅有文种词，如公告、通告、通知、会议纪要等。这类公文，发文机关必须标注在落款的位置。

由上可见，公文标题中，文种词是必不可少的要素。

（二）拟写公文标题应该注意以下几个问题

1. 公文标题应反映正文的主旨，使人看后对全文的主要意思或发文目的一目了然。类似的标题就不能反映正文的主旨，例如：关于转发国务院国发〔19××〕××号文件的通知，关于贯彻执行中共中央中发〔19××〕×号文件有关问题的通知。从这两个公文的标题看，既看不出公文正文的内容主旨，也看不出所转发或贯彻执行的上级机关公文的内容主旨，同时也给公文的分类归档、查阅带来了麻烦，正确写法：应该把被转发或者贯彻执行的上级或其他机关公文的标题写上。

2. 金融机构的公文标题应简练，对正文主旨应予以提炼。有一些公文标题，长达几十个字，几乎变成了正文内容的缩写，主旨反而未得到突出。

3. 公文标题应准确概括正文的内容。标题应准确地概括正文的意思。

4. 公文标题中文种词的使用应该正确规范。有两层含义，一是要正确选择文种词，比如，向上级机关行文，根据文稿内容，该用"请示"的用了"报告"，该用"报告"的用了"请示"；法规性文件，根据内容，该用"实施细则"的用了"补充规定"，该用"规定"的用了"通知"等；平级机关之间行文，该用"函"的用了"请示"或者"批复"；以及"通知"、"通告"和"通报"不分等，都属于公文标题在文种使用上的不准确。二是要规范使用文种词。文种使用不规范常见的是请示、报告连用，批复、意见连用；请示和函、意见和函在一个标题中同时出现。不同的文种词，体现了不同的内容和行文关系，因此，一个公文标题中不能同时使用两个文种词。另一种情况是文种词使用不正确。例如"关于对××问题的答复"、"关于××事宜的复文"等，"答复"、"复文"都是处理问题的方式，不能作为文种词来使用；还有"核查报告"、

"紧急通知"、"情况通报"等，对文种词作了不必要的修饰，也是不正确的。

5. 公文标题的拟写形式应该规范。公文标题拟写形式的规范化，主要是指其构成的诸要素要齐全。公文标题拟写形式不规范主要表现是要素构成残缺不全，特别是有些标题的相关介词不能省略。

6. 公文标题中除转发（批转）文件或引用文件名称可以加书名号外，一般不用标点符号。

7. 公文标题中的发文机关一般使用全称或规范化简称，如几个机关联合行文，公文标题中牵头发文机关应排在前面。拟写公文标题应注意推敲，防止出现语法、修辞方面的各种毛病。

（三）关于金融机构公文的主送机关

主送机关，俗称公文的抬头。主送机关是金融机构公文的受理机关，应使用全称、规范化简称或同类机关的统称。准确地写明主送机关名称是公文发出后能否得到及时处理的关键。上行文，应只送一个上级主管机关；受双重领导的机关，根据公文的内容，确定一个主送上级机关，同时抄送另一个上级机关。下行文、平行文分为专送件和普发件，专送件是专门向一个机关发送的公文，只有一个主送机关；普发件是向多个机关发送的公文，有多个主送机关，在排列主送机关时，应确定合理的顺序，一般按照系统、级别或公文内容的关联程度排列。一般周知性的公文如布告、公告、通告、通知等，可以不标注主送机关名称。

（四）金融机构公文的正文

公文的正文是金融机构公文的核心。正文在标题或主送机关之下，附件及生效标识之上，是公文的主体和中心，发文的目的、文件的具体内容要由正文表达出来。

（五）附件

通常在办理公文过程中把随正文下发的文字材料、表格和办理公文所需要的支持性材料，包括对方来文、领导批示、办文依据等相关材料都称为附件。为了叙述方便，这里把前者称为附件，把后者称为支持性材料。附件是附属于公文正文的材料，对正文起补充和说明作用。主要包括随文转发、报送的文件，随文下发的制度、规定以及报表、名单等。附件是公文的组成部分，有些附件甚至是反映公文主要内容的部分，而主件只起发布或转发的作用。有附件时，应在正文结束后注明，有多个附件时，应写明附件的序号和标题，并按顺序依次附在公文主件后面。金融机构公文附件需要说明几个问题：

1. 随正文发出的附件材料。随正文发出的附件是正文的组成部分或重要补充，从所起作用的角度看，有以下几种情况：一是应视同为正文的，如被三件转发或印发的材料，比如转发上级机关或不相隶属机关的文件，印发本单位的一些不便以公文形式发出的材料等，这种情况下，被转发或印发的材料应视同正文，操作上，一般不应在被转发或印发的材料上标注"附件"字样。二是与主件同等重要的，是主件不可缺少的组成部分，如随文发出的材料，例1：关于对台工作指导原则的请示中，对台工作指导原则又是一个独立的文件，请示的内容是对制定对台工作指导原则必要性等相关情况的说明，对台工作指导原则就是这份请示公文的一部分；例2：关于中间业务管理问题的通知，随文下发的中间业务参考定义直接关系正文规范的范围，是正文的重要组成部分；例3：关于填报××报表的通知，附件是部署工作的内容。三是收文单位处理主件的相关参考材料，如一些凭证式材料，有关领导的批示、相关单位的意见、参考性材料、注释性材料等。办理公文时如有附件，一是应注意附件的观点、口径、相关数字要与正文保持一致；二是正文中需明确标注附件的标题、序号；三是附件的排列应以正文中出现的顺序为依据，或以操作顺序的先后为依据。

2. 关于文稿的支持性材料。公文文稿的支持性材料是不随文发出，体现公文办理依据、程序的材料，如领导的有关批示，对方来文，办公组织部门的批办单、催办单，历史性资料，有关单位的意见等。支持性材料用以说明公文承载事件来龙去脉的情况，是公文办理的现实凭据，是领导签批的重要参考，也是公文存档的重要资料，必须完整、全面、真实。

（六）落款

金融机构公文的落款是公文的生效标识。主要包括发文机关、成文日期和印章。生效标识位于正文以下偏右位置。一般的公文，无须在成文日期前签署发文机关名称。几个机关联合下发的公文，要在成文日期前签署发文机关的全称或规范化简称，排列时，主办机关在前。如签署的是机关负责人姓名，应标识其身份。印章是公文制发机关对公文生效负责的凭证，公文应加盖印章，没有印章的公文是没有效力的。印章应端正盖在成文日期上，做到上不压正文，正压成文日期。几个机关联合上报的公文，只盖主办机关印章；联合下发的公文，应加盖所有联合发文机关的印章，各单位印章压在本单位机关名称上；张贴性公文，可以只落款，不盖章。成文日期位于发文机关名称以下的位置，是公文生效的法定时间。成文日期一般以领导人签发日期为准；须经会议讨论通过的重要公文，以会议通过的日期为准；法规性公文的生效日期或在文中规定，或以成文日期为准，或以批准日期为准；联合发文的成文日期以最后一个签发机关领导人的签字日期为准；电报的成文时间以发出时间为准；公文的成文日期要用汉字标注，要写出具体的年、月、日。

三、金融机构公文的文尾格式

（一）注释

注释是对正文中的相关内容等予以必要的额外说明的文字。注释位于公文生效标识以下，主题词之上，用于说明公文正文部分不便说明的事项，如对有关名词、术语、公式、事件、人物等的解释；注明公文中有关引文的出处；说明公文的传达范围、使用时需要注意的事项等，如"此件发至县、团级"，"此文可以张贴公布"。

（二）主题词

主题词是显示文献内容特征和归属类别的关键性词语。主题词作为一种标识符号，是进行文献标引、存储、检索等工作共同使用的工具。国家行政机关公文是文献的重要组成部分，应该标引公文主题词。金融机构公文标注主题词是随着电子计算机等现代化办公用具的应用而产生的，其作用简而言之，就是用一组经规范化和优选处理的词或词组，将公文的内容高度概括出来，作为计算机存储、检索、查询公文的信息标识，为档案的管理和利用提供方便。在公文中，公文主题词位于注释之下，抄报抄送机关之上。公文主题词标引的方式，通常分为受控标引和自由标引。所谓受控标引，是指用于公文主题词标引的词目，全部从固定公文主题词表中经过规范的主题词词目中选用，即用于标引的主题词词目范围，是经过提炼、筛选、规范的词汇。所谓自由标引，是指公文主题词标识中的词目，按照一定的规则，从自然语言的词汇中选择，即在符合用词规则的前提下，用于标引的主题词词目范围不受限制。

"一行三会"的公文标引主题词采取受控标引的方式。之所以采取受控标引的方式，是因为：一是"一行三会"具有较为突出的专业特点的部门，"一行三会"公文的主题内容，业务类别归属相对集中，且比较明确；二是"一行三会"由于业务操作的相对独立性，因此，具有自上而下的系统管理体系，各项工作的领导关系明确，在文书工作方面也已经形成了系统化管理的模式，建立了文书处理方面的一系列制度和操作规程，公文传输、档案管理和服务以及相应的保密安排和科技支持等方面也都有比较健全的运作程序和制度规定；"一行三会"建立了功能完善的办公自动化处理系统，基本实现了文书处理的计算机化，比如建立了电子邮件系统平台，并在此平台上成功建立了公文传输系统；建立了统一的电子档案数据库，并能够提供电子档案查询服务；建立了综合信息服务系统，受控标引主题词便于文书数据的集中控制和管理。

1. 公文主题词标引的基本规则。进行公文主题词标引，应遵循以下基本规则：第一，标引的公文主题词词目必须能够直观明了地概括公文的主题内容，体现公文主题内容的归属。第二，公文的主题词标识，必须包括两部分词目，揭示公文内容归属的词目——内容词和揭示其形式特征的词目——形式词。第三，标引主题词时，应该首选能够恰如其分地概括公文主题内容的词目，所选词目的含义与需要体现的主题概念相比不应过于宽泛，也不应与需要体现的主题概念错位。选择词目时，当单个词目能够体现主题概念时，应该首选单个词目；当没有专指的单个词目时，可以将两个或两个以上的直接相关的单个词目组配使用；当没有合适的词目可以组配成能够体现主题概念的主题词时，则可以使用含义相对宽泛的词目表现主题概念。第四，公文的主题词标识，主题词词目应按照先内容词后形式词的顺序排列，即内容词排列在前，形式词排列在后。第五，除形式词外，如果需要两个以上的内容词揭示公文的主题内容，标引时，应首先标引表明公文内容归属的词目，再依次标引表明该文主题内容的词目。即先明确公文的类别归属，再逐一明确该文的主题内容。当一份公文包含两个以上的主题内容时，应首先标引能够概括该文总的内容归属的词目，再分别标引揭示该文不同主题内容的词目。第六，公文的主题词标识，主题词词目的数量一定不能少于2个，一般不超过5个，其中必须有一个反映该文形式特征的词目。如果是公文，体现形式特征的词目应是文种词；如果是简报等其他公务文书，体现形式特征的词目可以是体现文字载体形式的词。第七，采取受控标引方式标引公文主题词时，所选词目应是本部门编制或确定的公文主题词表中的词目。人民银行及"三会"的机关公文，在标引主题词时，应该使用人民银行及"三会"公文主题词表中的词目，不能擅自造词。第八，报送上级机关的公文，在标引公文主题词时，首先应使用上级机关公文主题词表中的词目，上级机关公文主题词表中的词目不能概括所报送公文的主题内容时，再使用本机关公文主题词表中的词目，并加标＊号以注明。

2. 公文主题词标引的方法。为公文标引主题词，首先应将公文的内容归属用主题词词目提炼和概括出来，即标明该公文的内容归属范畴，这样，计算机才能根据系统指令进行自动检索分类。标引公文主题词的基本方法如下：第一，准确地提炼和概括公文的主题内容并确定主题内容的归属，是进行公文主题词标引的基础。一般情况下，公文的主题内容及其归属可以通过标题体现出来，因为标题是从公文的内容中提炼出来的。我们把从公文的标题中提炼主题词的方法叫做标题摘录法，这是最简单的提炼主题词的方法。但有时，公文的标题并不完全体现其主题内容或正文的全部内容，尤其是难以体现主题内容的归属，此种情况下，就要通过对公文全文的分析，从公文的内容中概括出它的主题内容并确定它的归属。我们把从公文的正文内容中提炼主题词的方法叫做正文概括法。大多数情形是，将上述两种方法结合起来，既摘取标题中的词汇，又概括正文的内容，两者结合择选、提炼出体现公文内容归属的词汇。第二，将公文的主题内容及其归属转化为主题概念，即转化为相应的公文主题词词目。采取受控标引方式标引主题词的，由主题概念演化的词汇，应与公文主题词表中的相应词目形式相一致。在将公文的主题内容及其归属转化为主题概念后选择主题词词目时，应注意把握词目概念的内涵与外延，力求使用最直接、最贴切的主题词词目揭示公文的主题内容及其归属。第三，按照主题词标引规则，将反映公文主题内容和形式特征的词目标注在公文的规定位置。以上是对一般形式的公文标引主题词的方法。

四、金融机构的几种特色公文主题词标引

1. 转发公文的主题词标引问题。转发上级机关、不相隶属机关的公文是公文办理工作中常见的情况。这类公文的核心内容往往是被转发的文件，即使转发机关进行有关工作部署，也是紧紧围绕被转发文件的内容。因此，这类公文的主题词，应体现被转发文件的主题内容及其归属，然后缀上"转发文件"的词目，以体现转发公文的发文特点。例如，《中国人民银行转发〈国务院关于印

发深化农村信用社改革试点方案的通知〉的通知》一文，主题词应标引为：金融政策—农村信用社改革—转发文件—通知。以上公文主题词中，"金融政策"体现该文的内容归属、"农村信用社改革"体现被转发文件的主题内容，"转发文件"是该文的特点，"通知"是该公文的文种。

2. 对政策、规章等的补充性公文的主题词标引问题。对已经发出的公文，包括政策性公文、部门规章等进行必要的补充，也是公文办理工作中常见的情况。原则上，这类公文的主题词应与原发文件的主题词保持一致。这是因为，这类公文的内容与原发文件的内容紧密相连，标引同样的主题词，便于分类存储，查询时也能一并检索到。如果所补充的内容是原文中丝毫没有涉及的，应在标引原来公文的主题词词目后，（在文种词之前）加上一个体现补充性公文内容的主题词词目。

3. 对政策、规章等的解释性公文的主题词标引问题。这类公文的主题词标引，在处理上，与转发文件主题词标引的方法大同小异，首先应体现被解释文件的主题内容及其归属，这是因为，解释与被解释的公文，在内容上是密不可分的；同时，解释性公文的主题词中，还应有类似"解释"、"适用"等词目，以体现解释性公文的发文特点和与被解释文件的区别。例如，《中国人民银行办公厅关于〈支付结算办法〉有关条款适用问题的批复》一文，主题词应标引为：金融规章解释—支付结算—批复。又如，《中国人民银行办公厅关于农村信用社责任财产范围界定事宜的复函》一文，主题词应标引为：金融规章解释—农村信用社—责任财产—函。

4. 对其他部门的公文提出意见公文的主题词标引问题。在国家行政机关公文往来过程中，国家行政机关之间就有关政策、法规、有关事项的处理相互征求意见的情况也比较常见。不管是否有意见，回复公文的主题词应既能体现来文的主题内容，又能体现回复公文的主题内容，而不能简单地标引："金融—法规—意见"或者"金融—政策—意见"。对此类公文如此标引主题词，容易产生公文所及法规、政策属于金融法规、政策的误解，还不便于检索。例如，《中国人民银行办公厅关于〈全国社会保障基金投资管理暂行办法〉中涉及相关金融监管职能问题的复函》一文，对方征求意见的主体内容，不属于金融法规，我方回复的公文，也不是对金融法规提出意见，而是对其中涉及的有关金融问题提出意见，对相关部门制定的法规提出意见，属于一般的法律工作事务，那么，这个公文的主题词似应标引为：法律事务—金融监管—职能归属—函；又如，《中国人民银行办公厅对〈规划编制条例（征求意见稿）〉的意见》一文，对方征求意见的主体与我方回复公文的内容均与金融规章毫不相干，公文主题词应标引为：法律事务—规划编制—规章草案—意见。如果是对某方面的政策提出回复意见，归属词应相应为"信贷政策"、"金融政策"等。

5. 上报公文的主题词标引问题。作为政府部门之一，中国人民银行经常需要以公文的形式向上级机关国务院请示和报告工作，我们称这种公文为上行文。上行文标引公文主题词，一是应按照上级机关公文主题词表中的词目和组词形式标引主题词；二是第一个词目必须按照国务院的要求标引为"金融"；三是文种词的标引必须准确。

五、有关抄送机关、内部发送单位印发说明

（一）抄送机关

抄送机关是公文受理机关之外需要执行或阅知公文内容的机关。公文的抄送机关可以是上级机关、下级机关或不相隶属的机关。公文的抄送机关置于主题词之下。抄送机关的称谓方式和排列方法与主送机关相同。此外还应注意：给上级机关的请示件，不应同时抄送下级机关和平级机关。与制发机关不相隶属的会签机关是抄送机关。参与联合行文的机关，是公文的主办机关之一，理应拥有规定数量的文件，参与联合行文机关不应算作抄送机关。

（二）内部发送单位

内部发送单位为公文制发机关中需要执行或了解公文内容的内设机构。内部发送单位置于抄送机关之下。内部发送单位名称的称谓方式与主、抄送机关称谓方式相同。总行机关行发文内部发送单位的排列顺序为：办公厅、主办单位、内部会签单位、需要阅知公文内容的单位；办公厅发文内部发送单位的排列顺序为：主办单位、内部会签单位、需要阅知公文内容的单位；司局发文的内部发送单位为：办公厅、会签司局、需要阅知公文内容的司局，司局发文的内部发送单位不应列到处室。联合发文的内部发送单位，除主办机关的内部相关司局外，还应包括联合行文的其他机关的内部相关司局。

（三）印发说明

印发说明，包括公文印发部门名称、印发日期、公文印刷份数、联系人、

联系方式等内容。这里所指的印发部门不是指发文机关，发文机关在版头即"红头"和公文标题中已予明确标示。这里的印发部门是指公文的印制主管部门，一般应是各机关的办公厅（室）或文秘部门。印发时间是公文实际制发的时间。标识印发时间是为了准确反映公文的生成时效。通过了解印发时间与成文时间的时间差，可以使发文机关掌握制发公文的时间，使收文机关掌握公文的传递时间，有利于公文的办理。印刷份数是该份公文所印的数量。公文的制发机关必须掌握印发数量，特别是涉密公文的印制更要严格控制，以保证公文的权威性、严肃性。一般情况下，版记部分还应标明联系人和联系电话，以便于收文单位就公文中有关内容进行联系。上行文必须标明联系人和联系电话，以保证上级机关查询渠道的通畅。需要单独说明的是，不同序列的机关联合行文，版头中的机关名称、标题中的机构名称、主送机关名称、抄报抄送机关（包括内部发送单位）名称，按照党、政、工、群的顺序排列。

六、金融机构公文的几种特殊格式

（一）行政格式文书的格式

"一行三会"作为国家行政机关依法履行行政许可、行政处罚、行政复议职能时，使用规定格式的行政格式文书。所谓规定格式，即行政格式文书的格式是固定的，且内容的表述形式是制式的，不能更改。行政格式文书的版头由行政机关名称、程序规定的行政行为、行政行为的形式组成，如中国人民银行受理行政许可申请通知书。行政格式文书不是行政公文，版头部分不套红，不标注签发人；行政格式文书是面向行政对象的，无须加密；因行政行为的时效是行政法规规定的，行政格式文书必须在规定的时间制发，形式上无须标示缓急程度。行政格式文书的编号方法是，按照年度编制顺序号。行政格式文书无须标题；主送单位是行政行为的对象，一般是单一的；各种行政格式文书的内容基本是固定的，并使用规定的语式。行政格式文书的生效标识中的时间为印发的时间，以准确地计算行政行为的时限，否则，将影响行政时效。"一行三会"每一类行政行为使用的行政格式文书是成系列的，如行政许可类行政格式文书有受理行政许可申请通知书、不受理行政许可申请通知书、不予受理行政许可申请通知书、行政许可申请材料补正通知书、不予行政许可决定书、准予行政许可决定书、行政许可听证告知书、行政许可听证通知书及送达回证，完整地体现了行政行为的标准程序。

（二）命令（令）、公告的格式

命令（令）、公告格式的公文是国家行政机关公文的一种形式。命令（令）、公告属于公示性公文，版头部分没有涉密等级、紧急程度标识。"一行三会"令、"一行三会"公告格式的版头部分一般由发文机关加文种词组成，发文字号中没有机关代字和公文分类代字，而是标注发文年度，并按照年度编顺序号。正文部分一般情况下无须标题。由于是公示性公文，也没有主送机关。"一行三会"令的生效标识部分，要有发文机关领导人签名和日期，不加盖印章；"一行三会"公告的生效标识部分，只依据领导人签发的日期标注日期，印章同一般公文格式。

（三）会议纪要格式

会议纪要的公文格式类似于简报的格式。版头部分可以只标注"会议纪要"字样，也可以由会议名称加会议纪要字样组成；一般没有发文字号，只标注会议纪要的期号，为便于档案管理和查询，期号的编排可以从大排序，也可以按年排序，也可以既编大排序期号，也编按年排序期号；版头部分中，还应在期号的下方，左边注明编发会议纪要的机关名称，右边注明会议纪要的编发时间。如为几个机关联合召开的会议，会议纪要的编发机关一般为牵头召开会议的机关，也可以是会议上议定的编写纪要机关；会议纪要的编发时间以领导签发的时间为准。会议纪要的正文部分一般无须标题。由于会议纪要的作用主要是记载会议情况和议定事项，因此一般没有"抬头"。值得注意的是会议纪要的文尾部分。会议纪要正文之后，应列明出席单位名称；出席人员职务、姓名，可以只列出席会议单位领导人或代表的职务、姓名，也可以列明全部出席、列席人员的职务、姓名。出席单位排序，一般召集会议单位在前，后面的单位一般按行政级别排列。人员姓名排序按出席单位和职务高低排列。特殊的排序方式应作出说明，如按姓氏笔画为序。会议纪要的版头部分已经标注编发日期，一般无须再标注落款日期。版记部分格式同一般公文格式。发送单位一栏为出席会议的单位和需要阅知会议纪要的单位。

（四）信函式公文格式

信函式公文格式是国家行政机关公文的非正规形式。信函式公文格式的版头部分只标示发文机关名称而不标示"文件"二字，有的是发文机关名称后加

"便函"或"便笺"字样。这种格式的公文一般没有公文字号，版头部分也不必标识签发人姓名。版头可以套红，也可以不套红。版头部分的其他要素均与普通格式的公文相同，比如，有的信函式公文承载涉密事项，应按照规定标注相应的密级；涉及紧急事项的信函式公文，也应注明相应的缓急程度。信函式公文的正文部分可以有标题，也可以没有标题。信函式公文的生效标识部分一般与普通公文无异。信函式公文的版记部分可以视情况省略。

信函式公文适用于以下情况：一是对方来文是没有编号的便函式文件，一般情况可以用信函式公文回复；二是答复公民个人的来信，可以用信函式公文的形式；三是紧急情况下来不及履行正常的办文程序，经商得对方同意可以使用信函式公文回复的；四是无须办理正式公文的一般事项，或就有关工作事项在基础层面的协商与交流；五是以领导者个人名义发出的公文，多使用信函式公文格式。这种公文的生效标识部分不标注发文机关名称，不盖发文机关公章，而是由领导人签名。

第二节 金融机构公文的行文制度与原则

为了保证公文严肃性和实用性，国家规定了严格的行文制度，用于保证公文发文和行文的秩序。由于公文的法定效率，它有严格行文原则。本节重点研究我国金融机构常用法定金融公文行文制度和原则。

一、公文的行文制度

1. 公文行文制度的概念。公文行文制度是指在不同单位或者不同部门之间相互传递处理公文时必须遵守的制度。一般包括行文关系、行文方向和行文格式。行文单位一般应当根据各自的隶属关系和职权范围确定行文方向，并根据行文关系、行文目的和工作需要，选择合适正确的行文方式。

2. 上行文。凡金融机构的下级机关向上级机关呈送的公文为上行文。如请示、报告等文种。根据实际工作需要，上行文可以采取逐级上行文、多级上行文、越级上行文三种方式。逐级上行文是下级向直接上级行文，这是上行文最基本的行文方式；多级行文，即下级同时向自己的直接上级和更高的上级机关单位行文，这种行文方式只有在少数特殊情况下才可以使用；越级上行文，即下级越过自己的直接上级给更高的上级机关单位行文，这种行文方式不可随意采用，只有在极其特殊且十分必要的情况下才可以采用。如因情况紧急、战争和自然灾害等、或对直接上级检举、控告等问题，逐级传递将贻误时机。

3. 下行文。凡金融机构的上级机关单位向下级机关单位发送的公文为下行文。如命令、批复、决定、公告、通知、通告、通报、意见等。根据实际工作需要，下行文也可以分为逐级行文、多级行文和直达基层组织或群众的三种行文方式。使用方法同上行文。

4. 平行文。平行机关或者不相隶属的机关之间，由于工作需要相互往来的公文叫平行文。具体地讲，平行文可以在不分系统、级别、地区的党政机关、团体、企事业单位、金融机构之间因工作需要而直接行文，以提高行文办事效率。平行文大多使用"函"、"议案"，有时也使用"通知"的形式。

二、公文的行文原则

行文原则是为了执行行文制度，规范各单位的行文秩序而制定的规则或准则，一般包括下列几点：

一是必要性和实效性原则。根据《国家行政机关公文管理办法》第十三条规定："行文应当确有必要，注重效用。"也就是说，必要性和实效性是国家行政机关行文的总原则，这也是金融机构行文的总原则。所谓必要性和实效性，具体含义有：首先，公文既然是依法行政以及因行政关系而产生工作联系的工具，发文的目的就是解决实际问题，必须言之有物，内容实际，不说套话空话，必须能够解决实际问题，产生有实际效用；其次，公文虽属有实际内容，但由于涉及的内容未经有关部门协商一致或未经上级机关同意，其产生的实际效用大打折扣；再次，相关法规、制度中已有明确而详尽的规定，发不发公文不会对工作产生实际效用，行文失去必要性；最后，公文虽属必要，但相关操作步骤、操作方法存在缺漏，行文的实际效用也就打了折扣。所以，是否有必要，是否具备实际效用是金融机构行文的总原则之一。

二是时效性原则。金融机构的公文一般是针对已经发生的情况、正在处理的情况或将要面对的情况起草的，也就是说，公文是用于处理和解决问题的，既然是这样，公文的办理就必须讲究时效。有的公文在办理阶段有明确的时限要求，有的公文在执行效用上有明确的时间要求，有的兼而有之。不管是哪种情况，公文的处理均应该体现时效性。从处理工作的角度讲，公文是公务的载体，处理公文即是处理公务的一种方式，因此，不管是否属于紧急事项，处理公文的工作，都应在规定的时间完成。金融机构公文处理过程中的各个环节应有序衔接，协调配合，在规定的时限内做好本环节的公文处理工作，并正确地将公文运转到下一个环节，做到不积压、不拖延、不误时、不误事。及时、高效地处理公文是金融机构员工工作作风、工作效率以及工作能力、敬业精神和职业操守的综合体现。

三是党政分开的原则。按照国务院《国家行政机关公文处理办法》第二条的明确规定："行政机关的公文（包括电报，下同），是行政机关在行政管理过程中形成的具有法定效力和规范体式的文书，是依法行政和进行公务活动的重要工具。"这段话表明，行政公文是国家行政机关管理国家事务、进行公务活动的具有法定行政效力的工具。《中国共产党机关公文处理条例》对党的机关公文作了这样的定义：党的机关公文是党的机关实施领导、处理公务具有特定效力和规范格式的文书，是传达贯彻党的路线、方针、政策，指导、布置和商洽工作、请示和答复问题、报告和交流情况的工具。即党的机关公文是党组织管理党的事务、进行党务活动的具有特定效力的工具。以上《国家行政机关公文处理办法》和《中国共产党机关公文处理条例》分别明确行政公文和党务公文的性质和作用，前者具有法定效力，是处理国家行政事务的工具，是实施行政行为和行政管理的措施和手段，是国家意志和权力的体现；后者具有特定效力，用于处理党务工作，是党的意志和权力的体现。前者的制发主体是国家行政机关；后者的制发主体是党的组织。同时，政务和党务公文的行文形式、对象也是不尽相同的；另外，从行文关系上看，由于不存在直接的行政隶属关系，金融机构的各级党委不能直接对行政机关发文，必须通过对设在有关行政机关的党委（党组）行文来实施对行政机关的领导；同样，金融机构的领导机关也不能直接向党的组织行文请示、报告工作，而应以本机关党委（党组）的名义向上级党组织行文。因此，在金融机构公文处理工作中，应避免党政不分。除党政机关联合行文外，金融机构的公文中，不能夹杂党务工作，不能夹杂应由党的组织处理的事项，如有的行政公文中，涉及新设立的行政机构需要明确党组织隶属关系、业务工作需要党组织的支持与协助等事项，这些事项应由党的组织系统发文；同时，不能利用行政公文向党的基层组织发布指令，也不能利用行政公文报告党组织的工作或向党组织请求指示。一般情况下，党的组织机关和行政机关之间就一些行政事务方面的工作事项是可以相互行文的，比如，党费存款的计息问题，就需要党的机关和行政机关相互行文。

四是除确有必要一般不越级行文。如遇到特殊情况必须越级行文时，除对直接上级保密的问题外，应同时抄报直接上级。同样，如是下行文时，也同时抄送直属下级。

五是精简行文，严格控制发文的数量和范围。即可发可不发的，一律不发文；能用其他方式传达信息的就不用文件的形式。

六是注意行文常规。行文时要分清党与政，领导与指导的关系，党委系统与行政系统之间不上下行文；无隶属关系的高层组织和低层组织间不互相发送上行文和下行文。

七是正确确定主送单位和抄送单位。请示或要求答复问题的请示件应主送一个单位，忌多头主送；向上级的请示，不要同时抄送下级单位；受双重领导的单位在下行文时，应根据内容明确主送单位和抄送单位；接受抄送公文的单位，不应再向其他单位抄送。

八是同级单位如确有必要可以联合行文，但联合部门不宜多。

第六章 金融机构几种常用公文的写作

金融机构特别是管理类金融机构最常用的公文主要有命令、决定、通知与通报、批复与函报告和请示、意见与会议纪要等，本章重点研究金融机构常用公文的用途、分类及写法。

第一节 金融机构常用公文的用途、分类及写法

金融机构的公文文种是多种多样的，每种公文都有不同的用途和不同的结构，按照分类也有不同的写法。本节重点介绍不同文种公文的结构和写法以及它们的具体用途。

一、金融机构的命令

（一）命令的用途

按照国务院颁布的《国家行政机关公文处理办法》的规定：命令适用于依照有关法律发布行政法规和规章；宣布施行重大强制性行政措施；嘉奖有关单位及人员。根据我国法律，全国人大常务委员会及其委员长，国务院及其总理，各地方人民政府及其首长，可以发布命令；国务院各部部长也可以发布命令。命令和令曾被作为两种文体来看待，从性质、功能和写作方法上看，并没有什么差别。命令属于最为典型的下行文，是上级领导机关向下级机关发布的一种带有强制执行性质的指挥性公文。命令的最大特点是具有强制性，在所有的公文文种中，命令的权威性和约束力最强。

（二）命令的分类

命令主要包括发布令、行政令和嘉奖令等几种。一是发布令，它是发布各种法规或规章的命令。根据《中华人民共和国立法法》第二十三条、第六十一

条的规定，发布令一般在国家最高权力机关、国家行政领导机关发布法律或规章时使用。二是宣布事项性命令：行政令、任免令、嘉奖令等。行政令是国务院及其部门、县以上人民政府宣布施行重大强制性行政措施时使用的文种，如戒严令。任免令用于宣布重大人事任免事项，如国家最高行政机关等的人事任免。嘉奖令是指宣布奖励事宜时使用的公文，用于嘉奖作出重要贡献或取得重大成就的有关人员。命令有的公开刊登于平面媒体上，不以文件的形式发布，标题由发令单位或发令领导人加文种名称组成，标题下正中位置为顺序编号；有的命令以文件形式发布，标题为完整的公文标题。

（三）命令的一般写法

命令一般由标题、发文字号、正文、行政机关领导人的签名及签名日期组成。主要构成：一是标题。标题有两种形式：首先，制发机关加文种。这种标题多用于发布性命令，例如：《中国人民银行令》。中国人民银行发布的命令标题一般采用这种形式。其次，制发机关、相关介词、事由、文种要素齐全。这种标题多用于采取重大事项的命令。二是标题下方的正中位置为字号，一般为两种形式：首先，年度加顺序号，其次，只标顺序号。三是正文。发布令的正文主要由制定法律、行政法规或规章的缘由或根据，名称，通过程序，实施日期，签署人及生效日期等组成。发布性命令所发布的法律、法规或规章是命令的重要组成部分。宣布任免事项的命令，其内容包括宣布什么人任什么职务。当宣布其他重大事项时，内容一般为做出重大决策的缘由、决策的具体事项和执行要求等。四是落款部分为发布规章的行政机关领导人的签名及签名日期。这份发布令的标题由发文机关和文种名称两个要素构成，发文字号由年份和序号构成。需要注意的是，序号是从发令机关的领导人任职开始编流水号至任期满为止，下任另行编号；落款部分是发布办法的行政机关领导人的签名及签名日期。正文开门见山地写明发布办法的法律依据，然后写发布办法的名称，再写发布办法通过的程序，最后交代该办法施行的时间。发布令带有附件，附件为公布的法规或规章。所发布的办法与发布令同时发出。

（四）写作命令的注意事项

一是内容要符合有关法律和政策；二是态度要鲜明；三是文字要简练，结构要严谨，中心要突出，语气要肯定；四是发文机关要合乎要求。

二、金融机构的决定

(一) 决定的用途

按照国务院《国家行政机关公文处理办法》的规定：决定适用于对重要事项或重大行动做出安排，奖惩有关单位及人员，变更或者撤销下级机关不适当的决定事项。决定是一种重要的指挥性和约束性公文，党政机关、社会团体和企事业单位对某些重要事项或重大行动做出安排，都可以用决定。

(二) 决定的分类

按其具体用途和内容的不同，可将决定大致划分为五类：一是指挥性决定。对重要事项或重大行动做出指示和安排的决定。二是政令性决定。对重大行政问题做出决断的决定。三是表彰性决定。对作出突出贡献的单位和个人进行表彰、奖励、授予称号等的决定。四是惩处性决定。对有严重问题、犯有严重错误、严重违反规定的单位、个人做出各种处分，以及解除处分事项的决定。五是仲裁性决定。变更、撤销下级机关不适当的行政措施，变更、撤销以前做出的不适当的决定，上级机关或有权机关提出仲裁性意见的决定。

(三) 决定的一般写法

决定一般由标题、正文、发文机关、发文日期等部分组成。主要构成与写法：一是标题。决定的标题一般由做出决定的机关或通过决定的会议名称、决定的事由和文种名称组成，这三部分一般不能随意省略。如果是由会议通过的决定，要在标题之下加题注，说明这个决定是什么时间、在什么会议上通过的。二是正文。决定的正文通常由两部分组成：决定的缘由、事项。由于决定的类型不同，其正文内容的侧重点就不同，写法也就不同。对某项工作或重大行动做出安排决定的正文的写法：这种决定具有很强的规定性和指挥效能，既要提出工作任务或重大行动，又要阐述完成工作任务或重大行动的政策规定、方法措施等，内容丰富，行文较复杂。正文通常由决定缘由和决定事项两部分构成。决定缘由是指对某项工作或重大行动做出安排的依据。行文要求简明扼要，依据要恰当充分，令人信服。决定事项是全文的主体内容，主要包括开展工作的有关政策原则、执行的事项及有关规定要求等。涉及材料较多的，一般采用分条式或分题式表述，行文要眉目清楚，用语要确切明了。

(四) 决定与命令的区别

决定与命令的不同点主要是：在使用权限方面，命令非常严格，只有法律明确规定的机关可以使用，决定则可较普遍地使用；在适用的事务方面，命令涉及的是特定的具体事务，决定则既涉及这类事务，又涉及一部分非特定的具有普遍性的反复发生的事务；在表达方面，命令高度简洁，只表达作者的意志和要求，决定则既表达意志、要求，又阐述一定的道理，交代执行方面的要求，指明界定有关事物的标准等。

（五）撰写决定的注意事项

一是在制发主体方面。党和行政管理机构的最高领导机关可以使用，各级行政机关也可以根据本单位的情况在处理决定事项时使用。二是在内容上。既可以是宏观决策方面的重大事项，也可以是微观管理方面的具体事情。三是在语言表达上。要做到观点鲜明，果断明确。按照《中华人民共和国行政许可法》和行政审批制度改革的有关规定，国务院对所属各部门的行政审批项目进行了全面清理。由法律、行政法规设定的行政许可项目，依法继续实施；对法律、行政法规以外的规范性文件设定，但需保留且符合《中华人民共和国行政许可法》第十二条规定事项的行政审批项目。为保证决定设定的行政许可依法、公开、公平、公正实施，国务院有关部门应当对实施本决定所列各项行政许可的条件等作出具体规定，并予以公布。有关实施行政许可的程序和期限依照《中华人民共和国行政许可法》的有关规定执行。

三、公告

（一）公告的用途

《国家行政机关公文处理办法》规定：公告适用于向国内外宣布重要事项或者法定事项。公告通常在以国家的名义向国内外宣布重大事件、重要事项或法定事项时使用。另外，还有一种同公告有一定的相同之处的文种，即公报。《中国共产党机关文件处理条例》将公报列为党的机关的正式的文件文种，公告和公报都可以用于向国内外公开宣布重要事件或重大事项，两者的主要区别就在于：公告往往带有消息的特点，内容单一，字数不多；公报内容具体，字数较多，如会议公报、统计数字公报、外交会谈公报等。

（二）公告的特点

一是内容重要。公告宣布的内容是重要事项或法定事项。二是对象广泛。一般公文的发送对象都有特定的地区单位或个人，而公告的对象则是国内外，有时甚至通过新华社用登报、广播的形式向全国、全世界发布。三是制发机关的级别高。公告一般是由较高级别的国家领导机关或授权新华社制发的。基层单位不能滥用公告。报纸上常见到××单位迁移地址，××公司聘请×××为法律顾问，也用"公告"，都是滥用"公告"。

（三）公告的分类

公告一般分为告知性公告、规定性公告。中国人民银行常用的公告按内容分为：宣布货币发行、货币管理方面的重大事项的公告，宣布中央银行货币政策方面的重大事项的公告，宣布中央银行金融业务管理方面的重大事项的公告，发布中央银行金融行政管理、业务操作有关规定的公告，宣布重大强制性金融行政措施。

（四）公告的一般写法

公告是一种严肃、庄重的公文，内容单一，篇幅较短；篇段合一或分条列项，表达直截了当，语言简洁明了。主要构成和写法如下：一是标题。公告的标题有三种：第一是完全式标题，包括发文机关、事由和文种；第二是省去事由，只写发文机关和文种；第三是只有文种，如《公告》。标题之下，有时可依公告单独编号。人民银行公告通常采用发文机关加文种的双项式标题，也有一些采用完全式标题。二是正文。公告的正文一般由依据、事项和结语组成。开头要简明扼要地写出公告的依据，有时也可以不写。告知性公告，事项简单，用篇段合一写出。规定性公告，事项较多，可分条列项写出。公告的结尾一般用"现予公告"、"特此公告"作结语，也可以提出要求作结尾。三是落款和日期。公告日期有的注在标题下方，也可注在正文末尾的落款处。重要的公告落款处除注明发文机关和日期外，还标明发布地点。

（五）公告使用的注意事项

公告的使用混乱主要有两种情况：一是把公告当做启事、声明、广告用，认为公告就是公开告知有关事项。二是公告代行通告，凡公布性事项，事无巨细都用公告。使用公告必须以"公告适用于向国内外宣布重要事项或者法定事项"的有关规定来衡量，避免滥用公告。

四、通告

（一）通告的用途

按照国务院《国家行政机关公文处理办法》的规定：通告适用于公布社会

各有关方面应当遵守或者周知的事项。

（二）通告的分类

按其用途和内容的不同，通告通常划分为两类：一是法规性通告，用来宣布有关规定；二是事务性通告，用来公布某些单位或个人需要了解或办理的有关事宜。

（三）通告的一般写法

1. 标题。通告的标题有多种写法，一是完全式标题，包括发文机关、事由和文种。二是省去事由，只写发文机关和文种。三是省略发文机关，由事由和文种构成。四是只有文种，也就是"通告"。

2. 正文。通告的正文一般由开头、主体、结尾三部分构成。开头概述发文的目的，主体写明通告事项，结尾写明执行要求等，惯用的结束语有"特此通告"等，结尾也可省略。

（四）通告与公告、通告与规范性公文的区别

一是公告与通告的区别。通告与公告同属于周知性公文，它们之间的区别主要体现在：首先，从发文机关看，公告通常由管理类金融机构的机关发布，但一般不涉及强制性的执行要求；通告可由金融机构的各级机关及基层单位发布，常涉及有关人员的应遵守事项，有具体细致的行为规范和对公文具体如何遵守的要求。其次，从反映的事项看，公告用于向国内外宣布重大事件、重要事项或法定事项，通告则是一般事务或业务事项的反映，宣告的事项多属于专业性或业务性的，多涉及公安、交通、金融方面。再次，从发布范围看，公告向国内外发布，其告知的对象极为广泛；通告仅对国内公布，其告知和约束的对象是作者统辖范围内的中国公民及有关的外籍人士，它有具体的范围和时限性。最后，从发布形式看，公告可以在报纸上刊载，也可通过广播、电视播出；通告发布的形式较多，可登报，可广播，可张贴。

二是通告与规范性公文的区别。通告的一部分内容也具有一定的规定性，但它与规范性公文有很大的不同：通告所涉及的主要是公民个人的行为规范，规范性公文则不限于此；通告的内容详尽、具体，有一部分用于解释说明、阐发道理、叙述有关事实过程，指明有关事物间的界限，列举有关情况的成分，而这些成分在规范性公文中一般没有；通告效力的存在有赖于机构自身的法定管辖权，对辖区内的有关单位和人员有强制约束力；通告的生效程序比规范性

公文简单，金融机构的法定责任者签发即生效，不必依靠制发命令、通告等完成其公布过程；通告的传递形式也比较简便和多样，张贴、广播、刊载等形式均可保证其有效。

五、金融机构常用的通知

（一）通知的用途

根据《国家行政机关公文处理办法》的规定，它适用于批转下级机关的公文，转发上级机关和不相隶属机关的公文，传达要求下级机关办理和需要有关单位周知或执行的事项，任免人员。通知是使用最多的公文文种。

（二）金融机构通知的特点

金融机构的通知是上级机关向下级机关传达指示、批转下级机关的公文，转发上级机关和不相隶属机关的公文，布置工作与周知事项时所用的一种下行公文，有时也是告知有关单位需要周知或共同执行的事项的平行文种。通知用得最为广泛，因而使用频率很高。通知具有使用范围的广泛性、文种使用的晓谕性和行文方向的不确定性等特点。

（三）通知的分类

按内容和功用的不同，通知可以划分为以下六种：发布性通知、指示性通知、传达性通知、批转性通知、会议通知、任免通知。

（四）通知的一般写法

通知一般包括标题、主送机关、正文、落款、成文日期五部分。一是标题的形式多，主要有标准式，即由发文机关、事由、文种三部分构成，在事由前加介词"关于"；也可以是双项式，即省略发文机关，由事由、文种两项构成；还可以是单项式的，即只有文种一项。在拟写批转性通知的标题时，多重转发不可出现"通知的通知的通知"这种重叠，一般将被转发的通知标题在标题中重现，在正文中体现被多个上级机关转发的内容。批转性通知标题的一般写法：发文机关名称＋批转（或转发）＋被批转或转发的公文标题全称＋通知。根据《国家行政机关公文处理办法》第十条（六）的规定："公文标题中除法规、规章名称加书名号外，一般不用标点符号。"被批转或转发的公文标题只有是法规、规章（如条例、规定、办法等）时，才加书名号，其他文件一般不加书名号。二是正文。不同种类通知的正文内容各有不同：首先，发布性通知。法规性文件经有关部门制定以后，需要用通知的形式予以发布。这类通知的正文一般包括四个方面的内容：文件的由来、文件的名称、希望和要求、附件。其次，指示性通知。上级单位向下级单位对某项工作的布置、要求、意见等往往用指示性通知。这种通知带有指令性，必须有根据、有目的、有任务、有要求。其正文内容一般由通知缘由、通知事项、执行要求三部分构成。再次，传达性通知。这种通知带有指示性、规定性，多用于上下级之间、职能部门与有关部门之间。对通知中的有关精神必须遵照办理、贯彻执行。在写法上，一般是先交代问题的来龙去脉，再讲有关指示、意见、规定等，然后谈希望或要求。最后，批转性通知。批转性通知有三种：颁发型、转发型、批转型。（1）颁发型通知又称"发布"或"印发"型通知，是指发布行政法规和规章或印发有关文件的通知。公布比较重要的行政法规和规章一般用"颁发"或"发布"，公布一般的规章或其他文件一般用"印发"。（2）转发型通知是指将上级机关或不相隶属机关的重要公文发给下级单位的通知。（3）批转型通知是上级机关批示转发下级机关的重要公文，要求有关单位执行或参照执行的通知。转发型或批转型通知一般有两种写法：一种是先对被转发（或批转）的公文表明态度，然后提出执行要求；另一种是在前一种方法的基础上，对被转发（或批转）的内容进行进一步的阐述，指出其重要意义和执行重点。（4）会议通知。会议通知要求以极其简短的文字，说明召开会议的缘由、机关，以及会议的名称、目的、内容（日期、时间、地点、出席对象以及对出席者的要求等）。越详细、越具体，则越具有可操作性。（5）任免通知。任免通知是上级机关对所任免的人员需要用通知来任免和聘用。内容一般包括两部分：任免缘由和任免事项。

（五）通知与命令、决定的区别

与命令、决定相比，通知的用途更加广泛，但权威性明显要弱一些，自身一般不创设新的规则，只是依法或根据上级要求向受文者转达上级机关的指示精神并予以具体化，告知应知或应办的事项，使一部分公文完成升格（批转）、生效（发布）、扩展有效范围（转发）的程序。

（六）撰写通知的注意事项

一是通知大多是发往下级机关的下行文，或是面向社会的普发性公文。如果通知的事项需要下级机关知道，同时也需要同级机关了解，这时可用抄送的形式。二是根据通知撰写目的、内容的不同，选择不同的语言表述方式。如批转下级机关的公文与转发上级机关和不相隶属机关的公文，所选的语态应有很大的不同。一份公文一经批转，便具有与批转机关的公文相同的效力，受文机关必须遵照执行，以此作为处理有关工作的指针或依据。因此，批转性的公文一般在正文的开头部分首先表明发文机关对所批转公文的态度，在表明态度时应体现倾向性、权威性，语气应肯定、郑重。传达需要有关单位周知的事项时，语态就是平易近人、循循善诱等。

六、金融机构常用的通报

（一）通报的用途

根据《国家行政机关公文处理办法》的规定：金融机构的通报适用于表彰先进，批评错误，传达重要精神或情况。通报应为知照类公文。一般来说，金融机构的通报主要用来反映情况，告知事项。通报的运用范围很广，各级党政机关和单位都可以使用。它的作用是表扬好人好事，批评错误和歪风邪气，通报应引以为戒的恶性事故，传达重要情况以及需要各单位知道的事项。其目的是交流经验，吸取教训，教育干部、职工群众，推动工作的进一步开展。

（二）通报的分类

根据通报的具体用途不同，金融机构的通报可分为三类：第一类是表彰先进的表彰性通报，就是表彰先进个人或先进单位的通报。这类通报着重介绍人物或单位的先进事迹，点明实质，提出希望、要求，然后发出学习的号召。第二类是批评错误的批评性通报，是批评错误行为、不良倾向，提出解决办法或处理意见的通报。这类通报通过摆情况，找根源，阐明处理决定，使人从中吸取教训，以免重蹈覆辙。此类通报应用面广，数量大，惩戒性突出。第三类是传达重要精神或情况的传达性通报，用于传达上级的重要精神与重要情况，引起人们的警觉与注意，对当前的工作起指导作用。这类通报具有沟通和知照的双重作用。这就是人们平时所说的通报表扬、通报批评和通报情况。

（三）通报的特点

一是告知性。通报的内容常常是把现实生活当中一些正反面的典型或某些带有倾向性的重要问题告诉人们，让人们知晓、了解。二是教育性。通报的目的不仅仅是让人们知晓内容，主要是让人们知晓内容之后，从中接受先进思想的教育，或警戒错误，引起注意，接受教训。这就是通报的教育性。这一目的不是靠发布指示和命令来达到，而靠的是正、反面典型的影响，真切的希望和感人的号召力量，使人真正从思想上树立正确的认识，知道应该这样做，而不应该那样做。三是政策性。政策性并不是通报独具的特点，其他公文也同样具有这一特点。可是，通报尤其是表扬性通报和批评性通报，在这方面显得特别强一些。因为通报中的决定（即处理意见）直接涉及具体单位、个人或事情的处理，同时，此后也会牵涉其他单位、部门效仿执行的问题。决定正确与否，影响颇大。因此，必须讲究政策依据，体现党的政策。

（四）通报的一般写法

通报由标题、发文字号、主送单位、正文、发文机关和日期组成。一是标题。标题由发文机关、事由、文种或事由、文种构成。如《关于××证券有限责任公司信息披露问题的通报》。二是正文。表彰性通报和批评性通报的正文结构分为四部分：第一部分，主要事实。表彰性通报要突出主要的先进事迹，批评性通报要抓住主要错误事实。写清先进事迹或错误事实的发生情况，要求用叙述的手法真实客观地反映事实。第二部分，分析、指出事例的教育意义。表彰性通报在阐述先进事迹的基础上，提炼出主要经验、意义和值得学习与发扬的精神。批评性通报要分析错误的性质、危害，产生的根源和责任，指出应吸取的教训等。对所叙述的事实进行准确的分析，中肯的评价，做到不夸大、不缩小，使人们能从好的人和事物中得到鼓舞，从错误中吸取教训。第三部分，决定要求。应写明组织结论与予以表彰或处理的决定，对表彰的先进人物或事迹或批评的错误做出嘉奖或惩处。第四部分，根据通报的情况，针对现实的需要，发出号召或提出要求、建议等。批评性通报的结尾处，通常要有针对性地提出防范的措施或规定。情况通报有两种形式：一种是只对有关事实作客观叙述；另一种是还对有关情况加以分析说明，有时还针对具体问题提出应采取何种对策的指导性意见。即情况通报的正文结构一般有两个部分：首先是被通报的情况，其次是希望和要求。三是生效标识。在正文的右下方标明发文机关的名称，加盖印章，写明发文日期。

（五）通报与通知的区别、通报与处分决定的区别

一是通报与通知的不同点主要在于：通报不像通知那样以具体的任务、详细的规范化要求和有关规则来指导和推动工作，而是用典型事例、有关情况来传达意图，启发教育有关人员，指导有关方面的工作行为；有关执行方面的要

求也比通知要原则，甚至不涉及直接具体的执行要求；发送范围广泛，在一般情况下，均直接下达给广泛范围内的各级各类工作人员。

二是通报与处分决定的区别。通报与处分决定有很大的不同：首先，制发公文的目的不同。通报是为了教育当事人，更是为了教育更多的人，指导和推动有关工作；处分决定则主要是为了正式确认有关的错误事实和合法有效的处分意见。其次，对象不同。通报的对象必须是具有典型性的人或事，处分决定则是针对所有需给予处分的人及事。再次，内容性质不同。通报说明错误事实时概括而原则，以能得出结论为度，处分决定中的这部分内容则具体而微；通报中常需有希望其他有关人员吸取教训，采取有关措施的基本要求，处分决定则无此类内容，处分决定中必须有明确的纪律处分意见，通报则不一定有。最后，发送范围不同。通报的发送范围广泛，处分决定则一般只面向当事人及有关方面，很少广泛发送。

（六）撰写通报的注意事项

一是真实、典型的事实。无论是表扬先进还是批评错误，事实都应是典型的、真实的。二是情况性通报以通报情况为主。情况性通报主要用于告知情况、沟通信息，以通报情况为主。三是通报的制发者应态度鲜明，导向清楚，具有明显的倾向性。

七、关于议案

从理论上讲，金融机构自身不具备议案的功能，但是金融机构特别是参加全国人大的金融机构代表可以一个人或者团体的名义向全国人大提出议案。管理类的金融机构因业务发展或者监管需要也可以向国家立法部门提出相关议案。

（一）议案的用途

根据《国家行政机关公文处理办法》的规定：议案适用于各级人民政府按照法律程序向同级人民代表大会或人民代表大会常务委员会提请审议事项。1987 年 2 月发布的《国家行政机关公文处理办法》，尚未将议案列为国家行政机关公文文种。1993 年 11 月修订、发布的《国家行政机关公文处理办法》（以下简称《办法》），将议案正式列为国家行政机关公文文种。这个定义较狭窄，制作主体限于各级政府。但在金融机构的公文的实际运作中，议案的使用范围要大于上述限定范围。《中华人民共和国全国人民代表大会组织法》的第九条规定："全国人民代表大会主席团、全国人大常委会、全国人大各专门委员会、国务院、中央军事委员会、最高人民法院、最高人民检察院，可以向全国人民代表大会提出属于全国人民代表大会职权范围内的议案。一个代表团或者 30 名以上的代表，可以向全国人民代表大会提出属于全国人民代表大会职权范围内的议案。"《地方组织法》的第十四条规定："地方各级人民代表大会举行会议的时候，主席团、常务委员会、本级人民政府和代表（有三人以上附议），都可以提出议案。"这些显然超出了国务院办公厅的职权范围，在《办法》中不可能给予表达。所以，《办法》对议案所下的定义，仅限于各级政府向同级人民代表大会及其常委会提出的议案。政府向人民代表大会提出的议案、非政府机关向人民代表大会提出的议案、人民代表大会代表联名向人民代表大会提出的议案，是议案的三种不同类型。金融机构的议案与政府议案无大的差异，可仿照拟写。

（二）议案的特点

一是拟写主体的法定性。按国务院办公厅的规定，只有各级政府才能向同级人民代表大会提出议案。即使参照全国人民代表大会组织法和地方组织法的规定，对议案作广义的理解，有权提出议案的仍然是少数的法定机构。党团组织、社会团体、政府各部门、企事业单位等，都无权提出议案。因此，议案这种文体在基层使用很少。

二是内容的特定性。宪法和人民代表大会组织法规定，议案的内容必须是属于人民代表大会及其常委会职权范围之内的事项。超出人民代表大会职权范围的议案，不会被大会接受。

三是适时性。议案必须在各级人民代表大会或其常委会举行会议期间提出，否则也不会被列为议案。

四是必要性和可行性。适合提交人民代表大会会议审议的事项，必然是重要事项，而且议案中提出的方案、办法、措施也必须是切实可行的，才有可能获得通过。因此，针对性、必要性、务实性、可行性是议案必须具备的品质。实事求是反映符合人民群众的意愿和要求，是撰写议案的基本原则。

（三）议案的分类

1. 立法性议案。立法性议案主要在两种情况下使用：一是政府机构制定了某项法律或法规之后提请人民代表大会审议通过时；二是建议、请求某行政机构制定某项法规时。

2. 重大事项的决策性议案。关于财政预算决算、城乡发展规划、重大工程上马以及政治、经济、文化、教育、科技、卫生等领域中重大事项的决策，需要提请人民代表大会审议批准时使用的议案，就属于重大事项的决策性议案。

3. 任免性议案。行政机关向权力机关提请任命、免去或撤销行政机关工作人员的职务，请求人民代表大会审议批准的议案，就是任免性议案。如《国务院关于提请××等同志职务任免的议案》。

4. 建议性议案。以行政部门的身份向权力部门提出建议，也可以使用议案。这种议案有些像建议报告，供人民代表大会审议、采纳。

（四）议案的写法

1. 标题和主送机关。议案的标题采用常规公文标题模式，有两种写法：一是发文机关＋案由＋文种，二是省略发文机关，案由＋文种。议案的标题一般不能采用"发文机关＋文种"或只有文种的写法。议案的主送机关只能是同级人民代表大会及其常务委员会，不能有其他并列机关。要采用全称或规范化简称，不得随意简化。

2. 正文。一般包括案据和方案两部分内容。议案的第一部分叫做案据，顾名思义，这部分要提供议案的根据。由于内容不同，这部分篇幅的长短在不同的议案中会有很大的差异。如果提请审议已制定的法律法规，解决问题的方案就在法律法规之中，这部分只需写明提请审议的法律法规的名称即可，但要把法律或法规的文本作为附件。如果是任免性议案，要将被任免人的姓名和拟担任的职务写明。如果提请审议重大决策事项，要把决策的内容一一列出，供大会审阅。如果建议采取行政手段来解决某方面问题，要把实施这一行政手段的方案详细列出，以便于审议。不能只指出问题，而没有解决问题的方案。

3. 结语。结语是议案的结尾部分，主要用于提出审议请求。一般都采用模式化写法，言简意赅，如"这个草案已经市政府同意，现提请审议"。

4. 签署和成文时间。一般行政公文，最后签署的都是发文机关的名称。而议案有所不同，要由政府首长签署。国务院提交给全国人民代表大会的议案，要由总理签署；各省、市、自治区提交给同级人民代表大会的议案，要由省长、市长或自治区主席签署。成文时间为汉字小写全称。

（五）撰写议案的注意事项

一是要依照国有法律规定的职权范围行文；二是要言之有理。

八、报告

（一）报告的用途

根据《国家行政机关公文处理办法》的规定：报告适用于向上级机关汇报工作，反映情况，答复上级机关的询问。报告是下级机关呈送上级机关的上行文文种，中下级机关特别是基层单位和部门常会用到这一文种。作为金融机构公文的报告，和一些专业部门从事业务工作时所使用的、标题中也带有"报告"二字的行业文书，如"审计报告"、"评估报告"、"立案报告"、"调查报告"等，不是相同的概念。这些文书不属于行政公文的范畴，注意不要混淆。

（二）报告的分类

一是工作报告。凡是用来向上级汇报工作的报告，都是工作报告。工作报告又可分为综合工作报告和专题工作报告两种。综合报告涉及面宽，要涉及主要工作范围之内的方方面面，可以有主次的区分，但不能有大的遗漏。大到国务院提供给人民代表大会的政府工作报告，小到某单位向上级提供的年度、季度、月份工作报告，都属于这种类型。专题报告涉及面窄，只针对某方面的工作或者某项具体工作进行汇报。

二是情况报告。如果金融机构出现了正常工作秩序之外的情况，例如发生了事故、出现了意想不到的问题等，对工作产生了一定程度的影响，应该及时将有关情况原原本本地向上级进行汇报。即使对工作没有太大的影响，一些有倾向性的新动态、新变化等，也要向上级报告。金融机构的基层部门，有责任做到"下情上达"，保证金融机构上级机关耳聪目明，对下面的情况始终了如指掌，这就是情况报告的意义。如果隐情不报，则是一种失职的表现。

三是建议报告。对自己职权范围内的某方面工作经过深思熟虑、切实可行的设想之后，将其归纳整理成意见、办法、方案，上报上级，希望上级机关采纳，这就是建议报告。对于建议报告，上级如果采纳，可能会批转给有关部门实施，这是建议报告目的的最终实现。但上级部门也可能不予采纳，这也是很正常的。作为下级机关，有建议的权力，却没有逼迫上级机关一定采纳的权力，对此，也要有清醒的认识。

四是答复报告。答复上级机关询问的报告，称为答复报告。这种报告内容的针对性最强，上级询问什么，就答复什么，不能答非所问。对待上级机关的询问，一定要慎重，如果不了解真情，要经过深入的调查研究后再作答复。

五是报送报告。这是向上级报送文件、物件时使用的报告，正文通常非常简略，只需写明"现将××××报上，请指正（请查收）"即可。真正有意义的内容都在所报送的文件里。

（三）报告的特点

一是单向性。报告是金融机构下级机关向上级机关汇报工作、反映情况、提出建议时使用的单方向上行文，不需要金融机构上级机关给予批复。在这方面，报告和请示有较大的不同，请示具有双向性特点，必须有批复与之相对应，报告则是单向性行文，不需要任何相对应的文件。为此，要特意提请注意，不能写"以上报告当否，请批示"的话语。

二是陈述性。报告在汇报工作、反映情况时，所表达的内容和使用的语言都是陈述性的。本单位遵照上级的指示，做了什么工作、怎样做这些工作、取得了哪些成绩、还存在哪些不足，必然要一一向上级陈述。反映情况时，要把时间、地点、人物、事件、原因、结果叙述清楚，向上级机关提供准确的现实性信息。即便是提出建议的报告，也要在汇报情况的基础上，才能进一步提出建议。

三是事后性。在机关工作中，有"事前请示，事后报告"的说法。多数报告都是在开展了一段时间的工作之后，或在某种情况发生之后向上级做出的汇报。但建议报告没有明显的事后性特点，应该尽量超前一些，如果木已成舟，再提建议就没有意义了。

（四）报告的写法

1. 报告的标题。有两种写法：一是发文机关＋主要内容＋文种的写法；二是主要内容＋文种的写法。

2. 报告的主送机关。向上级机关行文，应当主送一个机关；如需其他相关的上级机关阅知，可以抄送；报告在一般情况下不得越级行文。

3. 报告的正文。

（1）写作的总体要求。开头，概括说明全文主旨，开门见山。将一定时间内各方面工作的总情况，如依据、目的，以及对整个工作的估计、评价等进行概述，以点明主旨。主体，内容要丰富充实。作为正文的核心，将工作的主要情况、主要做法，以及取得的经验、效果等，分段加以表述，要以数据和材料说话，内容力求既翔实、又概括。结尾要具体切实。写工作上存在的问题，提出下一步工作的具体意见。

（2）报告开头的写法。不同类型的报告，其开头的写法也有较大的不同。概括起来，报告的开头有以下几种类型：背景式，就是交代报告产生的现实背景；根据式，就是交代报告产生的根据；叙事式，在开头简略叙述一个事件的概况，一般用于反映情况的报告；目的式，在开头将发文目的明确地阐述出来。

（3）报告主体。报告的主体有多种写法，几种常见形态有：总结式写法。这种写法主要用于工作报告。主体部分的内容是以成绩、做法、经验、体会、打算、安排为主，在叙述基本情况的同时，有所分析、归纳，找出规律，类似于工作总结。总结式写法最需要注意的是结构的设计安排。按照总结出来的几条规律组织材料、安排层次，是最常用的结构方式。情况—原因—教训—措施四步写法。这种结构多用于情况报告。先将情况叙述清楚，然后分析情况产生的原因，接着总结经验教训，最后提出下一步的行动措施。指导式写法。这种结构多用于建议报告。希望上级部门采纳建议，批转给有关部门执行、实施，是建议报告的基本写作目的。为此，建议要针对某项工作提出系统完整的方法、措施和要求，对工作实行全面的指导。形式上采用分条列项的方法逐层表达。回复性报告的写法与前两种报告稍有不同，正文要根据上级机关或领导的查询、提问，有针对性地做出报告，要突出专一性、时效性。

（五）撰写报告的注意事项

一是写综合报告应注意抓住重点，突出主要矛盾和矛盾的主要方面。在此基础上，列出若干观点，分层次阐述。说明观点的材料要详略得当，以观点统领材料。二是专题报告要一事一报，体现其专一性，切忌在同一专题报告中反映几个各不相干的事项和问题。三是切忌将报告提出的建议或意见当做请示，要求上级指示或批准。

九、请示

（一）请示的用途

按照《国家行政机关公文处理办法》的有关规定：请示适用于向上级机关请求指示、批准。请示是下级机关向上级机关请示指示和批准的公文文种。请示主要用于：（1）在实际工作中，遇到缺乏明确政策规定的情况需要处理；（2）

工作中遇到需要上级批准才能办理的事情；（3）超出本部门的职权范围，涉及多个部门和地区的事情，请示上级予以指示。

（二）请示的分类

金融机构的请示可分为三类：请求指示的请示、请求批准的请示、请求批转或转发的请示。请求指示性请示主要包括：一是向金融机构上级机关询问事项，请求上级机关给予指示。二是在实际工作中，遇到新情况、新问题，需要上级机关给予指示。请求批准事项性请示。主要是用于超出下级机关自行决定的职责范围，需由上级机关决定的事项，或者虽然属于下级机关的职责，但上级机关为了事先把握情况而明确要求下级机关行文请示的事项。请求批转或转发性请示。主要包括两种情况：一种是请求上级机关认可和批准其所提出的意见和建议，批转各有关部门执行。这种请示涉及的事项较为重大复杂，具有一定的普遍意义，不但需要上级批准，还需要上级转发，其工作事项一般需要各地政府或不相隶属机关支持或执行，而提出请示的机关又没有权力提出要求，所以，请求上级机关批转或转发。另一种是相关情况需要不相隶属的金融机构或者部门了解或者重视，请求以上级机关的名义批转或转发。

（三）请示的特点

请示的主要特点：一是行文的单一性。在一个请示中只能提出请求批准一件事项，或者请示解决一个问题；如果是几件事，必须是与一个具体问题密切相关的几个侧面，同时必须是受文机关能一次给予解决并批复的。二是时限的急迫性。三是关系的隶属性。请示特别强调必须按照上下级的隶属的直接关系来进行，即下级机关向隶属的直接主管上级机关发文请示，不能向非隶属的机关发文请示。

（四）请示的一般写法

1. 标题。请示的标题由请示机关名称、事由和文种三部分构成。事由必须准确概括全文的主旨，用一个动词表明发文机关的意图。

2. 正文。请示的正文由请示理由、请示事项和请示结语三部分构成。请示理由是文章的开头部分，是全文的中心，说的是为什么要向上级请示。要详细准确地讲明请示的原因、目的、背景和根据，这是请示的撰写重点。写作时应有针对性，阐述理由要充分明确、具体、条理清楚，反映请示事项的紧迫性与重要性。请示事项能否得到上级的批准，主要看理由是否充分，是否有说服力；

理由阐述得充分是得到批准的前提。在请示理由之后，许多请示中都要紧接着写上一句承上启下的过渡语。它们的基本格式是"现将……请示如下"。请示事项是请示的核心部分，包括提出请示事项和阐述说明道理或事实两项内容。提出请示的事项是要求上级机关给予指示、批准、解决的具体问题或要求的具体事项。要详细阐述说明，道理要充分，请示什么事项，要求上级做什么，怎么做，都应清楚明了；也可明确提出解决问题的见解、意见，具体提出对上级的请求。只有这样，才能使有关领导心中有数。有些情况简单，有条文和规定可依据，只是出于组织原则报给上级知道，请示批准的请示。请示内容部分只需提出请示事项即可，不必阐释道理。请示结语是请示的结尾部分，一般是另起一行空两格书写，请示结语语气要谦恭。请示结语的通常写法是"特此请示，请审批"、"以上意见当否，请指示"、"特此请示，请批复"等。

（五）撰写请示的注意事项

一是坚持一文一事。二是请示事项必须明确、具体、可行。三是不要搞多头请示。请示应主送直接主管机关或主管领导，其他确需了解请示事项的领导机关或领导人，采取抄报形式处理。如受双重领导的机关也应根据请示内容，择要送一个领导机关，由主送机关答复请示的问题，对另一个领导机关采取抄报形式。四是一般不得越级请示，个别需要越级请示的，常采用两种方式：一种是转呈式，可以既避免越级，又明确主送机关；另一种是在越级请求的同时，把请示抄报被越过的主管部门。五是不要把请示写成报告或请示报告。六是除领导直接交办的事项外，请示不要直接送领导者个人，或既写主送机关，又同时主送、抄送给主送机关的领导人。在一般情况下，也不得在上报请示的同时抄送平级和下级机关。

（六）请示与报告、议案的区别

1. 请示与报告的区别。报告与请示虽然都是上行文，但二者的区别还是很明显的，主要体现为：（1）具体功用不同。要求有别，请示要求上级必须回复，报告用于汇报工作情况，只供上级参考。请示用于对上级机关有所呈请的情况下，可向其请求下达指示，请求其允许自己去做某一件事情；报告则用于汇报、反映情况、问题或提出建议、答复询问，不能带有呈请事项。（2）内容的侧重点不同。请示的内容着重于请示批准，报告的内容着重于汇报工作。（3）行文的时间不同。请示必须是在事情发生之前，报告则可根据情况，既可在事情发生前，也可在事情进行中，甚至在事情发生后。

2. 请示与议案的区别。议案的作者是被严格限定的，受文者也是专指的，作为行政公文的议案的作者须是各级人民政府，受文者只能是同级人民代表大会或其常务委员会，请示则可用于同一组织系统或专业系统的任何下级机关对上级机关有所呈请；议案所涉及的事项是提请国家权力机关审议的重大事项，请示所涉及的事项则不仅仅是重大事项；在效用上，请示可以强制对方回复意见、表明态度，但内容并不能被强制执行，议案则经审议通过后，具有法律约束力，要求有关机关或人员认真遵照执行。

十、批复

（一）批复的用途

按照《国家行政机关公文处理办法》的有关规定：批复适用于答复下级机关的请示事项。批复是上级机关答复下级机关请示事项的公文，具有权威性、针对性和指示性等特点。权威性：批复发自上级机关，代表着上级机关的权力和意志，对请示事项的单位有约束力，特别是那些关于重要事项或问题的批复，常常具有明显的法规约束作用。针对性：凡是批复，必须是针对下级机关的请示事项而发，内容单纯，针对性强。指示性：批复的目的是指导下级机关的工作，因此，批复在表明态度以后，还应当概括地说明方针、政策以及执行中的注意事项。

（二）批复的一般写法

1. 标题。主要包括：（1）发文单位。批复的发文单位即行文主体，既不能不写，也不能随意略写或简化。（2）事由。批复的事由大致有两种写法，一种是用表示关联范围的介词"关于"加上请示或批复的事项来表述；另一种是在"关于"和请示或批复事项中间再插入一个表态动词"同意"来表述。

2. 发文字号。由三项组成，即发文机关代字、年度、顺序号。

3. 正文。主要包括：（1）引语。批复的开头通常要引述来文作为批复的依据，《国家行政机关公文处理办法》中对引述的方法是这样规定的，"引用公文应当先引标题，后引发文字号。引用公文一般应原文引用，引用的原文部分应标注引号；不便原文引用的，必须准确引用原意，不标注引号。引用外文应当注明中文含义"。（2）主文。主文是批复的主体，这部分应针对下级机关请示的事项，表示同意与否的态度，有时还要阐述同意或不同意的理由。答复请示事项的针对性要强，答复要明确具体、简明扼要，表达要准确无误。（3）结尾。是批复正文的最后部分，它的写法有三种：第一种是提行写"此复"或"特此批复"；第二种是写希望和要求，给执行请求事项的答复指明方向；第三种是秃尾，就是请示事项答复完毕就告结束，此种结尾方法使用的频率越来越高。

（三）撰写批复的注意事项

一是批复这一文种是上级机关为对应下级机关上报请示而设的，没有请示就无所谓批复。批复与请示是与生俱来的对应关系。因此，批复的制发主体应是上级机关，原则上同级机关的公文往来不使用批复。也有特殊情况，即经上级机关批准，职能部门代上级机关行文批复的。二是批复的受文单位一般应是上报请示的直接下一级机关。批复不越级行文。有些中间转报的请示，批复的受文单位应是转报机关，不应向原报机关直接批复。三是批复的内容篇幅都不长，涉及实质内容的公文，一般文字精练，句句中的，言简意赅。同意性批复都不复述同意的理由，同意之后往往对落实批复内容提出一些原则性要求，但亦应明晰、准确、简洁，不管何种类型的批复，都不可对理由作展开论述。不同意的批复，往往要阐述一下原因、理由，但亦应简明扼要。有的不阐述理由，直接明了不同意。四是在公文处理的实践中，对下级机关上报的审批项目同意的批复，对不同意的事项有的打电话非正式地说一下，多数无下文，不了了之。这不符合行文规则，也不便于文书档案的归档整理，应纠正。对不同意的请示明文批复，是符合行文规则的。五是批复件原则上一文一事，一个批复针对一件请示。有时数个下级机关上报请示同一件事，经研究同意后，应分别行文批复，而不应一件批复数文。

十一、意见

（一）意见的用途

按照《国家行政机关公文处理办法》的有关规定：意见适用于对重要问题提出见解和处理办法。意见被列为正式的公文文种，始于 2000 年 8 月 24 日发布、2001 年 1 月 1 日起施行的《国家行政机关公文处理办法》。此前，意见一般被作为规章制度的一种列入事务文书。意见可用于上行文、下行文和平行文。作为上行文，就按请示性文件的程序和要求办理，上级机关应当对下级机关的

"意见"做出处理或给予答复。作为下行文，文中有明确要求的，下级机关应遵照执行；无明确要求的，下级机关可参照执行。作为平行文，提出的意见依对方参考。

（二）意见的分类

意见可分为四类：指令性意见、指导性意见、建议性意见、征询性意见。

（三）意见的写法

1. 标题。意见的标题常见的形式有两种：一种是"发文机关 + 事由 + 文种"，如《黑龙江省人民政府关于进一步做好森林防火工作的意见》，另一种是"事由 + 文种"，如《关于鼓励发展节能环保型小排量汽车的意见》。

2. 正文。意见的正文由开头、主体、结尾三部分组成。开头部分一般简要说明提出意见的目的、根据及原因。主体部分分条列项提出指示性或建议性意见。结尾部分可对相关事项做出说明。

十二、函

（一）函的用途

按照《国家行政机关公文处理办法》的有关规定：函适用于不相隶属机关之间商洽工作，询问和答复问题，请求批准和答复审批事项。行政公文和党的机关公文都把函列为主要文种。理解函的用途时，关键要把握好"不相隶属机关"这一概念。一个系统内部的平级机关是不相隶属机关，这个容易理解。另外，凡是双方在行政或组织上没有领导与被领导关系、业务上没有指导与被指导关系的，都是不相隶属机关，无须考虑双方的级别大小。在不相隶属机关之间，级别高的一方不能向级别低的一方发出指挥、指导性公文（个别晓谕性的通知例外），级别低的一方也无须向级别高的一方请示和报告。双方之间如果有事项需要协商或请求批准，都要使用"函"这种平行文体。除作为平行文种出现之外，函有时也可用于有隶属关系的上下级机关之间。例如，上级机关向下级机关询问有关情况，用别的文体显然不合适，可以用函，但下级的答复最好用报告。上级机关向下级机关催办有关事宜，如要求下级机关呈报有关报表或材料时，也可以用函，下级机关同样要回以报告。

（二）函的特点

1. 平等性和沟通性。函主要用于不相隶属机关之间互相商洽工作、询问和

146

答复问题，体现双方平等沟通的关系，这是其他所有的上行文和下行文所不具备的特点。即使是向有关主管部门请求批准，在双方不是隶属关系的时候，也不能使用请示和批复，只能用函，并且姿态、措辞、口气也跟请示和批复大不相同，也要体现平等性和沟通性的特点。

2. 灵活性和广泛性。函对发文机关的资格要求很宽松，高层机关、基层单位、党政机关、社会团体、企事业单位均可发函。函的内容和格式也比较灵活，而且不限于平行文，所以运用得十分广泛。

3. 单一性和实用性。函的内容必须单纯，一份函只能写一件事项。函不需要在原则、意义上进行过多的阐述，不重务虚重务实。

（三）函的分类

按行文方向划分，可将函分为去函和复函。去函是指本机关为询问事项或请求批准而主动制发的函；复函是指为答复受文机关所提出的问题或回复批准事项而被动制发的函。按内容划分，可将函分为知照函、催办函、邀请函等。目前，经常使用的函有四种，即商洽性函、询问性函、答复性函和请示性函。

（四）函的一般写法

1. 标题、发文字号和主送机关。（1）标题。函的标题一般由发文机关名称、事由（主要内容）、文种组成，这是全称式标题，也可以采用省略发文机关名称的写法。（2）发文字号。函的发文字号由机关代字、年号、顺序号组成。大机关的函可以在发文字号中显示"函"字。（3）主送机关。函的行文对象在一般情况下是明确、单一的，所以多数函的主送机关只有一个。但有时内容涉及部门多，也有排列多个主送机关的情况。

2. 函的正文。主要包括：（1）发函缘由。这是函的开头部分，主要用来说明发函的根据、目的、原因等。如果是复函，则先引用对方来函，其引用方法同批复。然后再交代根据，说明缘由。这部分结束时，常用一些习用的套语转入下一部分，如"现将有关情况说明如下"、"现就有关问题函复如下"等。（2）事项。这是函的主体部分，有关某项工作展开商洽、有关某一事件提出询问或做出答复、有关事项提请批准等主要内容，都在这一部分予以表达。（3）希望请求。这是结尾部分，向对方提出希望或请求。希望对方给予支持和帮助，或希望对方给予合作，或请求对方提供情况，或请求对方给予批准，等等。最后，另起一行以"特此函商"、"特此函询"、"请即复函"、"特此函告"、"特此函复"等惯用结语收尾。

（五）撰写函的注意事项

一是文种的选用要正确。由于函与请示、批复或通知等文体有相近之处，所以在实际应用中往往容易混用。在该用函的时候不使用函来行文，却使用这些相近的文种行文。如有的机关请求同级甚至下级归口主管部门准许办某一事项时，不用函行文，而错用了请示来行文，致使自己降格以求。而在应该使月相近文种请示、通知等来行文时，错用了函来行文，致使自己越位。其实，这些相近文体之间还是有细微的区别的。比如请示与请求函，尽管二者都有请求批准的意思和用途，但是其行文关系不同，请示是下级机关对上级机关的上行文，而函则是给有关主管部门或不相隶属机关的平行文。

二是要有鲜明的针对性。一文一事，开门见山，简短明快，避免文牍主义。要紧密围绕所提出的问题和公务事项的中心来写，直陈事项，点到为止。无须讲客套话，也不讲大道理，语言要平和、礼貌，注意用语的分寸。

三是措辞要得体。提出的要求等事项，必须是切实可行、对方能办得到的，不要使对方为难。对受文机关的态度也要正确，对上级要谦恭、谨慎，对同级或不相隶属机关要友好、诚恳，对下级机关要尊重、温和。这些态度要通过得体的措辞体现在函里。得体的措辞，就是既要反对傲上慢下、盛气凌人，也要反对恭维逢迎、庸俗陈腐。在函的结尾处，可适当选择一些常用的机关书面习惯语，如"为要"、"为盼"、"为荷"等，向受文机关表示礼貌。

十三、会议纪要

（一）会议纪要的用途

按照《国家行政机关公文处理办法》的有关规定：会议纪要适用于记载和传达会议情况和议定事项。行政公文和党的机关公文，都以会议纪要为主要公文文种。会议纪要容易和会议记录相混淆，但二者有着本质的不同，主要体现在以下三个方面：首先，从文体性质上看，会议纪要是正式的公文文种，而会议记录只是会议情况的记录，只是原始材料，不是正式公文。其次，从内容上看，会议记录无选择性、提要性，会议上的情况都要一一记录下来；而会议纪要有选择性、提要性，不一定要包容会议的所有内容。最后，从形成的过程和时间来看，会议记录是随着会议的进行而同步产生的，而会议纪要则要在会议后期，其至会议结束后通过选择归纳、加工提炼之后才能形成。会议纪要通过记载会议的基本情况、会议的主要成果、会议的议定事项，综合概括性地反映会议的基本精神，以便与会单位统一认识，在会后贯彻落实。会议纪要基本上是下行文，但与会单位不一定是召集会议机关的下属单位，有时是协作单位，所以它作为下行文是相对而言的。事实上，会议纪要有时要向上级机关呈报，有时向同级机关发送，有时向下级机关下发。

（二）会议纪要的特点

1. 具有纪实性。会议纪要是根据会议的宗旨、议程、决议等整理而成的公文，是对会议基本情况的纪实。会议纪要的撰写者，不能变动会议议定的事项，更不能随意改动会议上达成的共识和形成的决定。除此之外，撰写者也不能对会议内容进行评论。会议纪要必须忠实地反映会议的基本情况，传达会议议定的事项和形成的决议。会议纪要的纪实性特点，使得它具有凭证作用和资料文献价值。特别是一些重要的会议纪要，多年后还会作为人们确认那段历史的依据。

2. 具有概括性。会议纪要并不是把会议的所有内容都原原本本地记录下来，它要有所综合、有所概括、有所选择、有所强调。在一个会议上，与会代表的话题的涉及面是宽泛的，观点也是多种多样的，水平也是有高有低的，如果这些内容全部记入会议纪要，不现实也不必要。会议纪要重点说明会议的主要参加者，基本议程，与会者有哪些主要观点，最后达成了什么共识，形成了什么决定或决议，就可以把会议的基本情况如实地反映出来，不必像记流水账一样事无巨细地一律照录。所以，会议纪要需要在会议后期甚至会议结束之后通过概括整理才能写出，而不像会议记录那样随会议的进行自然而然地产生。

3. 具有指导性。除作为凭证、资料之外，多数会议纪要具有指导工作的作用。它要传达会议情况、会议精神，要求与会单位和相关部门以此为依据开展工作，落实会议的议定事项。

（三）会议纪要的种类

按内容和功用的不同划分，可将常见的会议纪要分为以下三类：一是指示性会议纪要。以会议决定、决议形成的会议纪要，称为指示性纪要。这种会议纪要的特点是指导性强，会议确定的工作重点，对工作的步骤、方法和措施的安排，都要求与会单位共同遵守或执行。这种会议纪要的内容有些类似于指示和安排工作的通知，只是发出的指导性意见不是由领导机关做出的，而是由会议讨论议定的。这样的会议纪要，除大家共同遵守的内容外，还常常会有一些工作分工，每个与会单位除完成共同任务之外，还要完成会议确定自己承担的那些工作。由于最后议定的事项是与会单位的共识，这样的指导性公文落实起来应该是比较顺利的。二是通报性会议纪要。以思想沟通或情况交流为主要内容的会议纪要，属于交流性会议纪要。它的主要特点是：以统一思想、达成原则共识或树立学习榜样为目的，而不布置具体工作，有明显的思想引导性，但没有明显的工作指导性。一些理论务虚会、经验交流会形成的会议纪要，大多属于这种类型。这样的会议纪要，往往多处采用"会议认为"的说法来表达会议在原则问题上达成的共识。或者将会议上介绍的先进经验以及与会单位的评价、态度作为主要内容。三是消息性会议纪要。这种会议纪要的鲜明特点是并不以共识和议定事项为主要内容，而是以介绍各种不同的观点和争鸣情况为主。研讨会和学术讨论会的纪要多是这种类型。会议开完了，各家的观点也发表过了，但是并没有形成统一的意见，当然更谈不上确定什么议定事项。在这种情况下，仍然有必要发出会议纪要，以便让更多的人了解会议的情况，了解不同的观点及其争鸣过程。这对启发和活跃思想，以及百花齐放、百家争鸣的学术空气的形成是有促进作用的。

（四）会议纪要的一般写法

1. 标题和成文日期。主要包括：（1）会议纪要的标题。会议纪要的标题与一般公文的标题略有不同，因为会议纪要是由会议的名义发出的，而不是以领导机关的名义发出的，所以会议纪要的标题多是由会议名称、文种两个要素构成。也有采用一般公文标题写法的，由主要内容（事由）加文种组成。（2）会议纪要的成文日期。会议纪要的成文日期一般加括号标写于标题之下的正中位置，以会议通过日期或领导人的签发日期为准。也有出现在正文之后的。

2. 会议纪要的正文。会议纪要的正文分为前言、主体、结尾三大部分。（1）前言。会议纪要前言的写法与一般公文前言的写法区别较大，主要用来叙述会议的基本情况。包括召开会议的时间、地点、会议名称、主持人、主要出席人、会议的主要议程、讨论的主要问题等。对会议基本情况的介绍，要根据需要把握好详略。这部分表达完毕后，可以"现纪要如下"、"会议纪要如下"或"会议确定了如下事项"作为过渡，转入主体部分。（2）主体。主体是会议纪要的核心部分，会议的主要精神、会议议定的事项、会议上达成的共识、会议对与会单位布置的工作和提出的要求、会议上的各种主要观点及争鸣情况等，都在这一部分予以表达。决议型、交流型、研讨型的会议纪要，在主体部分的写作上有较大的不同，前面在分类时已有介绍。由于这部分内容复杂，多数情况下都需要分条分项撰写。不分条的，也多用"会议认为"、"会议指出"、"会议提出"等惯用语作为各层意思的开头语，以体现内容的层次感。（3）结尾。结尾比较简短，通常用来强调意义、提出希望和号召等，在不影响全文结构完整的前提下，也可以不写专门的结尾部分。

（五）会议纪要与决定的区别

会议纪要与会议决定（决议）之间的区别如下：会议纪要一般不能独立对外发出，往往需要以通知等指明有效执行的范围与要求等，决定则可独立发出；会议纪要所记载的是会议的情况和议定事项，不一定必须如决定那样只针对重要、重大事项；会议纪要不仅仅只反映议定的事项，决定则必须是完全确定的决策而不必反映其他意见；会议纪要中的议定事项是有关与会各方确立的意见，只要一方反对即不成立，决定的内容则可根据有关会议规则由与会者中的多数人确认并通过即为有效，产生法定效力；在表达方面，会议纪要需综合反映会议的全面情况，对有关意见和观点进行阐述，决定则一般无这些内容。

（六）撰写会议纪要的注意事项

会议纪要具有两大特点：一是纪实性，二是提要性。为了使这两大特点得到充分体现，撰写会议纪要必须遵循以下要求：第一，要做好会议记录；第二，要突出会议要点；第三，要善于整理会议意见。

第二节 金融机构常用公文的行文规则

金融机构的相关应用文草拟以后，进入行文阶段，行文有行文的规则和具体要求，其关系到发文的质量和效果，关系到公文的执行效果。本节重点介绍我国金融机构行文的一般原则和具体做法。

一、金融机构行文的一般规则

（一）依据隶属关系行文的原则

1. 遵循按隶属关系逐级行文的原则，一般不越级行文。越级行文是指行文时越过直接的上级机关或直接的下级机关。为了维护正常的办公秩序和合理分工，一般不得越级行文，应按组织系统逐级上报或下发公文。只有在下列特殊情况下才能越级行文，但要抄送越过的机关：一是情况紧急，如逐级上报、下达会贻误时机，造成重大损失；二是多次请示直接上级机关而长期未能解决；三是上级机关交办并指定直接越级上报的事项；四是检举、控告直接上级机关。因特殊情况确需越级行文时，一般应同时抄送被越过的（上级或下级）机关。

2. 受双重领导的机关向其中一个上级机关行文，应同时抄送另一个上级机关。

3. 上级机关向受双重领导的下级机关行文，应同时抄送其另一个上级机关。

4. 向下级机关的重要发文，应同时抄送发文机关的上级机关。

（二）依据职责范围行文的原则

1. 完全属于职责范围内的事项，可以向上级机关请示报告，向下级指示、部署，收集情况、批复问题，或答复不相隶属单位的询问。例如，中国人民银行就货币发行事项的行文。

2. 属于职责范围之内，但涉及其他部门职责的事项，在行文时，应与涉及的相关部门协商一致，或会签，或联合行文。例如，中国人民银行就国库会计业务的操作问题，就应该视情况会签财政部或与财政部联合行文。

3. 与本部门履行职责有关，但主要为其他部门职责范围的事项，如需向上级机关请示或报告，应将情况告知该事项的主管部门，并建议由其向上级机关请示或报告，在告知无果或不便告知的情况下，直接向上级机关请示或报告时，应抄送该事项的主管部门；如需就此向下级部署工作、收集情况或答复询问，一定要会签该事项的主管部门，征求该事项的主管部门的意见，最好是与该事项的主管部门联合行文。

4. 不属于本部门职责范围，但是在本部门履行职责过程中反映出来的事项，应以简报的形式向上级机关报告或向该事项的主管部门反映，一般不便行文。例如，审计部门在审计过程中发现的金融机构经营中的有关问题，就是以简报形式向国务院或相关金融监管机关反映的。

（三）关于不相隶属的金融机构行文的问题

1. 不相隶属机关行文的惯例之一：双方的关系基本上应是对应的。不相隶属单位之间行文，不存在逐级或越级行文的问题。因为不相隶属，就没有行文级别序列方面的问题。但不相隶属机关之间行文，各行文单位之间基本上也遵循一定的惯例，即一般情况下，行文双方的关系基本上应是对应的。比如，财政部与人民银行之间，县级财政局一般不应就有关业务问题直接向人民银行总行行文，相应地，人民银行的县支行一般也不应就有关业务问题直接向财政部行文。因为对有关业务问题的界定，基层单位的直接上级部门就有可能解答，基层单位不能断定你的上级单位解答不了的询问；另外，如果基层单位向不相隶属的国家机关直接行文，得到的答复意见有可能与你的直接上级部门的意见存在出入或差异，这样，在具体操作时就有可能出现麻烦。如果确有必要，基层单位必须向不相隶属的国家机关直接行文，一定要先请示自己的直接上级部门，并在行文时抄报自己的直接上级部门。相应地，国家机关向不相隶属的基层单位直接行文，一般情况下，也应抄送其上级部门。

2. 不相隶属机关行文的惯例之二：双方公文的效力等级应该是对应的。不相隶属的机关之间行文，一般情况下，双方公文的效力等级应该是对应的，即公文级别对等。以人民银行与财政部之间的行文为例，如财政部来文是部发文，人民银行总行应用行发文回复；相应地，如对方来文是办公厅发文，人民银行总行应以办公厅发文回复。

3. 国家行政机关向企事业单位、社会团体等机构行文，不存在行政关系或行文级别对等的问题，但存在法人关系相对应的问题。除事先约定或已成惯例外，国家行政机关及其内设机构不应向企事业单位、社会团体等机构的内部或下属机构直接行文。

（四）涉密公文的行文规则

一是应遵循"密来密复"的原则，即如果对方来文属于涉密文件，回复的公文一般也应划定相应的涉密等级，除非对方设定的保密时限已过。特殊情况，如设定密级后会影响执行或操作的，应注意用设计保密时限或降低秘密等级等方式解决问题。二是应遵循主件、附件涉密等级一致的原则，即主件如果是涉密文件，随文所附的材料原则上虽可不再标注密级，但管理上视为同级涉密文件；如果随文所附的材料是涉密的，应注意主件一定要标注相应的密级。一般情况下主、附件的涉密等级应保持一致。三是拟发公文不管是否属于涉密文件，密码电报都不能在文中原文引用，也不能作为公文的附件。四是按照国家领导批示办理的公文，需要将有关领导批示件作为附件的，如领导同志批示不便传播或传播出去可能产生难以预料的影响的，该公文就要标注相应的密级。五是有些普发性公文如法规、规章、公告、须周知的通知、通报等，在办理过程中是需要保密的，甚至属于绝密事项，印发时虽然不标注密级，在办理和成文过程中尤其要按照保密规定进行管理。

（五）联合行文的规则

联合行文是指两个以上机关的共同发文。《国家行政机关公文处理办法》第十六条规定：同级政府、同级政府各部门、上级政府部门与下一级政府可以联合行文；政府与同级党委和军队机关可以联合行文；政府部门与相应的党组织和军队机关可以联合行文；政府部门与同级人民团体和具有行政职能的事业单位也可以联合行文。该办法第十七条规定：联合行文应当明确主办单位。金融机构与其他机构的联合行文一般也遵循这个原则。在公文办理实践中，联合行文的情况会经常出现。联合行文首先是确定主办单位的问题。一般情况下，联合行文涉及的主要内容或重要内容属于哪个部门的职责范围，那个部门即为联合行文的主办单位；或者由首先发现问题、提出问题或急于解决问题的部门作为主办单位；也有一种情况，联合行文的内容比较重要，或经上级机关协调，或经会议讨论，行文的主办单位或由上级机关确定，或由会议议定，或由各参与行文单位协商确定。

联合行文应注意：第一，联合行文的单位一般为相同级别、准相同级别或同一层次。第二，联合行文单位的排序，主办单位应排在前面；不同序列的单位如行政机关与相应的党的机关、军队机关或人民团体联合行文时，按照党、政、工、群的顺序排序。第三，联合行文应由联合行文的各单位领导共同签发。传签时，主办单位的领导应先签，其他单位领导依次签发；一般不使用复印件传签。第四，联合上报的公文需要署名时，主办单位签发人应排在前面。第五，联合行文应编写主办单位的公文字号，并由主办单位印发、归档。第六，联合上报的公文，由主办单位加盖公章；联合下发的公文，联合行文的各单位均需盖章。第七，联合行文的主办单位应给联合行文的其他单位规定数量的文件存档。

（六）上行文的行文规则

上行文仅适用于下级机关向上级机关请求指示、报告情况。平级机关之间，即使收文方为发文方公文中所涉及事项的主管部门，也不适用上行文。

1. 请示件的行文规则。一是请示应一文一事；二是应逐级行文请示，不得越级行文请示；三是请示一般只写一个主送机关，接受双重领导机关的请示件，应在主送一个上级机关的同时，抄送另一个上级机关；四是请示件不得在报送上级机关的同时抄送下级机关或相关机构。另外，请示件对于收文方来说，属于要回复的公文，即工作中常说的"办件"。因此，下级机关在向上级机关报送紧急请示件时，应注意合理地标注紧急程度标识。一般情况下，国家机关都有对紧急公文处理时限的工作要求，比如，特急件应在 3～5 个工作日办出，急件应在 5～10 个工作日办出，急电应随来随办等。给请示件标注紧急程度标识，行文机关除应从自己的角度根据实际情况和实际需要考虑紧急程度外，还应考虑上级机关对所请示的事项按照常理能否在制度规定的时限内办理出去，是否需要履行规定的程序或组织必要的论证，据以合理地标注紧急程度标识。否则，轻易标注"特急"标识，上级机关在规定时限内根本无法办出，"特急"标识就失去了意义，还会给上级机关的秘书部门增加工作压力。

2. 报告件的行文规则。一是报告中不得夹带请示事项；二是报告中如涉及相关建议事项，一般应为行文的下级机关职责范围内的事宜，尽量不要涉及其他部门的职责；三是对报告件虽没有一文一事的硬性规定，但也忌讳在一个报告件中报告多个事项，或者内容过多，篇幅过长。对于收文方来说，报告件属于阅知的公文，大多无须回复，即工作中常说的"阅件"。既然如此，一般情况下不应在报告件上标注紧急程度标识。对于发文方来说，报告件即使是按照上级机关的要求或规定的时限以最快的速度办理的，也不必在公文上标注紧急程度，因为并不需要收文的上级机关回复。

（七）不应行文的几种情况

根据国务院《国家行政机关公文处理办法》的规定和国务院办公厅的相关要求，以及行政公文办理的有关惯例，以下情况一般不应行文：

1. 一般情况下，不应向领导者个人行文。这是由我国行政管理体制和重大事项集体决策的民主集中制原则决定的。公文的内容往往涉及收文方多个方面的行政事项，或多个层面的因素，从办公的角度来说，向领导者个人行文会给收文方造成不必要的麻烦和矛盾。一是收文方秘书部门难以区分公文内容是仅让领导者个人阅知还是让收文的机关阅知，难以分办；二是给领导者个人增加了工作负担，秘书部门不便分办给领导者个人的公文，必然由领导者个人自己批办，结果是把秘书部门的工作加给了领导者个人；三是除非领导者个人明确批示，收文方的其他领导不便了解情况和发表意见；四是给公文的回复造成麻烦，是以行政机关的名义回复还是以个人的名义回复？如果是以领导者个人的名义回复，是代表行政机关的意见还是领导者个人的意见？因为，国家行政机关的权力是一种公权力，国家行政机关领导者个人从某种意义上可以说代表了这种公权力；但另一方面，国家行政机关领导者个人又是自然人，其个人的意志又不等同于公权力。总之，向领导者个人行文，不仅有悖现行的行政管理制度，也会给工作带来不必要的矛盾，无特殊情况，原则上国家行政机关不应向领导者个人行文。

2. 个人的讲话一般不应以国家行政机关正式文件的形式印发。领导者个人在工作会议上或考察、调研时的讲话等，有许多是经过准备的，有些也是经领导集体研究通过的。但是，领导者个人在讲演的过程中，难免即兴发挥，规模较小的会议，也有即刻就与会下级的请示予以口头批示的情况。这些即兴发挥的讲话和批示，只能代表其个人的观点和意见，并有可能存在考虑欠周全之处，以行政公文的形式印发是不妥的。一般应以参阅文件或情况通报、工作简报等形式印发。管理类金融机构作为政府的部门，经常通过会议部署工作。领导在工作会议上的讲话，是经过领导集体讨论议定的，其内容是集体意志的体现，同时是对有关工作进行部署，有时甚至涉及工作的具体操作，因此，领导在工作会议上的讲话，有些是以公文的形式印发的。

3. 政府部门除就有关问题的商洽、询问、答复向下一级政府发函外，不能向下一级政府正式行文，如命令、决定、通知等这是由行政隶属关系和行政管理制度决定的。政府是由人民代表大会选举产生的，政府在行使行政管理权力时，一是向人民代表大会负责，二是向上一级政府负责；而政府部门是政府的组成部分，政府部门的职责和行政权力是政府授予的，政府部门的工作向政府负责。政府部门与下一级政府不存在行政隶属关系，不应对下一级政府行使行政管理权力。因此，在行文关系上，政府部门不能对下一级政府发布命令。下达决定、通知等。政府部门与下一级政府之间通过公文处理往来公务，可以使用函、意见、通报等公文形式。

4. 政府部门就有关问题未能协商一致时，不能各自向下行文。政府部门就有关问题没有进行协商，或者虽经协商未能达成一致意见时就各自下文，会导致政出多门，有时是同一事项重复部署，下级机关或受文单位需多头上报材料，增加了工作负担；更常见的情况是各部门的部署口径存在差异或政策上、操作上存在矛盾，政令不一，使下级机关或受文单位无所适从，贻误工作。国家行政机关依法履行行政职责是极其严肃、郑重的事情，如果因工作中缺乏协商或站在局部工作的角度规避协商，造成政策上的矛盾，操作方法"撞车"，或相同的情况解释口径存在差异，不但会给基层的工作造成麻烦，还将影响公文的行政效力，以至于影响政府的形象和公信力。

5. 国家行政机关不应对其他国家行政机关的内部机构行文。

6. 国家行政机关的内设机构（办公厅、办公室除外）一般不应对外行文。

7. 不同国家行政机关的内设机构（办公厅、办公室除外）之间原则上不应行文。

8. 不同国家行政机关的内设机构（办公厅、办公室除外）不能联合行文。

以上不应行文的情况是由国家行政机关公文的性质和国家行政机关的法律主体资格决定的。公文是国家行政机关依法行使行政管理权力，实施行政管理的工具。从法律的角度讲，国家行政机关是指依法成立、能以自己的名义独立地从事行政管理活动，并承担相应法律后果的行政组织，即该行政组织享有独立的主体资格，能以自己的名义独立地对外发布决定和命令以及独立地采取措施以保障这些决定命令的实施，并能承担由此而带来的法律后果，如能独立地作为行政诉讼、行政复议，或者国家赔偿的主体。而国家行政机关的内设机构不具备上述主体资格，不能以自己的名义对外作出决定、发布命令以及政策性、规范性文件，也不能以自己的名义承担相应的法律后果。国家行政机关就不应对其他国家行政机关的内部机构行文；国家行政机关的内设机构也不应对外行文；同理，不同国家行政机关的内设机构之间也不应相互行文和联合行文。但是，国家行政机关的办公厅（室）在授权范围内可以对外行文。需要说明的是，国家行政机关的内设机构（办公厅、办公室除外）不得对外正式行文的具体含义是：国家行政机关的内设机构不得向本部门机关以外的其他机关（包括本系统）制发政策性、规范性文件，不得代替本部门审批下达应由部门审批下达的事项。因工作联系沟通方面的事宜，如索要资料，收集数据，通知会议等确需行文时，应以函的形式；同时注意行文关系的对等和文种使用的恰当。

9. 规章等法规性公文未履行法定程序不得对外行文。2000 年 7 月 1 日起实施的《中华人民共和国立法法》第七十一条规定："国务院各部、委员会、中国人民银行、审计署和具有行政管理职能的直属机构，可以根据法律和国务院的行政法规、决定、命令，在本部门的权限范围内，制定规章。"这项规定明确了部门规章是我国法律体系的有机组成部分。与之相应地，为了解决我国立法实践中存在的诸如越权立法、法律规范之间相互抵触、立法质量不高，以及立法的透明度不高、听取意见不够，政府职能不明确、权力与职责不统一等问题，2001 年，国务院颁布了《规章制定程序条例》，以法规的形式专门就规章制定的程序进行了规范。《规章制定程序条例》第二条规定："规章的立项、起草、审查、决定、解释，适用本条例"，并就上述各个程序分章进行了阐述，同时规定："违反本条例规定制定的规章无效。"这就要求国家行政机关制定规章必须履行法定程序，未经履行法定程序不得对外公布，违反规章制定程序制定发布的规章是无效的。

10. 同一国家行政机关的内设机构之间的工作往来一般不应行文；能用电话、简报、便函、介绍信等方式解决的公务事宜不正式行文。除人事、内审、监察、会计部门涉及机构、人员、检查、财务、劳动工资等事项按规定程序行文外，国家行政机关内设机构之间的工作往来不应行文。因为机构、人员、财务、工资等工作，以及内审、监察部门的检查事项是需要严格履行程序的。公文作为规定程序的要素之一，具有现实依据和历史凭证等重要作用。除上述情况外，行政机关内部的日常工作往来事项，内设机构之间不应使用行文的方式处理。以上不能行文的几种情况，有的是行政管理权限决定的，有的是国家行政机关公文处理办法规定的，有的是在公文处理和运转实践中总结出来的，有的是国家行政机关保证行政效率、简约行政行为客观要求的。

二、行文方面应注意的问题

（一）合理确定行文级别

公文的级别不同，其内容的重要程度、权威性、效力等级是不相同的。一般来说,以行政主体名义的行文,其重要程度、权威性、效力等级高于以办公厅(室)名义的行文,而办公厅(室)名义的行文,其重要程度、权威性、效力等级高于司局名义的行文。各国家行政机关对本单位各级别公文的适用范围都有所规定,行文时应按照规定,根据公文涉及事项的具体情况,合理确定公文的适用级别,不应随意选择公文的适用级别,更不应为引起重视而随意提高行文级别,或者躲避或简化必要的公文办理程序而降低行文级别。

(二)避免重复发文

公文的性质决定了公文具有法定的权威性和规范作用,政令一经发出,就应"令行禁止"。为了维护公文"政令"的严肃性,在处理公务的过程中,应尽量防止公文的过多过滥。重复发文,主要有几种情况:一是部署工作,能够用一个公文解决的,非要发几个文。比如,召开会议,先发一个公文,部署准备会议材料;进而再发一个公文,告知会议议程、参加人员、注意事项等,并说明会议的时间、地点待确定后另行通知;然后就会议的时间、地点还得发个文。再如,用一个公文部署一项工作后,再发"补充通知"甚至"补充通知的补充通知",补充内容、解释概念、说明操作方法等。还有,公文发出后,发现发送范围有问题,该发送的没有完全发送到,于是,同一个公文向该发而没有发的单位再发一遍。以上种种,大多是由于经办人员工作不细致、考虑问题不周密造成的,不但影响了公文的严肃性,也影响了国家行政机关的形象。二是由于各种原因,工作中有时会出现一个文件发下去,没有效果或效果不佳的情况,于是就再发一个甚至几个文,反复强调,反复部署;还有,发文要求报告情况、数据的,已经逾期了对方仍然没有报,于是就再发一个甚至几个文催报,试想,发一个文不能达到目的的事情,依靠多发文是不能最终解决问题的;再有,同一项工作,因内部缺乏协调,多次发文从不同的角度进行部署,甚至从相同的角度重复部署,如此种种,都会影响国家机关行政的权威性和公文的严肃性。三是依据程序进行的常规工作用公文部署。比如每年都要发文部署的各项常规工作的检查、日常工作安排等,公文在内容上并无新意,几乎是"例行公事",这样的公文发与不发,印发后收文方看与不看,对工作均不会产生什么影响,应该尽量不发,至少是逐渐不发,以转变单纯靠发文件组织工作的办公方式,改革行政工作组织形式,减少行政资料和人力、财力的浪费。

(三)避免用文件套发文件

除转发上级机关或不相隶属机关的公文、印发法定公文以外的公务文书

（如简报、备忘录、讲话等）或下级机关的公文外，应尽量避免用公文套发公文，例如，用一个无实质内容的"通知"附发一个"指导意见或会议纪要"等，因为"意见、会议纪要"属于法定公文，可以单独发出。当然，如果需要在通知中就"指导意见或会议纪要"的背景情况、执行要求等做出说明，而指导意见或会议纪要的独立性又较强，难以添加这些情况，指导意见或会议纪要也可以作为附件，应视具体情况而定。同时，有关工作要点、规则、程序等，如无特殊需要，应尽量在"通知"中部署，以避免用一个公文附发另一个或多个公文。另外，发文应尽量减少附件，除独立性较强、必须单独表述的材料、报表外，能够在公文正文中传达、表述的内容，均不宜单拿出一个或多个附件来。

（四）行政格式文书制发应该合法合规保证质量

按照《中华人民共和国行政处罚法》、《中华人民共和国行政复议法》、《中华人民共和国行政许可法》，"一行三会"作为行政主体，具有依法审批行政许可的责任、依法进行行政处罚的权力，以及依法履行行政复议的义务。依法办理行政许可、行政处罚、行政复议事项时应按规定使用相应的行政格式文书。

行政格式文书是指"一行三会"实施行政处罚、行政复议、行政许可等所使用的具有法律效力的文书。包括承办、审核、会签、审批、编号、印制、盖章、送达、归档等一系列相互联系、衔接有序的工作。行政格式文书拟稿部门负责人应切实履行职责，对行政格式文书的内容、真实性和准确性负责。主办单位的办公室（综合处）要对本单位拟写的行政格式文书进行审核，重点对行政格式文书的种类、格式、文字等进行把关。主办单位负责人是保证行政格式文书质量的第一责任人，要加强领导和督促检查，确保本单位主办的行政格式文书格式规范，内容准确，程序严格，办理高效。第十一条行政格式文书和签报的内容涉及其他单位的业务，特别是涉及法律问题，主办单位应及时办理会签。法律部门负责对会签文稿涉及的法律问题审核把关。行政格式文书由主办单位负责编号和印制。行政格式文书的编号由人民银行统一的标识"银"、主办单位的代字、行政格式文书类别、年号、顺序号等要素组成。行政格式文书的落款日期以印发时间为准。行政格式文书一律使用A4纸打印。行政格式文书印制份数原则上按照主送单位、主办单位、会签单位，档案部门各一份来确定。需要送达当事人的行政格式文书，主办单位应按照法律、法规、规章的有关规定及时办理送达事宜，并将填写的送达回证随行政格式文书一并送受送达人。

送达人应要求受送达人在送达回证上签字或盖章；如受送达人无法在送达回证上签字或盖章，送达人应将文件交其成年家属、近邻、工作机关或受送达人居住地居委会代收。代收送达回证的，送达人应要求代收人在送达回证受送达人栏内签名或盖章并注明与受送达人的关系。如有其他需要说明的，应在送达回证备注栏内注明。以邮寄方式送达的行政格式文书，邮寄回执视同送达回证，邮寄回执上注明的收件日期为送达日期。主办单位应保留邮寄回执。

第七章 经营类金融机构
几种常用应用文的写法

经营类的金融机构常用的金融应用文主要有事务性的应用文。这些应用文又是维护金融机构进行正常运转和经营的有力保证。本章重点研究最常用的计划、总结、会议文书等最常用的也是金融硕士必须掌握的基本有关事务性应用文的写法和有关知识。

第一节 金融机构的工作计划编写

工作计划是经营类金融机构各项工作的基础和执行任务的根据，年初，各金融机构各部门都要编写出全年的工作计划，甚至每项工作从立项到完成都会有一个完整的工作计划。可以说，编写计划是金融机构各项工作的开始，写好工作计划是每个金融硕士走向职场的必备的基本功。

一、计划的概念及构成

工作计划又简称计划，经营类金融机构常用的应用文——计划是计划类文书的统称。它是对未来将要进行的，在一定时期内应完成的工作、生产、学习及其他活动所作出的筹划、部署与安排，并形成的书面材料。计划根据其时限、详略和成熟程度的不同而有不同的名称。如规划、纲要、要点、设想、意见、方案等都属于计划的范畴。计划按其所要完成任务的内容分类，可分为工作计划、学习计划、生产计划、服务计划以及综合计划等类型。工作计划是各金融机构根据一定时期内的总体任务、原则和要求，对未来一定时期内的工作任务进行分解和规划，预先拟定任务目标，工作内容，实施步骤，落实措施，完成时限等的一种应用文。可以说，工作计划就是对今后一段时期工作的打算与安排，是最重要的一种应用文。

根据工作计划内容和要求的不同，计划又分为规划与设想。规划是指跨越时间较长、涉及面广、展示远景的粗线条的正式计划；设想是指对长远工作所做的预设，是一种初步的、不够成熟的、粗线条的参考性计划。

计划在一定情况下又分为要点与意见。这两者都属于粗线条的计划，特点是都偏重于政策性、原则性的指导，主要用于上级机关给下级布置工作，提出任务，交代政策，提供方法等。但两者仍有细微差别：要点是对一段时间的工作作出简要安排，重点突出、文字扼要、分条列项、成条文式的；而意见则是上级对下级布置某一阶段的几项工作，对需交代的政策重点提出具体要求。计划有时又以安排与打算出现。安排与打算都是指时间比较短、内容较为单一具体的计划。但二者仍有差别：安排是指预定在短期内要做的一些事情的具体计划要求；打算则是准备在近期要做的，但对其中的指标或措施等只能做原则性要求的计划。计划有时候变现为方案。如对一个项目它是对某项工作的实施，经过深思熟虑，从目标、任务、要求、方法、措施、步骤、进度等都作出周密安排的计划。如贷款计划方案的制订就包括很详细的内容。金融机构常常根据完成工作任务的时限长短可以将计划分为长期计划、中期计划和短期计划。一般将部署六年以上的长远工作计划称为规划；而部署中期（二至五年）计划，短期（一年以下）计划称为年度计划。

二、计划的种类

1. 按金融机构所辖范围分：有总行计划、分行计划、地区或县支行工作计划；或者一个金融机构中分为不同部门的工作计划以及个人工作计划等。

2. 按任务完成时限分：有年度工作计划，跨年度工作计划、阶段工作计划等，也可以分为长期工作计划（规划）、短期工作计划（工作安排、工作打算）等。

3. 按性质分：有专项性计划如贷款计划、综合性工作计划如金融机构综合服务计划。专项性计划是指就某单一的专题工作拟订的计划；综合性计划是指就包括一定范围内多方面的综合性工作而拟订的工作计划。

4. 按计划书写形式分：有文书式计划、表格式计划和文书与表格相结合形式的计划。一般金融机构的计划都为图表结合的计划，这样一目了然并且容易落实和检查进度。

三、计划类应用文编写和制定的特征

1. 编写及制订计划一定要有预见性。计划是为未来一段时期内编写的，是为指导未来的工作以及完成未来的某项工作或规划某种发展趋势而编写的，编制计划时一定要具有超前性和预见性，一定要从客观实际出发，根据事物发展的客观规律，对未来的发展趋势作出科学的判断，客观分析现状，科学预测未来，从而指导工作实践。要充分预见计划实施过程中可能出现的问题与困难，提出必要的防范措施和解决办法，确保工作计划的落实，预计目标的实现。编写计划时一定要考虑可能出现的困难和政策性因素，必须将可能出现的对计划实施产生重大影响的因素考虑在内，也就是人们常说的计划一定要留足空间，切忌缺乏预见性，导致编制的计划要么难以实施，要么不切合实际。

2. 编写和制订计划一定要有可行性。金融机构的计划来源于经营管理和金融服务需要，既是为未来一段时期经营管理及金融服务的需要做指导，也是为未来一定时期内工作提出奋斗目标。每一个工作计划中的每一项目标、任务、措施的制定必须是符合金融机构自身经营服务的特点以及竞争的需要，切实可行的，既不能过于超前也不能不费力气就能完成，所谓切实可行就是在金融机构能在动员所有力量的前提下，通过艰苦的努力，将工作目标转化为现实工作成果，计划能够更有效地指导工作实践，通过计划的实现能够有效防范风险。如果制订的计划脱离实际或者完成难度过大，失去真实的可行性，编制的再好也只是一纸空文。

3. 编制计划应具有极强的目的性。金融机构的各种计划都是针对某种具体情况编制的，它是把握工作目标，完成工作任务的保证，有了切实可行的计划，才能明确奋斗目标，避免或减少工作中的盲目性、被动性和随意性，也为未来提出一个可以预见的奋斗目标。因此，任何工作都应该未雨绸缪，应该有明确的工作目标。在计划中明确提出未来在一定时期内，要完成什么任务，采取什么措施，取得怎样的效果，达到什么样的具体目的，工作计划中对以上内容都应该有明确无误的表述，缺一不可。

4. 编制计划应具有规范性。所谓规范性是指不论编制人员是什么人，但编制计划都应依照固定的格式所必须具备的内容，以及成熟固定的用语和明确的

任务来完成。计划作为一种应用文体，因工作性质和内容不同而具有不同的内容，不同的完成期限以及不同的编写方法，每一项计划的名称也不尽相同，但是，所有的计划都必须具备的基本要素包括：要完成的任务，完成任务的措施，完成任务的时间。即"做什么"，"怎么做"，"何时做"和"何时完成"。因此，构成了固定的计划程式和规范。只有具备规范性才能消除随意性，才能更容易检查和落实。

四、编制计划的作用

1. 任何工作和行动有了相近的计划，就有了明确的工作及任务目标，就可以统一调度资源，指导协调行动，增强工作的自觉性和创造精神，规划工作的进度以及预先提出就未来工作中问题的办法。这是金融机构完成每一项任务，提高工作效率，实现工作目标的重要前提。

2. 制订合理的工作计划，可以合理地安排和使用人力、物力、财力，充分发挥相关单位和部门所有员工的积极性，有条不紊地推动计划中要求的各项任务进行，力求完成计划所有要求的各项目标，这是金融机构完成各项工作任务的重要保证。

3. 计划是明确工作目标的保证，可以将各项任务的具体措施和具体实施步骤格式化，金融机构制订合理的计划，并为完成计划建立正常的工作秩序，是不同的机构和部门通过计划进一步明确各自职责，有条不紊地开展工作，取得事半功倍的效果，这是完成工作任务的重要保障。

4. 计划又是随时检查完成任务进度的尺子。通过计划完成情况，可以检查各机构各部门任务，就能随时掌握工作进程，督促检查任务完成情况，从而有利于信息的及时反馈，能根据最新情况提出意见和建议，对原计划作出合理的调整。因此，它是检查督促工作，对计划进行调控的重要依据。

五、工作计划写作的基本步骤

（一）选用适当的方式

金融机构编写的计划特别是信贷计划或者其他经营管理计划制订的方式，一般有自上而下和自下而上两种，自上而下即由上级领导下达指导性意见或计划的粗略提纲框架，而后由下级进一步丰富、完善并具体拟定；自下而上，即由下级根据总体工作目标拟订初步计划，上级再对初步计划加以完善，提炼成一个总体性的工作计划；还可以将自上而下和自下而上两种方式结合起来。编制计划一定要根据本机关、单位或部门的实际情况，恰当选用这三种方式。

（二）编制前一定要吃透"上情"和熟悉"下情"

"上情"是指上级的方针政策及制订该计划的背景和基层的实际情况。在计划编制之前，首先要深入学习、研究党和国家在这个时期的有关路线、方针和政策，深刻领会上级的指示精神和工作任务的目标及指导思想。只有熟悉"上情"，制订的工作计划才能目标清晰，指导思想明确，将国家的大政方针通过本单位本部门的具体计划进行具体落实。所谓熟悉"下情"是指要围绕中心，深入调查研究，掌握第一手资料，对本单位、本部门实际情况的认真分析研究，对基层的新问题、新情况进行深入的了解，对编制计划及执行中的有利因素、不利因素及各种必然、偶然因素进行深入分析。只有这样，才能做到胸中有数，分析到位，预测准确，这是编制好计划的起点。

（三）任务确定应该留有余地

在吃透"两头"的基础上，要根据上级的精神要求和基层的实际情况，确定年度内计划工作的方针、任务、要求，再根据工作的方针、任务、要求来确定工作的具体办法、措施，进而确定具体实施和贯彻执行的步骤、进度、时间等，环环相扣，井井有条，既要考虑客观实际需要，又要考虑主观可能；既要考虑计划的先进性，又要考虑计划的可行性。特别是在制订计划时一定要留有余地，不能一味蛮干，不能超出实际执行能力制订不切合实际的计划。

（四）计划制订强调"两上三下"的编写程序

计划的起草一般要经过"两上两下"的程序。"一上"是指计划制订一般要求基层上报计划需求，上一级主管部门对所上报的基层计划需求进行汇总编制和取舍，然后下发给基层征求意见，基层将意见反馈给上级计划编制部门。上一级计划编制部门对下级或者基层的意见再次讨论整理草拟工作计划的初稿，将此稿再次下发征求意见，并将返回的意见再次整理汇总，最终经领导批准下发。从工作程序上看，这是形成工作计划的一个完整过程，也是撰写工作计划的关键环节。要求金融机构的员工必须掌握这种编制方法。"二上三下"编写程序的优势是：下级或者基层上报计划草案汇总后，必须有一个修改完善的过程，这样，可以保证计划编制具有可行性，不征求基层意见或者有关部门和人员的意见，编制计划只能是闭门造车。

一般的短期工作计划，征求基层意见并修改完善过程较为简单。而一些中长期工作计划（规划）、重大的专项工作计划则需要通过各种形式来论证、完善。如请专家论证，进行科学预测，尽量减少工作计划的失误和盲目性，使之更科学、更完善；如召开各类座谈会听取不同意见，集思广益，既弥补工作计划制订时可能出现的疏漏或失误，又使计划本身更具群众性，从而更易调动群众积极性，更有利于工作计划的实施、工作目标的实现。

对于初步编制的计划还应再次反馈给基层和有关部门及有关人员再次征求意见，将征求的意见收集整理完毕，进行科学合理的编写，并再次下发征求意见。计划的修改完善贯穿于计划撰写和实施的全过程。由于计划编写工作是一个非常重要的工作，一个科学和操作性强的计划需要广泛征求基层的意见并且多次的协调才能下发。同时，对问题的认识，有一个逐步完善，由浅入深的发展过程，特别是对复杂的事物或问题更是如此。因此，计划的编制从接受任务到酝酿构思，起草写成，往往需要经过反复讨论、研究，推敲、琢磨后，才能最后定稿。

即使定稿后，计划已经付诸实施，在实施过程中还常常会根据不断出现的新情况、新问题而对工作计划中不适应客观实际的那部分内容及时加以修订补充。实践是检验真理的唯一标准，计划制订的科学与否，只有在实践中才能得到验证。不但要求撰写者具有一定的政策水平和思想水平，掌握撰写工作计划所需的丰富的第一手资料，还要求撰写者了解计划类文书的特点、规律和要求，具有一定的文字表达能力。

六、计划的编写方法

金融机构的计划是一项常用的金融专用文体，在长期的实践过程中，它已形成基本固定的格式和写法。金融机构常用的工作计划一般由标题、正文和落款三部分组成。

（一）标题

标题是金融机构常用工作撰写的核心，看了标题就知道这是一个什么计划以及干什么的计划。计划的标题一般有两种：完整式标题和省略式标题。

1. 完整式标题。完整式标题由制订地区（单位）名称、计划时限、内容和计划名称四要素组成。如《××行××××年度信贷工作计划》，"××行"是制订信贷计划的金融机构或者金融机构中有关职能部门的名称，"××××年度"是计划的时限，"信贷计划"是计划的内容和名称。

2. 省略式标题。省略式标题是指对完整式标题中某些要素有所省略的标题。

（1）省略制订计划金融机构（单位）的名称：如《2004年中间业务发展计划》。这种标题在正文之后落款部分要署上某金融机构或者某金融机构中间业务部（单位）的名称。

（2）省略时限：如《中国人民银行××分行工作计划》，标题中省略了计划的时限。这种标题一般会在标题之下居中注明制订计划的时间。

（3）省略制订计划机构和部门（单位）的名称和时限：如《金融理财产品发行计划》，这种标题必须在落款部分署上制订计划金融机构或者机构内部部门（单位）的名称。

另外根据计划制定和编写进度情况，如果计划尚未最后定稿，可以在标题之后注明"初稿"、"草案"或"征求意见稿"等内容，并加上圆括号。

（二）正文

金融机构工作计划的正文一般由前言、主体部分和结尾三部分组成。

1. 前言。金融机构的工作计划除了极简短的工作安排外，一般工作计划都有前言部分。计划的前言部分，主要写出制订计划的指导思想。它是制订计划的依据，也是制订计划的指针。大体上包含以下三点内容：

（1）制订计划的依据，即写明所遵循的方针、政策以及上级的指示、部署。

（2）根据金融机构或者职能部门的实际情况，对完成任务的内部和外部、主观和客观、有利和不利的条件进行分析，说明完成计划的必要性和可能性。

（3）提出总的任务和要求，或阐释完成计划指标的意义。一般情况下，所有的工作计划都必须包括这三方面内容，工作计划的撰写者要根据计划的实际情况和内容选择使用。前言的要求是简洁明了。

2. 主体部分。主体部分是指计划完成任务的项目，是计划正文的主要部分。它的内容大体上应包含目标、措施（怎么做）和步骤（分几步完成）三方面的内容。

（1）目标与任务：这是计划的灵魂。计划就是为了达到某一目标、完成一定任务而制订的。目标是计划产生的导因，也是人们奋斗的方向。因此，计划应根据需要与可能制订出在一定时间内应达到的目标，据此规定应完成的任务和应达到的要求。任务和要求应该具体明确，有的还要定出数量、质量、时间要求。

（2）措施与办法：要确保实现目标和完成任务，就必须制订出相应的措施和办法，这是实现计划的保证。措施和方法主要指达到既定目标需要采取什么手段，动员哪些力量，创造什么条件，排除哪些困难等。总之，要根据主客观条件，统筹安排，将"怎样做"写得明确具体，切实可行，保证计划的完成。

（3）步骤与时限：这是指执行计划的工作程序和时间安排。每项任务，在完成过程中都有阶段性，而每个阶段又有许多环节，它们之间常常是互相交错的。因此，制订计划必须胸有全局。一般总把计划分成几个阶段合理安排，哪些先做，哪些后做；在实施当中，又有轻重缓急之分，应该明确哪是重点，哪是一般。在时间安排上，既要有总的时限，又要有每个阶段的时间要求以及人力、物力的相应安排。

以上内容要分条列项来写，每一项只写一件事、一个问题，这样眉目清楚，易于执行。

3. 结尾。计划的结尾部分应根据行文需要而定。一般的工作计划主体内容写完即可，不必另加结尾。但是重要的工作计划应加结尾。常用的结尾部分有以下几种写法：

（1）指出贯彻执行工作计划时应该注意的事项，指出可能出现的问题并提出防范的措施；

（2）概括全文，进一步突出重点，强调重点工作对完成总体任务的重要性；

（3）提出要求，发出号召，激励全体员工为完成计划中设定的目标而努力奋斗。

（三）落款

如果是完整式标题，那么落款时只需在正文的右下方标明成文日期即可。如果是省略式标题，则需要在正文右下方署明单位名称。换行后，在单位署名下方标明成文日期。

一般情况下，如果工作计划中附有表格或其他附件，应该在正文之后，落款之前分别注明。

第二节 金融机构常用工作总结的写法

工作完成后一定要有一个总结，只有做好总结，才能为下一步工作提供经验和吸取教训，总结经验既是本次工作的结束，又是下次工作的开始。我国的金融机构一般都会事前做计划，事后做总结，这已成为一种工作方式和工作状态。我国金融机构各项工作的运转一般都是遵循这样模式在运转。即"计划—实践—总结—再计划—再实践—再总结"这样的多次循环往复而不断改进、提高和发展。金融机构的工作总结是最常用的一种金融应用文体。最常见的"工作小结"、"工作回顾"、"经验交流"、"工作报告"和"体会介绍"等都属于总结类文书的范畴。金融机构常用的总结类文书还包括个人工作总结。

一、金融机构常用金融应用文工作总结的含义与种类

（一）工作总结的含义

金融机构的工作总结就是对已经做过的某一个时期工作或某一专项工作进行回顾检查、分析研究、归纳整理，从中发现问题，吸取教训，找出规律性的东西，并作出客观的评价，以肯定成绩与经验，找出存在的问题，指导今后的工作。工作总结是金融机构最常用的一种应用文体，它是对事物本质的概括，对工作实践的理论升华以及对未来工作的指导。

（二）工作总结的种类

1. 按内容分，有全面工作总结、具体的某一项工作总结等。

2. 按范围分，有机构工作总结、部门工作总结、机构所辖地区部门的总结等。

3. 按时限分，有年度工作总结、跨年度工作总结和阶段性工作总结等。

4. 按功能、作用分，有汇报性工作总结、报告性工作总结、经验性工作总结等。

汇报性工作总结就是金融机构的下级单位向上级主管机关或领导所做的某一时期或某项工作的情况汇报，其写作目的是对上级负责，使上级领导部门了解情况，便于指导工作。此类总结也称"工作汇报"。

报告性工作总结则常用于金融机构以及金融机构地区或者部门的领导在各

种大会上所做的关于某一工作的总结性发言，有时会后可以作为文件下发。其目的是让金融机构下级对本机构、本地区、本部门的工作有一个全面了解和正确评价，以增强信心，鼓舞士气，明确今后努力的方向。

经验性工作总结一般是以介绍一个金融机构或者其某一个部门工作中某些先进的、有成效的做法和体会为主。其写作目的在于交流经验、取长补短，以及为其他部门和员工提供参考和学习的榜样，达到共同提高的目的。

5. 按性质分，有综合性工作总结和专题性工作总结。

虽然根据不同的划分标准，对工作总结可以进行多种分类，但从工作总结的写作要素来看，主要有综合性工作总结和专题性工作总结两大类，能集中反映工作总结的性质、范围和时限等内容。

综合性工作总结是在一定时期内对金融机构系统或者不同部门的工作进行全面、系统的总结。其内容包括任务完成情况概述、成绩和经验、不足之处和教训、存在的问题和今后应采取的改进措施等，常用于年终或某项工作进行到某个阶段、向上级或向员工做的总结报告。如金融机构综合工作报告、金融机构的各地区或各部门年度工作总结等。这类总结往往涉及面较广，内容比较全面详细，工作的方方面面都要讲到。总结的重点是讲成绩讲经验，同时，也要提出教训和不足以及今后努力方向、采取的措施和办法。写作时要注意详略得当，突出重点。切忌总结主次不分，材料堆砌繁杂，没有主次、没有总结也没有归纳，在总结里没有提炼出带有规律性的认识，找不出存在的差距和不足，这样的总结就是很失败的总结，对今后的工作起不到指导作用。从综合总结的作用看，综合性工作总结多属于汇报性工作总结。即向上级或者向全体员工汇报过去一年的全面工作或者某一项工作的完成情况。

专题性工作总结是对一项工作或某方面的经验、问题专门进行深刻分析、归纳、阐述，不涉及其他方面的内容。这类工作总结往往偏重于总结经验或者在此基础上找出完成此类工作或者任务中的规律性的东西，因此，在书面上报或下发时又可以称为经验总结，而在刊物上刊登或在会上交流时，也可称为经验介绍。写作这一类工作总结，内容要集中，特色要突出，经验要典型和具体，切忌泛泛而谈。一份高水平的专题性工作总结往往对今后的工作实践具有很强的指导意义和借鉴意义。

二、工作总结的特点

（一）工作总结的特点

1. 目的性。工作总结作为一种常用应用文体，有其鲜明的个性特点，其中尤其以目的性最为显著。工作总结的目的，从总体上讲就是更好地认识所做的工作、认识工作和任务的本质、通过总结找出一些规律性的东西。通过总结，从实践中得到经验与教训，经过正确的分析与思考，形成带有规律性的认识，从而上升为理论再用于指导我们的实践，推进认识的发展、工作的提高。因此，对工作进行总结前必须进行全面的布局与思考：在这份总结中，究竟要总结什么内容，达到什么目的，起到什么作用。它既要反映金融机构的实践活动，又要高于实践，提炼上升为理论，进而指导未来金融机构的实践活动，这是每一个金融机构进行工作总结的意义所在，也是总结的最终目的。

2. 客观性。由于工作总结是事后才写的文种，所以它是事后的总结和整理，因而工作总结的内容应该是金融机构在金融运行和经营管理实践活动中的真实反映。工作总结中的观点和结论应该是金融机构从自身经营管理实践活动中抽象出来的认识和规律。因此，对于每个金融机构来说，工作总结必须实事求是，有一说一，不能报喜不报忧。

3. 理论性。一份质量好水平高的工作总结，在具备目的性和客观性的基础上，还应必须具备理论性的特点，因为只有上升到理论性，才能对今后工作具有促进、指导意义，这也是工作总结成败的关键。即具有理论指导意义的总结，才能在总结的过程中回答"做了什么"、"怎样做的"和"做得怎样"的问题，更为重要的是回答"为什么这样做"，对金融机构而言，一份高水平的总结可以帮助其实现从感性到理性、从物质到精神的认识飞跃。但是，工作总结的理论性有别于经济金融基础的理论性，它只是从实际情况出发并在实践中得到验证的画龙点睛式的结论和经验的理论化。

（二）工作总结与调查报告、议论文、工作报告的区别

1. 工作总结与调查报告

两者的共同之处在于：第一，两者都特别强调从调查研究入手，尊重事实，实事求是，因而具有鲜明的客观性。在实际应用中，专题性经验总结与典型经验的调查报告更有相似之处。第二，两者都要求重点反映和宣传党和国家的有

关方针政策、法律法规，因而，具有较强的政策性。第三，两者都以提高认识、揭示本质、掌握规律、有效地推动工作为宗旨，因而对今后的工作具有一定的指导性。

两者的主要区别：第一，作者身份与人称不同。工作总结多数由金融机构本系统写，常用第一人称；调查报告的作者往往由上级机关或有关部门派人或指定专人来写，多用第三人称。第二，取材的范围不同。工作总结主要取材于金融机构以及其下属的不同地区、不同部门、不同单位，从实践者亲身经历中取材；调查报告则不限于本单位和某一时期，可面向社会，进行广泛的调查，收集材料。第三，写作的目的不同。工作总结是金融机构通过对本系统、不同部门的经营与管理活动的深刻分析，达到肯定成绩，发现问题，总结经验教训，寻找规律性的东西，达到今后进一步快速开展工作，不断提高工作效率的目的。因此，金融机构除经验介绍性质的总结外，工作总结一般极少对外公开发表和宣传；而金融机构的调查报告不同，则要求从调查对象得出结论，以点指导面，且经常发表于报刊上，具有一定程度的新闻性。

2. 工作总结与议论文

（1）两者的共同点。主要是都要求观点和材料尽可能达到完美的统一，都要运用议论手法，使文章的理论概括达到一定的深度等。

（2）两者的主要区别：第一，写作内容与目的的差异。金融机构工作总结的目的是为了总结经验教训，找出今后开展工作过程中所需的规律性的指导东西。这些经验教训强调的是从工作实践中引出的事物本身所具有的本质与规律，因而具有客观性。议论文则更是个人或者单位就某件工作或者某件事情所发出的感慨或者议论。它强调各抒己见，需要有独到见解，具有一定的主观性。第二，材料来源及运用的差异。在材料的来源上，工作总结是金融机构从本系统、本部门的实践中选取相关的材料，即都来自金融机构的自身或者本体；议论文的材料则不受时空限制，古今中外都可涉及。在材料的运用上，金融机构工作总结是对以往工作的回顾，因而要反映工作或活动开始、发展、结局的全过程或某一阶段；议论文则援引事件或结论式叙述，不必叙述过程。第三，结构及表达方式的差异。金融机构工作总结的结构有一定的模式，采用的是概括叙述，而议论文是在概叙事实基础上的，一针见血、一语中的地揭示事物本质与规律的评价式议论。议论文的议论则是引经据典，追求完整的逻辑推理论证方法，其理论的色彩强于工作总结。

3. 工作总结与工作报告

（1）两者都以过去一段的工作回顾为基础，这是共同之处。

（2）两者的主要区别：第一，在内容上，金融机构的工作总结着重总结经验教训，寻找出对未来工作有指导意义的规律性的东西。工作报告则是重点阐述下阶段的工作方针、任务、方法等。第二，在作用上，金融机构工作总结旨在提高本单位人们的认识水平，指导今后的工作实践。金融机构工作报告往往是领导机关在回顾总结前一阶段工作的基础上，向下级指示和布置下一阶段工作，如各级党和政府的工作报告，各种专业会议上领导的报告等。至于工作汇报，则是下级向上级反映情况的一种材料，它和工作总结相类似，但内容比较简略，偏重于陈述情况、反映问题，缺少工作总结的理性分析。

三、工作总结的作用

1. 认识作用。金融机构在经营管理中接触到大量感性材料，而这些材料一般是零乱的、片面的，不是事物的全体、本质，更没有揭示它的内在联系与发展规律。工作总结的作用，就在于将这些感性材料，加以"去粗取精，去伪存真，由此及彼，由表及里"的分析研究，使之系统化、条理化，上升为理性认识。必须通过"实践—总结—再实践—再总结"的过程，使得对金融机构的认识可以逐步深化，进而掌握事物本质与规律。可以说，金融机构工作总结是金融机构寻找金融运行与风险防范、掌握规律的一种重要手段，也是把感性认识上升为理性认识，提高认识水平的必由之路。

2. 指导作用。金融机构通过工作总结，促使员工懂得工作怎样做才会成功，怎样做有可能失败，从而认识和掌握办事规律。对于上级机构和领导者来说，总结尤为重要。它是上级机构和领导者集中群众智慧、获得正确思想和领导经验以利于作出重要决策的必要手段。在长期的经营与服务过程中，金融机构自身发展中具有的经验和教训都是伴随着无数次的实践与总结才取得的。通过不断的总结，金融机构可以尽快找出正反两方面的经验与教训。通过比较，发扬先进的经验和做法，改进工作中的不足之处，今后的工作就会做得更好。从这个意义上讲，金融机构如果没有不断的总结，就没有各项工作的进步与发展。

3. 交流作用。工作总结是金融机构内部检查工作、交流信息、鼓舞士气的有效工具。通过总结对照，就能发现成功的经验和失败的教训，通过总结相互交流，取长补短。同时，金融机构内部的各部门各单位之间组织开展交流，可以消除误解，共同提高。

（一）金融机构工作总结的写作方法

1. 工作总结写作的基本步骤。一是写总结要全面收集有关资料。收集和掌握丰富的第一手资料，这是写好工作总结的先决条件和形成正确观点的基础。起草工作总结时，要全面了解和分析情况。首先，要注重日常的积累，要随时把工作进程中的情况，包括做法、效果、点滴经验体会、典型人物与事例、有关细节与数据、存在的问题等都记录下来；同时还应掌握计划、简报、汇报资料、会议记录等有关材料，作为总结的重要根据。其次，要多听取不同部门和单位的员工对金融机构工作的评价。采取座谈会和个别谈心等方式，深入了解不同岗位的员工对金融机构或者各部门工作的意见、看法与评价，为撰写工作总结获得更多真实具体的情况、丰富生动的材料和深刻新颖的见解。金融机构中各员工的意见与评价，往往是书面材料上所没有的，是更加鲜活、更加贴近实际的活材料。除此之外，还要了解相关行业或部门对自己机构或部门工作的评价。从横向的比较中分析总结，视野才会更加宽阔。最后，要听取单位领导和主管部门对工作的意见。由于领导和主管部门对整个工作过程及情况全面了解和熟悉，提出的意见对工作总结往往有指导作用，便于我们起草时尽快地把握住总结的中心和重点。

二是对现有的资料进行认真分析研究，去粗取精，去伪存真。分析现有的资料是写好工作总结的关键。分析研究的深度就是这份工作总结水平质量的高度。撰写总结的根本要求，就是要从现有的材料中归纳整理，找出规律性的东西来指导今后的工作实践。要求对收集的原始资料进行"去粗取精、去伪存真、由此及彼、由表及里"的思考，包括对材料的鉴别、选择、归纳、整理，从纷繁的现象中分清事物的真实与虚假、本质与现象、主流与支流、共性与个性、重点与一般、事物的内在联系与发展趋势。从而使感性认识上升为理性认识，总结出具有典型意义的、带有规律性的经验，写出有思想深度的总结来。

2. 拟订撰写总结的提纲。在占有多方面的材料，就可以确定工作总结的大致框架，并且用准确精练的文字概括出来，这就是提炼观点的过程。在拟订提纲时，应考虑总观点与分观点的关系，分观点之间的内在联系与排列次序以及材料的分布、各部分内容详略的安排、观点与材料的统一等。拟订提纲的过程就是将材料与观点统一起来的条理化、系统化的过程。确定了提纲，就有了方向和依据，总结就有了基础。

（二）工作总结的基本构成

1. 标题。工作总结的标题有公文式标题和新闻式标题两种。

一是公文式标题。公文式标题就是工作计划式标题，有完整式标题和省略式标题。

（1）完整式标题：由金融机构工作总结单位的名称、所总结事项的时间、内容和名称四要素组成。如《×××银行×××年金融市场创新工作总结》。其中"×××银行"为工作总结单位的名称，"××××年"为所总结事项的时间，"金融市场创新"为所总结事项的内容，"工作总结"为名称。

（2）省略式标题：有省略金融名称的，如"二零一四年系统青年精神文明建设工作总结"；有省略时间的，如"中国银监会××银监局金融监管工作总结"；还有省略单位名称和时间的，直接"信贷工作总结"。但是公文式标题中的文种绝对不能省略。

二是新闻式标题。新闻式标题又称通讯式标题，分单标题和双标题两种。

（1）单标题：即只有一个中心标题，用一句话或一两个短语概括工作总结的主题或提出总结中将要回答的问题。

（2）双标题：即主标题加上副标题。正标题概括表示总结的主题，副标题限定总结的范围或时限。如"求实、高效、廉洁、服务——××信托公司×××年工作总结"。在日常工作实践中，常规性的工作总结大多使用公文式标题；用于介绍经验，交流工作体会，特别是用于报刊杂志上发表的各类总结文章，大多用新闻式标题。工作总结的标题相对于其他公文标题而言，要相对灵活宽泛。虽然，工作总结的标题虽然形式多样，但都必须简明准确地反映总结的范围或基本经验，要求能概括内容，明白易懂，题文相符，分寸适度，切忌含糊不清或文不对题。标题在简明准确的基础上，要求新颖、醒目。

2. 金融机构工作总结的正文部分。正文一般由前言（导言）、主体、结尾三部分组成。一是总结的前言（导言）。前言即正文的开头部分。简要介绍工作总结的背景、根据、时间、内容等基本情况，概括将要总结的成绩和经验，使读者对总结的全貌有一个基本的了解，并为下面的行文做好铺垫。前言中所介绍的概况，因总结的目的不同而有所侧重，但基本要求都只有一个，那就是必须紧扣全文中心，切合主题需要。工作总结的前言一般有以下几种写法。

（1）概括式：简要介绍与工作总结有关的基本情况，不用求全求详。

（2）提问式：在总结一开头即设问，提出问题，引出总结的重点，以吸引人们的注意力。

（3）对比式：将前后两种情况进行对比，使人们非常直观地看到前后两者的优劣和成绩。

（4）结论式：开头即明确提出工作总结的结论，概括地点出所要总结的主要经验和突出成绩，使读者直接了解该总结的主题。

（5）提示式：对总结的工作内容、范围进行提示性、概括性的介绍。

二是金融机构工作总结的主体。（1）主体的基本内容：主体是工作总结正文的主要部分，也是重点部分。主要有以下几项基本内容：第一，基本情况介绍。任何工作总结都要先概述完成工作的基本情况，包括交代清其工作的时间、地点、背景，简述工作过程、主客观条件、基本做法（方法、措施、步骤）。总之，做了什么和怎么做的，这是总结的依据和前提。第二，经验体会总结。这是对所做工作的分析评价。工作做得怎样，是还是非，得还是失，它收到了什么效果？取得了哪些成绩？取得成绩的原因是什么？由此可以看出哪些做法是切合实际、符合规律、行之有效的、有什么经验值得借鉴。如果哪项工作失败了，失败的原因是什么？是主观思想不对头、方法措施不得力，还是客观条件所限，对这些成功与失误要进行综合分析，对它们的是非、得失、优劣作出正确的评价。当实践上升为理论，才能揭示出工作中带有规律性的东西，认识才能产生飞跃，对今后的工作有指导价值。这部分是总结的灵魂，总结的重心，善不善于总结，能不能上升到理论高度，能否找出带有规律性的东西来，是衡量工作总结质量高低的重要标志。第三，今后打算。即对今后工作提出设想、建议、希望等。汇报性总结与报告性总结一般都会在总结最后有所表述；经验性总结则视情况而定，比较灵活。

（2）主体内容的详略处理。工作总结主体的基本内容比较多，根据总结的实际情况和目的的不同，在内容的详略上应灵活掌握，特别要处理好主次与详略的关系。表达的详略取决于材料主次的安排，材料主次的安排则决定于重点与非重点材料的取舍。通常不同类型的工作总结，在材料安排与详略处理上是不一样的。应掌握的原则是：汇报性总结，重点在"做了什么"，将所做工作的方方面面汇报出来，让上级领导部门了解情况，便于指导工作。文章中的经验、体会等则可从略交代。目的在于让上级了解本部门"做了什么"。报告性总结，重点在引导下级及群众认识工作的价值、意义及今后努力的方向，因此，文章中对先进集体与典型人物的创造性经验与成绩以及存在的失误与不足，应进行重点分析和评价；至于如何做的，则因群众已经了解，可以略写。目的主要是让群众了解"做得如何"。经验性总结，重点要总结出不同于别人的、有一定特色的经验、体会，从这些经验、体会中得到启示，以资借鉴。在材料的选择上应选择具有先进意义、典型意义的内容（方法、措施、步骤、经验等），并说明它产生的过程和原因；而其他内容则可略写。目的主要是让别人了解是"怎样做"的。

（3）正文主体的结构：常见的主体结构形式有横式结构和纵式结构两种。第一种是横式结构，即从不同的方面，分几个问题来概括经验。几个问题之间是一种并列关系，既有相对的独立性，又有密切的内在联系，总的是为主旨服务。第二种是纵式结构，即按工作发展的顺序、进程来阐述。这种方式便于人们了解工作过程的来龙去脉，对问题有一个系统而深刻的认识。在这两种结构中，既可以分条列项来进行总结，也可以按材料性质分成若干部分，每一部分以小标题来突出重点，这种形式适合于综合性工作总结。还有一种是不列条，不设小标题，一气呵成，全篇贯通，以一以贯之的思路来取材构思，总结回顾，这种形式往往适用于内容比较单一的专题性工作总结。

3. 金融机构总结的结尾。在工作总结的结尾中，有的明确指出今后努力的方向，有的实事求是地指出工作中的不足和存在的问题，还有的提出建议和希望等。其共同的要求就是语言简洁，收尾自然。经验介绍类的工作总结，应有一个表示谦虚的结尾则更佳；而在群众大会上的工作报告类的总结，则应该有一个号召式的结尾。一般来说，工作总结的结尾没有固定格式，而要因文而异。

4. 金融机构工作总结的落款。落款即署上发文机关的名称和成文日期的"年、月、日"，工作总结的落款方法是：一是如果在工作总结的标题中已经标明发文机关的名称，那么在落款处只需注明成文日期的"年、月、日"即可。如果在工作总结的标题中没有标明发文机关的名称，那么就要在文尾的落款处署上发文机关全称或规范化简称，然后在发文机关名称的正下方注明成文日期的"年、月、日"。同样，如果成文日期已在标题之下正文之上标注了，那么在文尾落款处就不必再标注成文日期。反之亦然。二是在有些工作总结中，经常将发文机关名称直接标署在标题之下正文之上的居中位置，在文尾落款处不再标署。这种情况往往出现在会议交流材料、各类工作简报或刊登在报纸刊物的工作总结上。这类工作总结大都使用新闻式标题。

（三）金融机构工作总结的写作要求

1. 工作总结应该立足现实，实事求是，研究和总结工作中的规律。党一贯提倡对待工作要实事求是。所谓"'实事'就是客观存在着的一切事物，'是'就是客观事物的内部联系，即规律性，'求'就是我们去研究"。实事求是就是要从金融机构实际工作和实际情况出发，从其中寻找其固有的规律性，即找出内部联系，作为今后工作的指导。金融机构进行工作总结，就是要从客观实际出发，去研究工作的全过程和全部情况，寻找事物的内在本质，找出带有规律性的东西，从而指导今后的工作实践。因此，在撰写工作总结时，必须坚持"实事求是"的原则，按事物本来的面目如实反映其事实真相。无论是从材料的收集、取舍到公文的构思、起草，还是从对被总结工作的分析评价到对遣词造句的分寸把握，都应该力求真实可靠，恰如其分。做到反映事实不夸大缩小，肯定成绩不弄虚作假，提出问题不先入为主，分析情况不以偏概全。要做到实事求是就要对整个情况的全面了解和对事件全过程的深入调查，从分析研究事实着手，发掘出事物的本质，找出事物的内在联系，认识取得成绩和出现问题的成因，从而探究事物固有的、对今后工作有指导作用的本质规律。

2. 撰写金融机构工作总结时必须突出重点，彰显特色。一篇好的工作总结，要能够有理有据地总结出一些好的经验，能够做到点面结合、重点突出、特色鲜明，对本金融机构有指导意义。这就要求总结必须抓主要的、突出的、最能反映总结本质特点的事实，进行分析概括，总结出带有规律性的经验，使工作总结的重点突出，个性特色鲜明。要根据工作总结的目的去确定总结的重点，确定材料的取舍。总结目的的不同，总结的内容材料的侧重点也会有所不同。在起草初期，要根据工作总结的目的来确定总结的重点，并据此选择材料，谋局布篇；在起草过程中，要注意点面结合。既能反映一般，又要突出重点。只有紧紧抓住特征去反映，重点才会突出，特色才能彰显。

3. 主要观点和材料需要有机统一。金融机构在收集分析、综合各种材料的过程中，经过"去粗取精、去伪存真、由此及彼、由表及里"的分析提炼过程，应产生成熟的观点。一旦观点形成后，材料就要围绕这一观点来取舍、加工、改造，使材料充分反映观点。观点和材料是构成总结内容的两个要素，这两者必须有机地结合，构成统一的整体，才能达到工作总结的目的。要达到观点和材料有机地统一，必须做到观点统率材料，材料说明观点。如果工作总结的内容比较单一，提出全文的观点后，就可直接运用材料进行阐述。如果工作总结的内容比较复杂，需要在全文总观点下还应分为几个分观点。其之间是统率与被统率的关系，是纲和目的关系，总观点要统率分观点，分观点是阐述总观点的重要支柱，是为表现总观点服务的，两者紧密相连，不可分割。每个分观点所运用的材料，为表达分观点服务。在总观点的统率下，全文的分观点和具体材料有机贯穿，形成一个统一的整体。

选择合适的观点和材料结合的方式通常有三种：第一种是先提出观点，再用材料阐明，这样安排的好处是开门见山，头绪清楚；第二种是先列举材料，然后归纳出观点，有的小型的经验总结往往运用这种方法，其作用是先让读者了解事物发展的过程，而后从中自然地得出结论；第三种是先提出观点，后列举材料，再进一步阐明观点，它先给人以简明的概念，而后用具体的材料阐述，再作出分析判断，意在使人们的认识由浅入深。但不论采取哪一种方法，都必须注意把文章的总观点作为贯穿全文的纲，把各个部分、各种材料组织起来，使观点和材料达到有机统一。要使观点和材料结合得好，还必须注意详略得当地选用材料，根据观点的需要，做到"心中有数"，分清层次，突出重点。

4. 叙议恰当，语言精练。这是对工作总结的外在形式上的要求。从工作总结形式上讲，总结要谈情况，讲问题，摆成绩，这需要叙述；而谈经验，说本会，找原因，则需要议论。叙述是总结行文的基础，叙述的事实为议论提供依据，议论是对叙述事实的提炼，是对总结观点的升华。在工作总结中要做到叙议恰当，叙者有根有据，议者画龙点睛。工作总结的语言要求是简洁、朴实、准确、生动。简洁就是要简短明了，不拖泥带水。朴实就是要朴素平实，明白易懂，准确就是要文恰如其分，有恰当的分寸感。生动就是要多用充满生活气息的语言，避免"八股文"。所以，工作总结的形式为内容服务，为主题服务，要求形式与内容的完美统一。

第三节　金融机构的有关会议文书的写法

会议是金融机构保证各项工作正常运转的必备手段，几乎每个金融机构的每项工作都要依靠召开相应的会议进行研究、确定和执行，所以，与会议有关的文书是金融机构最常用金融应用文的一种形式。会议是一个布置工作和推动工作最重要的手段，可以说我们职业生涯的一辈子都与会议有关。所以，与会议有关应用文的写作非常重要。本节我们重点研究与会议关系最为密切的常用会议文书——有关会议材料和领导讲话的写法。

一、会议文书的概念和内涵

会议文书又称为会议材料，它是指围绕一个专题会议使用的、直接反映会议精神并为会议服务的一系列文书材料。如会议预案、会议通知、开幕词、工作报告、发言稿、会议决议、闭幕词、会议纪要、会议简报等。有的会议文书会后可以通过正式文件下发，有的还可以登报、广播。如会议通知、会议决定、会议纪要等。从内涵看，与会议有关的所有材料都包括在内。

二、会议文书的特点

会议的文书是会议主题或指导思想的集中体现，也是今后贯彻落实会议精神的依据。会议文书是一种比较特殊的文书，在形式、内容、分类和撰写上都有自己的特点和要求，会议文书一般具备三个特点：一是针对性。任何会议总有其明确的目的，会议文书也必须围绕会议的主旨、会议的精神来完成。会议文书的基本观点必须是针对不同问题提出的切实有效的解决办法和指导性意见，这些是会议文书构想、立意、选材、结构、遣词等现实依据。在起草会议文书时一定要深入实际，调查研究，综合分析。如果没有针对性，会议文书就会无法使用，没有任何效果，会议效果也会逊色。二是集体性。每一个会议都会涉及许多职能部门和相关的个人，会议是一种群体行为。作为会议文书，其涉及的内容和对象也就具有群体性。与会议有关的各种讲话稿、记录、纪要等都记载了个人或集体的观点与行为、金融机构有关内容，表明的是一种集体的智慧和力量。三是会议文书具有指导性意义。每一个会议的宗旨都是为了更好地确定今后的工作原则和方法。所以，会议文书是上级机关对下级机关或员工的有效性指导意见。它是金融机构内部开展工作，实行有效管理的一种依据。在起草会议文书时要根据具体的工作要求和会议的目的，突出会议的政策性、业务性、时效性。

三、会议文书的作用

一是具有明确的管理作用。会议是金融机构进行行政与业务管理的重要手段。金融机构可以通过会议来研究和讨论各项工作，通过明确分工、划定职责、落实任务来协调、规范上下级之间、部门之间、地区之间的工作。通过会议员工可以直接参与金融机构的管理，特别是通过会议可以形成多金融机构发展意义重大的决策和管理方案。因此，会议文书对金融机构的各项工作起到重要的促进作用。

二是具有重要的依据作用。金融机构的会议文书为内部各部门工作提供一定的办事依据。特别是一些重要的工作报告、会议决定等正式的会议文件，下发给金融机构及其各部门后，可以作为今后的工作依据和工作原则。部分重要会议决定的规定和办法，还具有法规性和约束力。

三是具有宣传意义的作用。金融机构会议文书具有宣传党和国家的路线、方针、政策的功能，具有上情下达、下情上达、沟通信息、交流经验的作用；具有统一思想认识，积极配合领导工作，顺利完成各项任务的效能。一些通过新闻媒介对外宣传报道的金融机构的会议简报、会议纪要等会议文书能更多地宣传报道金融机构的工作成绩、贯彻上级指示以及对社会公众关注问题的态度和举措。有关会议的新闻报道，可以让社会了解、关心、支持本部门的二作，更好地发挥会议文书的宣传作用。

四、金融机构常用会议文书的种类和写作要求

（一）会议文书的种类

1. 会议的指导性文书，包括上级会议文书、上级指示文书、金融机构总部及其各部门开会起因文书等。

2. 会议的主题性文书，包括开幕词、主题报告、专题报告、会议交流文件、大会发言稿、选举结果、正式会议决议、闭幕词、会议总结报告等。

3. 会议的程序性文书，包括会议预案（筹备方案）、会议议程、日程安排、选举程序、表决程序等。

4. 会议的实录性文书，包括会议签到、会议记录、会议简报、会议发言、情况反映等。

5. 会议的公告性（传达执行）文书，包括会议公告、新闻稿、接受采访、宣传文章、会议精神传达（汇报）提纲、会议纪要、执行计划、专题或理论研讨会综述等。

6. 会议的事务性文书，包括会议通知、开会须知、议事规则、会议代表证件、作息时间表等。

会议文书中还有在会议中经常使用的参考资料、选举材料、代表发言稿、会议人员名册、机构名单、提案等。但每个会议因重要性不同和参加人员不同，不一定会需要所有的会议文书，而是根据会议的性质、规模来确定和准备合适的会议文书。同时，会议文书中有部分文种与其他公文及应用文有交叉之处，要视其具体情况加以使用。

（二）会议文书的写作要求

一是一定要有明确的会议主旨。会议文书撰写人员动笔前一定要认真理解和吃透会议领导机构所确定的会议主题，努力把握领导意图和上级机关的要求，特别是党和国家的有关方针、政策、精神必须吃透吃准。

二是会前应进行深入的调查研究。丰富的材料是写好会议文书的基础。撰写人员要围绕会议主题开展深入细致的调查研究，访问有关人员，查阅有关的档案资料，向有关部门或个人收集相关材料，尽可能掌握详尽的、确切的第一手材料。

三是必须集思广益。在起草会议文件的过程中，起草人要广泛征求各方面的意见，虚心听取各方面的看法以及观点，特别是领导的意见和要求。起草者可以提出自己的观点和意见，但这种观点或意见应该是领导意见的补充，而不是修正，更不能与之相悖。

起草会议文书是一项十分严肃、细致的工作。它包括会议素材、数据和典型材料的收集、整理、筛选，文件的起草和修改等一系列环节。各个环节都必须严格按照会议主办者或者领导的意图和会议的实际需要认真执行。对于会议中的主要文书，如会议报告（主题报告）、领导人讲话稿、开幕词、闭幕词、会议决议、会议简报和会议纪要等，尤其要重点起草。

五、几种常用会议文书的写法

（一）会议预案

1. 会议预案的概念和含义。会议预案又称为会议筹备方案，简称会议方案，属于会议计划的一种，是召开重要的会议之前，就会议的时间、场地、议程、参加人员、所需经费、组织机构等提出的具体方案。预案经批准就成为组织会议的主要依据。会议预案一般由金融机构的办公厅（室）制定，或者由会议组织筹备部门制定。按照金融机构的工作程序，一般日常办公会议和小型会议不需要制定会议预案，而对一些组织内容和形式较复杂、规模较大的会议或者特别重要的会议必须制定会议预案，以保证会议顺利进行。如金融机构的年度工作会议、金融机构的党代会、金融机构的职代会、金融机构的专业性表彰会、金融机构专题性工作会议等。

2. 金融机构会议预案的写法。会议预案一般由正式文件和附件两部分构成。正式文件就是写一个关于召开×××会议的请示，请示中一般写明或者阐述、强调召开会议的原因或者目的；附件就是会议预案，详细说明会议的总体安排，作为请示的附件报请上级批准。这类附件的内容往往比请示本身更具体、更详细，因此，往往是金融机构领导决策的重要依据。会议预案就是这一类的附件。会议预案的写法基本同一般计划，其结构由标题、正文、落款三部分组成。

（1）标题。标题一般由会议名称和文种组成。如《××××银行2014年金融创新工作会议预案》。

（2）正文。会议方案的撰写过程，也是整个会议的策划过程，会议方案只是将领导和会务筹备人员的策划内容用文字形式表达出来。因此，起草人员必须根据领导的意图，全面、仔细和周全地思考会议全过程的每一个环节。在正文中一般要确定七方面事项：一是必须确定会议主题。所有的会议都要有会议主题，特别是组织大型会议或专题会议，必须明确会议要研究解决什么问题，达到什么目的。确定会议主题的主要原则：首先，要有切实的依据；其次，要结合本单位的实际；最后，要有明确的目的。会议预案的撰写人员要根据这三个原则来确定会议主题，并据此安排以下各项会务筹备工作。二是确定会议召开的时间和地点。会议时间包括会议实际进行时间和会议过程中的休会时间，有时也叫会期；会议地点选择的重点是会场大小适中，地点远近适当，环境交通适合，会场设施齐全、适用。三是确定会议的规模。会议的规模主要指出席会议的正式人员、特邀人员、列席人员、工作人员等总体数量，会议规模由会议的组织者根据实际情况掌握，并在会议方案中有所体现。四是确定会议的议程。一般都应包括会议主持人、会议发言、会议讨论、会议讲话、会议总结等内容。确定会议议程的方法主要有：首先，根据到会主要领导的情况，确定会议主持人；其次，根据会议主题，确定会议发言人；再次，围绕会议主题，确定会议讨论题目，并根据会议规模，确定会议讨论方式；最后，根据会议拟达到的目的，安排领导做好会议总结。这些内容在会议预案中要一项一项明确地列出。五是确定会议文件和材料的准备。根据会议主题，在会议预案中要把拟在会议期间使用的各种材料及准备的情况明确表述，如会议主报告、发言人员及材料、会议日程表、参加会议人员名单、讨论题目、讨论分组情况、会议下发材料等。一些重要的会议，包括主席台座次安排、作息时间等内容也都要在会议预案中标明。这些内容非常具体，直接影响会议的效果。六是确定会议经费预算。会议预案要本着实事求是、勤俭节约的原则，制定出一份合理的会议经费预算。既要尽量降低会议的成本，又要有一定的弹性，留有余地。七是确定会议组织和分工。即会议组织部门和人员的落实。一般专业性的会议由职能部门具体组织；涉及面广或全局性的会议大多由机关单位的办公厅（室）组织筹备；组织比较重大的或重要的会议，为保证会议质量，还要成立专门的会务组来筹备会务。但是不管以何种形式来筹备会务，会议的每一项组织工作、每一个工作环节都必须有专人负责，责任到人，并明确任务和要求。会议的组织分工包括文件起草和准备，会场布置，会议的组织、接待、宣传等内容，还包括生活服务、安全保卫、交通疏导、医疗救护等后勤保障的落实。会议方案撰写人员可以根据会议实际情况选择相关内容制订详尽的预案。

3. 落款。落款要标明制作会议预案的单位名称，以及拟订会议预案的日期，最后加盖公章。

（二）金融机构会议预案的写作要求

会议预案的制作是为了保证会议能够有计划、有组织、有秩序地进行。因此，拟订会议预案要注意以下写作要求：一是要求周全详尽。会议预案的撰写过程就是会务工作的策划过程。会议预案的每一项内容都是筹备组织会议的具体工作细则，对开好会议有着重要作用。因此，在撰写会议预案时，一定要将各个细节考虑周全详尽，不遗漏、无差错，确保会议的顺利举行。二是按程序分项叙述并且尽可能细致。会议预案一经领导批准，即成为会务筹备组织依据。因此，会议预案要严格按照会议的程序来思考布局。会议预案的程序性对会议的组织能够起到有机协调、高效服务的作用。在撰写过程中必须采取依次分项叙述的方法来仔细撰写，要体现会议的内容以及组织形式的和谐统一。

（三）关于开幕词、闭幕词的要求和写法

1. 开幕词和闭幕词的含义。开幕词、闭幕词是在会议开始和结束时有关领导人的致辞，是会议的开始语和结束语，是一个会议的序曲与尾声。致辞者一般由会议组织单位的领导人，或者委托、邀请有关的领导担任。它们是整个会议的有机组成部分，起到宣传、鼓动的作用，以增强会议的气氛。它们主要用于庄重、大型的代表会议，或重要的、有纪念意义的会议。在这种会议上，一般要另行安排主持人主持会议，主持人和致辞人不能兼任。而在一般性的会议上，主持人和发表讲话的领导人可以是同一人，也可以由两个人分别担任。所发表的讲话则称为"×××同志在×××会议开（闭）幕式上的讲话"。

2. 开幕词和闭幕词的写法。开幕词和闭幕词的篇章结构大致相同。一般由标题、署名、时间、称谓、正文几部分构成。（1）标题：习惯有三种写法。一是只写"开幕词"或"闭幕词"三个字，在第一行居中标注。这种标题比较简洁、醒目。二是由会议名称加"开幕词"或"闭幕词"组成，如《××银行第×次职工代表大会开幕词》。这种标题比较规范。三是由正标题和副标题组成。如《解放思想，深化改革——在×××基金公司第×次职工代表大会上的开幕词》。这种标题能充分反映开（闭）幕词的主旨，一般也是会议的主题。（2）署名。即致辞者的姓名。一般在标题下方居中标注。有的还注明领导人的职务，有时也可以不署名。（3）时间。即在会议上讲话的日期，写在署名之下；若无署名则直接写在标题的下方，并用括号括上。（4）称谓。即称呼语，是对与会人员的称谓，如"同志们"、"各位代表"、"各位来宾"等。

3. 正文。由开头、主体、结尾组成。（1）开头。开幕词的开头一般是宣布大会开幕，或向与会者表示欢迎、祝贺，或对会议的背景、宗旨、规模加以概括等。有的代表大会还简述出席人员的情况，也有的开幕词只在开头介绍大会召开的背景以及宣布大会开幕，其他内容放在主体中写。闭幕词的开头一般是肯定大会圆满完成了预定的会议议程，达到预计的会议效果，宣布大会闭幕，或对会议进行概括的评价。（2）主体。开幕词的主体部分主要写召开会议的指导思想、议程和任务，会议的开法、希望和要求。有的还简述上次会议以来所取得的工作成绩。闭幕词的主体主要有如下几项内容：向为努力开好大会而服务的各方面人员表示感谢；总结大会通过的主要议程、决定事项；概述会议的基本精神及其意义；并且为完成大会的任务而发出号召、提出贯彻执行会议文件和会议精神的意见和要求。（3）结尾。开幕词的结尾一般用"预祝大会圆满成功"等惯用语。闭幕词的结尾一般是宣布大会胜利闭幕。

（四）开幕词和闭幕词的写作要求

1. 篇幅应短小，结构应规范。开幕词、闭幕词不能写得面面俱到、烦琐冗长。写作前要把握会议的主要目的。主题要鲜明集中，内容要高度概括，形式要讲究规范，篇幅要短小精悍。

2. 语言应庄重、简洁、富有启发性。会议的具体内容一般是在会议主报告里做具体陈述，在开幕词和闭幕词里只做简单介绍。在隆重的场合里，开幕词和闭幕词的语言在讲究格式规范的同时还要注意语言的文采；应当是经过提炼加工的、庄重的、朴实的、通俗的语言，能够激励与会者的政治热情、使命感和责任感，增强与会者的决心和信心。

开幕词、闭幕词是应用文中比较规范的讲话稿，有相对固定的格式，对会议有明显的指导、宣传、号召作用。

（五）金融机构的会议报告

1. 会议报告的含义和特点。

（1）会议报告的含义。会议报告是金融机构领导人在一些重要的会议上向与会者报告工作情况或专门谈某一问题时所做的讲话，集中全面地体现了会议的主要精神。因此，会议报告是会议最主要的文件，又称为会议主题报告或会议主报告。会议报告是金融机构会议主办机关领导集体意志的体现。它一般是由金融机构领导班子集体讨论研究决定，而以领导成员个人的名义出现，一旦在会议上通过，作为公文被批转下去，就必须遵照执行。

（2）金融机构会议报告的特点。一是主题鲜明集中。会议报告的主题是针对会议的召开而选定的，也是会议指导思想的体现。因此，会议报告的起草人要围绕会议主题，充分准备材料，将工作中的主要成就、经验和存在的问题集中起来分析研究，并提出解决问题的措施与办法。不写与会议主题无关的内容。二是指导性强。会议报告要体现金融机构领导机关的意图，实际上是上级对下级的指导性意见。上级可根据会议报告的要求，监督、检查下级的工作；下级要根据会议报告的要求去完成上级布置的相应工作。三是语言通俗易懂。金融机构的会议报告是在会议上与员工直接交流的讲话稿。它的内容灵活，有话则长、无话则短。因此，语言要求通顺流畅，简洁明白，适于讲演。

2. 会议报告与其他文种的区别。

（1）会议报告与公文报告的区别。从报告的目的看，公文的报告是向金融机构上级汇报工作、提供信息、下情上达的；而会议报告是为了指导金融机构下级更好地开展工作，是上情下达。从报告的对象上看，公文的报告是作为文件呈给上级机关和领导阅知的；会议报告则是在会上宣读的，它的受文对象是参加会议的下级机关或员工。从报告的内容上看，公文的报告注重汇报工作进展的情况和问题；会议报告则偏重总结工作中的成绩、经验，提出今后的工作任务及指导性意见。从报告的行文要求上看，公文的报告有固定的公文格式和严格的行文要求；会议报告则属应用文的写作范围，虽然有其比较固定的格式，但相对于公文报告的行文要求，则显得相对较为宽泛。

（2）金融机构会议报告与一般的领导人讲话稿的区别。两者虽然同属于公务活动中的讲话稿，但会议报告作为会议中最重要的主体材料，与领导人讲话稿有所区别：一是从讲话人的身份上看，会议报告一般要由代表金融机构的主要领导或主持工作的领导来做；而领导人讲话往往是受会议邀请而做的，由谁来讲话，要视会议的需要来决定。二是从应用文的作用来看，会议报告体现了集体领导的智慧和意志，所讲内容经集体研究决定，对下级单位或员工具有较强的指导作用和约束力，若以会议文件下发则下级必须遵照执行；而领导人讲话的内容往往只代表个人或某方面的意见，对与会者的约束力不太强，大多数只起到参考的作用。三是从行文的规范上看，会议报告的行文格式有相对统一的结构和比较固定的内容，语言也较庄重、朴实、书面化；而领导人讲话则可以灵活多样，没有固定的格式和内容，语言比较口语化，可以轻松幽默，也可以庄重大方，个性不同，风格各异。

3. 金融机构会议报告的种类。

（1）工作报告。金融机构的工作报告是对前一段工作的全面总结以及对下一段工作提出的安排意见。这类会议报告的标题常冠以"工作报告"的字样，其写法类似于一般的总结，如"政府工作报告"。

（2）动员报告。动员报告是为了完成某项工作或解决紧急重大的问题而做的讲话，具有极强的号召性、鼓动性和激励性。

（3）传达报告。传达报告是传达金融机构上级精神的讲话材料，在原原本本传达上级有关会议或文件的主要精神后，一般还要结合本单位、本地区的实际情况，提出贯彻落实的具体措施。

4. 会议报告的写法。会议报告由标题、正文两部分组成。

（1）标题。一是会议名称式：以讲话人的姓名和会议名称组成标题，如《×××同志在中国××银行××分行行长工作会议上的讲话》。二是单标题式：以概括讲话的中心内容为标题，揭示主题，如《创造良好金融环境促进我行加快金融创新的动员大会》，这是中国××银行××分行副行长×××同志在××省金融创新工作会议上的讲话标题。三是双标题式：正标题概括中心内容，副标题说明讲话的场合。如《优化信贷结构，提高资金效益，防范金融风险——×××同志在中国××银行××行长会议上的讲话》。

（2）正文。会议报告的正文包括开头、主体和结尾三部分。一是开头。首先与开（闭）幕词的要求相仿，对与会人员做相应的称谓，如"同志们"、"各位代表"之类。称谓一般顶格写，单独占一行，后接冒号。然后简明扼要地说明召开会议的名称、会议的主要任务等。最后可以用"受大会委托，现做如下报告，请代表们审议"或"根据党组讨论的意见，我讲以下几个问题"等习惯用语，引领下文。二是主体。通常可以有三种写法：第一种是两段式写法。首先工作总结，然后部署今后的中心任务。在工作总结中要说明成绩，阐明经验，指出问题。今后的中心任务是报告的重点，在这部分内容里还可以把上级的指示精神，讲话人对形势的分析等内容融合进去写。第二种是三段式写法。首先简写回顾已经开展的工作，并分析成绩、经验、不足和体会，为今后工作提供借鉴；然后提出今后的中心任务及面临的形势，通过分析当前面临形势中的有利因素和不利因素，说明完成今后中心工作的重要性和必要性，分析要透彻，任务要明确；最后提出完成今后中心任务的措施和办法，措施办法要切实可行。第三种是分若干专题写。按会议报告中内容的轻重缓急程度分成若干个专题来写，可用小标题来表示，便于集中问题，明确任务，贯彻执行。如果是对前一段工作的全面总结，采取第一种写法较多；如果任务新、工作重，需要动员与会者认清形势，统一思想，采取第二种写法较为合适；如果工作任务已经明确，但很重要，就可以采用第三种写法。当然也可以按工作的时间顺序、工作的轻重、问题的逻辑关系来安排布局。三是结尾。要根据不同的会议、不同的讲话内容酌定。可以提出希望、要求，发出号召，振奋与会者的精神。

5. 金融机构会议报告的写作要求。会议报告是一个时期里总结和指导本单位及本系统工作的纲领性文件。它集总结、动员、传达、布置工作为一体。因此，在写作时要注意其特殊之处：一是一定要吃透上情，摸清下情。要吃透和消化上级的意图、指示、精神，深刻领会党和国家的大政方针、政策，并掌握金融机构上级领导的想法和意图，以便确立观点鲜明、意志集中的报告主题，明确金融机构现阶段工作的指导思想及其依据；其次要了解金融机构基层的情况，进行认真的调查分析、及时掌握出现的新情况、新问题，在报告中将上情下情要有机结合，统一构思，深化主题。二是内容求新。会议报告是一种例行的公务讲话，在年初、年中、年末或代表会上常常使用，如果每年的工作很有规律、任务变化不多，所做的会议报告容易出现老生常谈的现象。为了增强会议报告的庄重性、有效性，可以寻找新的写作角度，力求突出形势变化的新特点、中心任务的新要求、工作方法的新特色。三是结构层次清楚，语言简洁明了。金融机构的会议报告一定要达到既要便于宣讲，又要方便员工的理解。所以，报告的内容切忌反复解释说明，冗长烦琐；结构条理要清晰，层次分明，便于记录；语言要简洁，句式简短，易懂易记，定义准确，没有歧义。

（六）金融机构领导人讲话稿

1. 领导人讲话稿的含义。金融机构领导人在各种会议上宣讲的形成文字的发言稿都可称为讲话稿。即指有的领导人到会祝贺做指示，或阐述自己对某些问题的观点、见解，或研讨某些经济理论问题等，包括报告类、致辞类的讲话稿。讲话稿的内容，都是有关工作方面的事情。领导人讲话稿与会议报告一样，对工作具有很强的指导意义。

2. 领导人讲话稿的特点。在领导人的讲话稿中，有些是代表上级机关或本单位某组织部门，阐明会议主题或对今后工作做布置、提要求；有些是只代表讲话者个人的观点，对会议起到了补充意见、深化主题的作用。因此，其特点主要有：一是具有个性化的特征。领导人讲话稿与工作报告不同，没有太固定的格式，有些领导人讲话稿只需写成提纲式，讲话人会根据会议现场的气氛适当地即兴发挥；有些领导人则习惯按照固定的文稿发言。因此领导人讲话稿的内容、形式都可因领导人的气质、风格、修养的不同而异，语言可长可短，见仁见智。二是具有生动性特点。领导人讲话一般针对听者的工作范围、文化水平、实际情况，有的放矢，以生动、形象的叙述、议论帮助听众弄清工作的原则性、思想性，以达到思想上的共鸣。所选取的典型材料，也是富有感染力和启发性的。

　　3. 领导人讲话稿的写法。金融机构领导人讲话稿由标题、正文两部分组成。（1）标题。领导人讲话稿标题的写法同会议报告类写法相似，见相关章节的内容。（2）正文。领导人讲话稿正文包括开头、主体、结尾三部分。首先是开头，开头称谓的写法与会议报告中称谓的写法相同，有的用同一种称呼，如"同志们"、"各位代表"；有的用多种称呼，如"女士们、先生们、来宾们"。要注意称谓的恰当，口气尽量体现亲切、平易近人。在讲话中间重复称谓的，一般是换行后空两格写称谓，点逗号，紧接着写讲话内容。为了更好地吸引听众，缩短与听众的距离，开头可以用简明概括的语言，不拘一格。开头有多种表达方式：第一种用背景、问候、感谢语开始，自然地过渡到下文。如纪念某银行建行××周年的讲话，可先介绍建行××年来的情况，然后亲切问候与感谢银行所有的员工。第二种是开门见山，提出问题。如开宗明义，把要讨论解决的问题亮出来。第三种是作出评价，揭示主题。这样的讲话目的非常明确，容易引起大家的关注。另外，还有些讲话稿，或由题目谈起，或从某件事谈起，或从所见所闻谈起等，但需要引起注意的是，不管运用何种开头的方式，都要符合会议的内容和讲话者的身份，符合听众的需要，不能游离于主题之外。其次是主体，这是揭示讲话稿主旨的重要部分，要围绕主体层层铺开。其结构主要有以下几种方式：第一种是并列式。把讲话内容分成几大板块，每一板块相对表达一个完整独立的意思，并以小标题标出。每一部分的问题按逻辑阐述清楚。第二种是一气呵成式。把讲话自然分成几个段落，中间没有小标题。如某银行省分行行长在改进金融服务专题座谈会上的讲话，可以主要谈该省该行改革与发展的近况以及今年的主要工作。主体部分以介绍情况为主，以便请来参加联谊会的省级机关有关主管部门领导了解情况，沟通信息，加强合作，共同发展。最后是结尾。讲话稿的结尾可以灵活多样，第一种是总结全文，点明主题。第二种是提出希望，明确要求。第三种是提出商讨，征求意见。其他结尾方式还有：明确形势、发出号召，或祝贺成功、表示感谢，或以名言警句结束以展望未来、鼓舞斗志，或用反语，耐人寻味、留有余地。讲话稿可以根据实际情况，选择使用适合的结尾方式。

4. 金融机构领导人讲话稿的写作要求。一是要充分考虑讲话的场合和对象，充分理解讲话的意图，顾及现场的气氛和听众的要求，这是写讲话稿前的必要准备。然后认真确定讲话的主题、结构、典型材料、语言，真正做到有的放矢。二是突出领导个性，发挥领导水平。在一般情况下，除领导人自己准备讲话稿外，其他人代理起草稿件时要力求讲话稿的风格与领导者个性相统一，以争取最佳的讲话效果。要熟悉领导者的类型，如中年型、老年型、知识型或经验型等，了解领导人的气质、认识水平和讲话习惯等情况。领导人的工作年限、性格脾气、政策水平、逻辑思维等都决定了讲话稿内容的深浅程度，语言节奏的快慢程度；所以一份好的讲话稿应言如其人，充分表现领导人的才华。三是注意运用多种写作手法，使讲话稿风格多变。在讲话中一般要用适当的叙述来说明工作中遇到的问题和情况，客观地再现事物的本来面目；要学会抓住主线，避免流水账，适当运用白描手法保持描写的真实性，褒贬合宜；要注意议论的通俗化。可采用演绎、归纳、类比、对比、比喻、反证等论证方法分析事理、开掘主题、形成结论。

（七）金融机构的会议简报

1. 金融机构会议简报的含义。金融机构的会议简报是会议期间编发的、反映会议进行情况的文字材料，属于简报的一种。它主要用来反映会议概况、会议进展情况和各种动态、讨论情况、领导人重要发言或讲话、与会者的意见与建议以及会议决定的事项等。会议简报为上级领导和单位员工了解会议精神，为会议代表交流思想以及为会议总结积累资料提供了参考和依据，并对会议精神的贯彻落实起到一定的指导作用。会议简报是一种临时性的公文形式。会议办不办简报，首先要看会议是否重要、重大，其次要由领导人确定。要贯彻少而精的原则，不要办得过多，会议结束则停办。会议简报还具有及时性，一般要赶在会议期间发出。因此，会议期间秘书人员往往要加夜班赶写、采编稿件。不管是关于大型会议的连续报道，每天一报或一天几报，还是小型重要会议的一次性集中报道，都要又快又准地编发出来。会议简报按内容分，有综合性和专题性简报两种。但以简报的特点而言，以专题性简报为主，即就会议讨论的某一方面的情况进行单独反映。

2. 金融机构会议简报的特点。一是金融机构简报具有快的特点。会议简报"快"的特点是由会议的时限所决定的，也是其最基本的特点。会议简报是会议进行期间编发的公文，其目的是为了让与会者在第一时间得到会议的有关信息。因此，会议简报通常是当天情况当天编发。在有些重要的会议上，有时还会围绕会议主旨，一天编发数期会议简报，及时将会议的有关情况反馈给与会者，以便对会议主题和会议效果起到一定的引导作用。二是金融机构简报具有新的特点。传递最新的会议信息是会议简报的重要功能，充分体现了会议简报的交流性和指导性。会议简报传递给与会者的应该是新问题、新经验、新情况、新动向、新举措、新方法、新观点等。如果会议简报上的内容是人所共知、老生常谈、毫无新意的，那么就失去了编发会议简报的意义。"新"的特点在会议简报中最直观的体现就是标题的新颖、别致、醒目而引起人们的关注。三是金融机构简报具有短的特点。短是会议简报的显著特点。简报就是简短的报道，其重点就在于一个"简"字。一般以篇幅简短，观点简明，内容简要，语言简洁为特征。要尽可能一事一议，如果内容太多，可以分为几篇或几期，少做综合报道。有些会议简报开辟了"一句话信息"、"标题新闻"等栏目，以最简练的语言传递最新的信息，这不失为一个扩大简报信息容量的方法，值得借鉴。四是金融机构简报具有实的特点。实就是要真实，这是一切公文的基本要求。作为应用文的会议简报，它所反映的内容要真实，观点要真实，所引用的人物、时间、地点要真实，即会议简报中所反映的一切情况都是真实准确、经过核实的，没有虚构、想象和夸张的成分。会议简报中有些重要的、事关大局的领导讲话或会议发言，要尽可能请本人过目，否则应注明。

3. 金融机构会议简报的格式。会议简报的格式由报头、报文、报尾三部分构成。简报的报头。会议简报的报头一般设在会议简报首页的上方，约占全页1/3 的位置。在报头和报文之间画一间隔横线，表示两者间的分隔。主要组成部分：一是简报名称，位于报头上端居中位置，用醒目大号字体标注，一般为套红字体。如"××会议简报"。二是期号，简报的期号标于简报名称的正下方，用圆括号括上，如"（第×期）"。三是编发机关，在期号的左下方，间隔线上要写明编发机关。一般要写全称，如"×××银行办公厅"。四是印发日期，与编发机关同一行的右侧，在期号的右下方的间隔线上注明印发日期。五是保密要求，在报头的左上方，空出一行，顶格注明"绝密"、"机密"、"秘密"等秘密等级或"内部刊物，注意保存"等字样。六是编号，在简报名称的右侧上方可注明编号。标出保密简报发出的份数，以便保存或查找。如果不属于保密简报，则可以省略编号。七是报文，报文是会议简报的主要部分，一般有五个项目。①目录：一期简报如果有多篇报文时，应该在报文的首部标明目录或要目，包括每篇简报的标题和页码。②标题：每一篇报文都应该有标题。会议简报标题的基本要求是要准确概括会议简报的内容，简洁而醒目。有些会议简报全文刊登工作报告、会议纪要或会议决定等会议文件，标题则应随之变化。为使会议简报的标题更为醒目迅速地传达信息，除用单标题外，还可以采用主标题加副标题的标题形式。但在使用时要注意，会议简报的标题较之新闻标题更为平实质朴。③按语：按语又叫编者按，是编者对所编发的材料有所说明、评论、提示及要求的文字。一般由编辑撰写；也可由领导人亲自撰写，字数不多，但能直接地发表意见或体现领导意图。④正文：这是每篇简报的主要内容所在，也是会议简报写作的重点，下面将详细介绍。⑤署名：每一篇内容的右下方应标明作者，可以是单位、也可以是个人。如果作者是编发机关，则不需要署名。八是报尾。在会议简报的最后一页下方，用一条横线把它与正文隔开，有两个项目：写明会议简报发送范围和印制份数。①发送范围：发送上级机关称"报"，平级或不相隶属的机关称"送"，下级机关称"发"。如果发送机关太多，可用同类机关的统称。发送范围下面用一横线与印制份数分隔。②印制份数：在发送范围的横线下面的右侧标明本期会议简报共印制的份数。

4. 会议简报的按语和正文的写法

一是按语的写法。按语的类型。说明性按语。说明编发材料的背景、依据和现实意义，常用"供参考"、"供研究"等习惯用语。提示性按语。摘取材料的要点，将篇幅较长、内容重要的材料提纲挈领地介绍给读者。指示性按语。可由领导亲自起草。对具有指导性的典型材料给予评价，并提出希望和要求。二是按语标注的位置。按语标注的位置要视简报内容而定。如果按语是针对通期简报而加，那么一般空两格标注在目录之下、标题的上方；如果是针对该期简报中的某一篇内容而加，那么应该在该篇的标题之下、正文之上标注。三是正文的写法。会议简报的正文一般由开头、主体和结尾三部分组成。（1）开头，简报的开头与新闻的导语相类似，在一般情况下，应交代会议的时间地点、会议的起因或主题目的、会议的主办部门和出席的人员情况、会议的结果（决定、决议或有关的会议文件）。总体要求是开门见山，简洁明了。（2）主体部分，正文的开头之后就进入了主体部分，主体部分要展开叙述会议的基本情况和具体内容，为会议内外的人们提供完整、确切的信息，这是会议简报写作的重点部分，将直接关系到简报的质量高低。关键是要根据所要表达内容的具体情况，选择合适的叙述方式，做到叙述方式为简报内容服务。一般常用的叙述方式主要有：顺叙式，按照会议召开的议程或时间的先后顺序安排叙述结构。这种结构方式自然、连贯，适合于会议内容较为单一的专题性会议简报。纵横式，即把要反映的会议情况综合归纳为若干类别，然后分门别类地加以介绍，还可以给每一类内容标列小标题，以突出重点。这些类别的内容可以是上下纵向递进的，也可以是左右横向并列的。这种结构方式适用于会议内容比较复杂的综合性会议简报。因果式，即先写会议结果、会议结论，后写形成结果和结论的过程。新闻报道式，按新闻写作的要求来展开主体，纵横自由。转发式，将有关会议文件转登在简报上，可加按语。摘要式，重点选择一个或几个人的发言，摘要选取有价值的部分，可加按语，强调内容的指导意义和参考价值。（3）结尾，会议简报的正文结束后，是否要有结尾，应随会议简报的主体内容而定，以简洁明了为好。常用的结尾有归纳全文，得出结论；或提出问题，作出评价；或作出预报，表明希望。但要注意的是，会议简报不同于会议纪要，它不是代表某一机关意见，它只是如实反映、交流会议的有关信息。因此，会议简报的结尾不宜发出号召或提出指令性的执行要求。

5. 会议简报的写作要求。一是材料准备一定要充分精练。丰富的材料是编写会议简报的基础，因此，会议材料的收集务必充分、齐全。但是会议材料过多，尤其是大型会议的分组讨论发言很多，篇幅简短的会议简报不可能容纳所有的发言材料。因此，在材料的取舍上要做到精练，尽量注意把与会者对会议重要文书的修改意见，对会议主题的反映，对工作的批评与建议用精练的语言精确地概括出来。二是编写下发要及时到位。会议简报的编写、印制、发送要充分体现"快、新、短、实"的特点，编写要及时，概括要到位；印制要及时、发送要到位；送审要及时，程序要到位。一般重要的会议简报，要经过领导审定才能发稿。三是篇幅文字要简短简洁。会议简报的篇幅一般在千字以内为宜，最多不超过两千字，不写空话、大话，要直接反映会议的内容，语言精练、朴实，以体现简报的本色。四是简报内容要真实可靠。会议简报所采用的材料要送本人核实；对意见有分歧的材料要如实反映。选择真实的材料可以为会议修改文件、改进工作起到参考作用，以便更好地提高会议质量。

第四节　金融机构常用的调研报告及其写法

调查研究是金融机构最常用的一种工作方法，一切工作的开始都是从调查研究开始，遇到的重大问题和需要解决的重大问题都是要通过调查研究去推动解决。有调查研究就需要写调查研究报告，一份高质量高水平的调研报告可以对未来工作起到重大的推动作用，可以提出对未来经营管理产生重大影响的制度政策和措施。本节重点研究金融机构常用的调研报告及其写法。

一、调研报告概念及主要特点

（一）调研报告的含义

金融机构的调研报告是反映调查研究成果、指导金融机构工作的一种应用文书。调查研究是金融机构一切工作的基础，所谓调查研究，是指金融机构根据特定的目的和工作中存在重大问题或者在一些重大决策出台前，运用辩证唯物主义的观点、方法对调查对象进行全面深入、系统的了解，分析调查对象的本质，揭示其规律得到调查结论的一种认识活动或工作方法。调研报告是依据这种认识进行写作的应用文体，这是金融机构最常用的一种文体，也是金融机构最常用的一种工作方法。如果将一份好的调研报告发表在报刊上，它也成为一种新闻体裁。调研报告有时也叫"调查"、"调查记"、"考察报告"。

（二）调查报告的作用

1. 为金融机构决策提供依据。金融机构的领导机关通过调查报告，及时了解基层情况或者具体业务的运行和管理情况，看清楚问题性质，作出正确决策，从而提出具体措施有针对性地解决问题，以推动整个工作的开展。

2. 在金融机构内部以及社会及时交流信息，交流经验，推动工作。调研报告具有新闻性，它在报刊发表，可以及时传递信息，介绍、推广经验，起着宣传和指导工作的作用。

（三）调查报告的特点

1. 调研报告选题一定要有针对性。选题的针对性，是调研报告的作用决定的。调研报告价值的大小，主要看它的选题是否抓住了当前迫切需要解决的问题，是否能提出对未来工作有着重大指导意义和提出重大政策和措施。所以，写作调研报告必须从实际需要以及未来的工作需求出发，根据党和国家的方针、政策，以及影响金融机构经营和管理重大的问题选择针对性强的问题进行调研。针对性越强作用就越大。

2. 要求调研内容的真实性。内容真实是调研报告的生命。无论是反映新情况、研究新问题、总结新经验，还是揭露某一事实的真相，调研报告都必须着重客观事实，实事求是，用事实说话。如果调查不真实或欠准确，得出的结论也肯定会错误，提出的解决问题的办法和措施也是错误的或者难以具体落实实施。

3. 调研报告的问题要叙议结合。调研报告对调查得来的事实、情况、经验、问题的分析，要采用直陈式的概述手法，并在此基础上进行深度分析，找出规律，得出结论，提出改进工作的政策措施和具体办法，因而需要进行适当议论。夹叙夹议、叙议结合是它的文体一特点。

（四）调研报告的种类

1. 调研报告按范围可分为综合调研报告与专题调研报告。综合调研报告。它是对调研对象的全面情况进行调查研究以后所写的具有综合内容提要的调研报告。它涉及的领域很广，如毛泽东的《湖南农民运动考察报告》，这份调研报告对我国革命产生了重大影响，解决了谁是我们的朋友和谁是我们的敌人问题，指导了土地革命的开展。并且为我党后来的工作开辟了一条正确的工作道路和正确的工作方法。专题调研报告。这是对某一方面的情况进行调研之后所写的具有专题性质的调查报告。它涉及的问题比较单一，是某一现象、问题或经验的专门反映。

2. 调研报告按功能可分为反映情况的调研报告、典型经验的调研报告与揭示问题的调研报告。反映情况的调研报告。这类调研报告侧重于反映情况，常从材料的选取及叙述方式上表现其分析与结论。典型经验的调研报告。这类调查报告是通过对典型经验的调研分析，从中找出规律性的东西，进行推广以指导全局。这类典型经验往往与新生事物相联系，常常体现在好人好事之中。揭示问题的调研报告。这类调研报告主要是揭露一些问题和弊端，问题或是政策缺陷、制度不配套、职能未转变等客观原因造成，或是工作失误、不正之风等主观原因造成。揭示问题的目的在于引起注意，从而达到调整政策、解决问题的目的。

二、金融机构调研报告的写法与写作要求

（一）根据工作需要及未来业务发展需要选好调研课题

选好调查研究课题是写作调研报告的前提，所选课题应该是对全局起重大作用或者存在突出问题的项目，选择有深入调查研究价值的问题。选择调查研究课题的办法：一是根据金融机构系统或者金融机构内部各部门工作的需要确定。金融部门的调查报告多从经营和管理以及风险防范活动这个角度考虑调查研究课题，如调查研究信贷风险情况、资金市场中错配问题、薪金收入管理问题、储蓄波动状况等。二是深入实际对这些重大问题进行调研，找出产生问题的原因，提出解决问题的办法特别是出台相关的制度办法。同时，在深入实际的调查研究中发现了更有价值、更为重大的问题，通常被选来作为调查课题。

（二）拟定调研大纲

任何一项调查研究工作，当选定调研课题后进行调研前必须拟订一份相近的调研大纲，调研大纲是具体调研工作开展的规划和指导，可以使调研工作更科学规范，调研成果更充实和具体。调研大纲一般由参与调研的领导和员工草拟，或者由上级领导部门和机关拟定。调查提纲主要的内容有：一是调研的题目和内容；二是调研的目的；三是调查研究的对象与范围；四是调查研究的方法；五是调查研究的步骤；六是参与调研的人员组成；七是具体的调查问题及所用表格；八是出发时间及调研时间；九是调研费用及预算；十是调研报告执笔人及交稿时间。

（三）认真调查研究

1. 做好调查研究前的各项准备工作。调查前应了解调查对象及需要研究问题的基本情况，了解与此相关的党和国家对与此项工作的方针政策，基本经济金融理论知识，做好政策与理论储备以及基础知识的准备。

2. 深入基层进行调查，掌握第一手材料。这是草拟和写作调查报告的基础以及最为关键的一环。调查中，最重要的是要全面细致地了解相关的情况，防

止调研中的片面性。调查时，可根据调查对象的不同情况灵活运用不同的调查方式方法，如开座谈会、个别访问、实地考察、与调查对象一起工作、面上普查、典型调查、抽样调查、追踪调查等。金融机构的调研报告写作经常需要进行统计数据调查研究，这也就要求调查的方式、方法必须切合数据调研。目前最为典型的是各商业银行建立的储户调查项目已经建立大量的图标调查方式，标志着调查和统计分析功能进一步得到强化，与此相适应，金融机构的各种专项调查报告的写作，用统计调查数据更能说明问题以及更有说服力。

3. 精细设计好调研过程中的问卷调查表。问卷是以设问方法收集材料，对调查对象的有关变量，特别是某些主要变量进行度量的一种现代调查方法。主要形式为结构型问卷，提供参考性答案和符号指示受测试者回答。一份问卷，其内容应包括：一是调查对象的基本情况；二是调查对象的做法或者行为；三是调查对象的基本看法或者观点态度。设计合理的问卷调查表，对调查对象进行调研，对所得数据进行分析，最终得出科学合理的结论。并用经过调研的资料数据，支持调研报告的观点。

4. 通过认真科学分析，查清问题存在的主要原因，找出解决问题的办法，提炼出指导未来工作规律性的东西。主要是对调查得来的资料或者获得情况进行以下处理：一是仔细分析，去伪存真、去粗取精；二是进行材料归类，并对调查情况与工作要求结合起来分类处理；三是根据工作要求，从调研中找出规律性的东西，以形成全文的基本观点，即调研报告的主题。

三、金融机构调研报告的基本结构

（一）标题

1. 单标题。单标题的写法有许多种，常用的有："关于……调查"的形式。介词一般用"对"，也有不用介词的。如《关于××银行工业企业贷款使用情况的调查报告》、《近期我行慈爱产品发行工作的问卷调研报告》、《对我行中间业务收费标准执行情况的调查》、《我行前三个季度中小企业贷款发放进度的调查》等。这类标题的修饰成分点明调查研究的对象、内容、地点。有的调查报告标题写成一般文章标题形式，直接写出调查研究报告的主题，如《金融创新决定未来我行盈利空间》、《进一步规范我行房地产贷款，有效防范金融风险》等。

2. 双标题。分为正题、副题。正题揭示调查研究报告的主题，副题说明调查的范围或对象、时间、地点。如《我国资本市场必须大力发展——北京市直接融资现状调查》、《必须加大对中小企业贷款支持的力度——我市部分中小企业资金营运情况调查》等。双标题在调查报告中运用较广，但是，在写作时要特别注意不要脱题。

（二）前言

即调研报告正文的开头，也叫引言或导语。前言是在展开调查研究报告内容前做些交代，根据不同的文章需要选择不同的表达方式。

1. 说明式。前言点明调查的目的、时间、地点、对象、范围、方式等。如"关于进一步做好对同业拆借市场会员单位的服务工作，近期，我市金融服务局组织有关金融机构进行了联合调查"。这种说明式的开头使读者对报告一目了然，一般情况下，最为常用。

2. 叙述式。前言概括介绍调查对象的基本情况。如"近期，金融市场出现钱荒问题，影响之大，来势之凶猛是以前我市从未出现过的。经调查了解，我市所有金融机构都程度不同地出现钱荒问题"。这种方式开头一针见血，将所反映和要研究的问题全盘托出。

3. 提问式。用设问方式提出与调查课题密切相关的问题，引起读者注意。如"当前，我市农村信用社发展状况如何？还存在什么突出问题？今后农信社服务'三农'之路该如何走？带着这些问题，我们对全市农信社发展现状进行了调查研究。"这种开头直接将问题踢给了有关领导机关，引人入胜，直切主题。

4. 点题式。前言摆出作者在调查报告中所要阐明的观点。如"大力发展中间业务是利率市场化条件下我行新的盈利增长点，我行前三个季度有力分析证明了这一趋势。"点题式基本上回答了整个调研报告的主题。

（三）调研报告的主体

主体是金融机构调查研究报告的主要部分。这部分要用典型的事例和确凿数据，介绍调查研究的基本情况、经验，反映其存在的主要问题，产生问题的主要原因和解决问题的主要对策。这是调研报告的关键和重心。调查研究报告主体的结构类型有：

1. 纵向式结构。即调研报告的主体按照调查研究对象发展变化过程来安排内容，有的按调查研究的先后顺序展开。按照时间的顺序结构主体时，应注意阶段性，因为不同的时段，其情况、经验、问题可能有所不同。

2. 平行式结构。即按照调研事物性质分类，把主体内容分为几个"板块"（如不同的情况，不同的经验，不同的问题），尽管彼此相对独立，由于有内在逻辑联系又成为有机整体。排列平行式"板块"顺序时，应考虑各部分的重要程度。常见的有并列式、总分式、递进式、因果式、正反对照式等。

3. 纵横式结构。主体在总体上是横式或纵式，但展开时又是纵横交叉的框架。如有的调查报告，主体平列几个"板块"，某些"板块"又是按事物发展变化过程的纵线安排的。

（四）结束语

调查研究报告的结语一般情况下没有固定的格式。有自然收尾，有根据上文作些延伸：或总结全文，深化主旨；或展望前景，表示希望；或结合体会，提出建议。有的结尾起着总结全文、深化主旨的作用。有的结尾，表示了希望，提出了要求。

四、调研报告的写作要求

一是要做到观点与材料的完美统一。写好一篇调查研究报告，不但要有丰富的材料，而且要有鲜明的观点。写作中要做到观点统率材料、材料说明观点，可以增强报告的说服力。如果只将材料堆砌起来，没有形成观点，报告就没有意义；如果只有观点的罗列，没有事实作为根据，则没有说服力，如果观点不是从材料中得出，报告就缺乏逻辑性和说服力。要做到材料和观点的统一，首先，要在深入调查研究的过程中，组织最能反映事物本质和规律、最有说服力的材料。其次，要深刻地分析、研究、认识现有的材料，准确地把握事物内在的联系，形成有说服力的观点。只有把握事物的内在联系，就能使观点和材料有机地结合。

二是调研报告的语言要求平实、生动。调查研究报告要为领导层决策提供依据，因此，要求对事件的叙述、经验的介绍、具体做法的陈述，语言做到平实、简洁，忌讳堆砌辞藻，华而不实。一些调查研究报告由于具有新闻性，又会发表在报刊上，所以，语言要求生动活泼一些，可增强对读者的吸引力。

五、金融机构常用的贷前调查报告的写作

（一）贷款发放调研报告的概念和含义

贷款业务是我国商业银行以及相关金融机构的主要资产业务，也是现阶段我国银行业金融机构利润的主要来源，同时也是金融机构风险最大的业务。贷款风险对金融机构的生存和发展至关重要。贷款"三查"（贷前调查、贷时审查、贷后检查）是金融机构贷款发放和风险管理的一个重要组成部分。贷前调查是贷款发放的第一道关口，贷前调查直接关系到贷款决策，对金融机构从源头上防范信贷风险起着重要的作用。所谓贷前调查，指的是金融机构收到借款企业的借款申请后，派专职员工对借款单位的有关情况进行细致的调查和分析，并根据有关政策和金融机构自身的资金情况对贷与不贷、贷多贷少和贷款方式、期限、利率等提出自己的意见或建议。把这种材料写成书面材料向业务主管部门报告，即为贷前调查报告。

（二）贷前调研报告的主要内容

一是被调查企业的基本情况。主要是借款人即借款企业的贷款主体资格、借款人及其关联企业的历史沿革、地理位置（包括注册地）、产权构成、组织形式、职工人数和构成、土地使用权取得的方式、主要产品及在行业和区域经济发展中的地位和作用。另外，还有该企业的资本有机构成、担保和抵押质押情况，特别是信用评级水平等。二是被调查企业的经营状况。主要是近期的生产、销售、效益情况和前景预测。三是被调查企业的财务状况。主要是借款人的资产负债、资金结构、资金周转、现金流量、销售归行及存款的较大变动及现状还有负债率以及担保情况等。四是被调查企业的信誉状况。主要是借款人有无拖欠本行或其他金融机构贷款本息的记录，及其他信誉状况。五是被调查企业经营者素质。主要是法定代表人和其他领导层成员的品德和经营管理能力等。六是贷款企业借款用途是否合乎政策规定，贷款用途是否合法。七是借款企业的担保情况。主要是抵（质）押物的权属、价值和变现难易程度，保证人的保证资格和能力。八是借款企业的潜在风险。九是需要进一步说明和了解的其他情况及问题。

（三）贷前调研报告的结构和写法

贷前调研报告一般有文字式和表格式两种写作方式。目前，我国大多数金

融机构多采用文字式与表格式相结合的方式，先按照贷前调查报告的主要内容先后和详略设计好表格。写作时，只需把相应内容填好，其余的部分以文字说明，组成一个完整的贷前调查报告。但不论采取什么方式写作，贷前调查一般都包括如下内容：

1. 贷前调查报告的标题。一般均采用公文式标题的写法。如标准写法是：××银行关于××公司申请××万元××的贷前调查报告。

2. 贷前调查报告的正文。主要包括：（1）前言，一般写明贷款对象、时间、数额以及调查单位和调查方式等。（2）主体，主要写调查贷款单位的实际情况。（3）结尾，根据调查所得情况和现行的贷款政策，具体提出贷与不贷、贷多贷少的意见或建议。如赞成贷款，应说明理由；如果同意放贷，应写明贷多少，何时发放，利率多少，何时还贷等内容。

3. 贷前调研报告的落款。要求写清楚调查者姓名、调查日期等内容，置于正文的右下角。

（四）贷前调研报告的写作要求

1. 深入借款企业进行调查。要写好贷前调查报告必须深入到借款单位，做深入细致的调查。调查中，既要收集账面上的材料，又要了解具体情况；既要了解借款企业的过去也要了解借款企业的现状，不但要准确预测其行业的发展趋势，掌握整个行业及同类企业的相关状况，还要搞清该企业在本行业中地位的重要性。不进行深入的调查研究，就不会有深入细致和准确到位的贷前调查报告。

2. 对借款人进行特性分析和具体分析。在掌握普遍性情况的前提下，对借款企业的特殊性和具体问题进行深入分析，分析时要注意做到以下几方面的结合：首先，做到定性定量相结合。既要运用统计学方法对所收集的有关数据、统计资料进行"量"的分析，又要运用经验和思维能力展开判断、推理而做的"质"的分析。其次，对借款人的分析做到静态动态相结合。既要看到借款人的现实静态变量，又要看到借款人未来发展的动态变量；既要看到借款企业发展的有利因素，又要分析其不利因素。即根据借款企业特性和具体情况，将借款人放在运动、变化的过程中进行分析研究。

3. 对借款企业的分析做到可行性风险性相结合。既要研究论证项目、方案是否具备了实施的现实条件，又要充分估计到实施过程中可能遇到的非常规变化因素，尽可能将各种不确定性因素考虑得充分而周全。

第五节 金融机构常用经济金融新闻报道写作

金融类的新闻报道是金融机构用来宣传党的经济金融路线政策，宣传党在一个时期重点工作的常用的应用文，也是宣传报道金融机构工作成就和经验的一种常用应用文。由于经济金融类的新闻报道不同于一般的新闻报道，除新闻报道一般的要求外，具有较强的专业性。本节重点研究经济金融类新闻报道的特点和要求。

一、经济金融新闻报道的概念和含义与特点

（一）新闻报道的含义

所谓新闻报道，就是对新近发生的事实的报道。新闻的本源是讲究用事实说话，新闻是对客观事实进行报道和传播而形成的信息，反映在新闻信息中的内容必须真实地传达。但是，客观事实本身不是新闻，被报道出来的新闻是在报道者对客观事实进行主观反映之后形成的观念性的信息，是作者把自己对客观事实的主观传达出来而产生的信息。经济金融类的新闻报道主要是报道一些重大经济新闻事件、一些重大的金融事件的报道和重要的金融机构的有关活动的介绍宣传以及金融机构改革成果的介绍和宣传。

（二）经济金融新闻报道的种类

一是以经济金融的动态新闻报道。经济金融类的动态新闻报道是迅速而准确地报道新近发生的国际及国内重大经济金融事件、重要的经济金融活动和金融改革中最新出现的新趋势、新情况、新动态、新成就、新问题的一种文体。它是报纸上使用最多的一类。重大经济金融新闻的简讯都属于动态消息。重大经济金融新闻，指事件重大，意义深远，如党的十八届三中全会关于经济本制改革的决定等，或者重大的经济金融改革措施报道时在报纸上占显著位置的消息。如每个月重要的经济金融统计数据、上市公司的年报数据的公布等。二是典型性经济金融消息。这是指金融机构的经验消息，它是对一些具体金融机构或者金融机构的所属部门、单位或一个金融行业如证券业、银行业或者其他金融机构行业的典型经验、成功做法集中报道的一种文体。这种新闻报道是在介绍经验、做法之后，总结经验，揭示规律，以达到以点带面，推动工作的目的。

如某一个银行如何改进营业大厅服务，方便群众的具体做法等。三是金融业的综合新闻报道。经济金融业综合新闻报道是把发生在不同地点、不同单位、各具特色、性质相同的事实综合在一起，并体现一个主题的报道。它的特点是在综合、概括事实的基础上，进行分析，提出见解，揭示规律。如中国互联网金融发展对我国传统银行业的冲击。即分析我国互联网发展的现状，分析互联网金融产生的深层次原因，互联网金融为什么能对传统金融业产生重大冲击，从监管的角度如何看待此经济金融现象等。四是金融机构述评类的新闻报道或者消息。又称"记者述评"、"新闻述评"，是一种兼有消息与评论作用的新闻。它是在陈述经济金融事实的基础上，穿插评论或抒发感慨，从而分析、说明所报道的经济金融事实的本质和意义。它的特点是边叙边评，要求以党和国家的一个时期内经济金融方针政策为依据，针对事实进行评说，要观点正确，评论得当。如我国外汇管理体制改革的有关报道多为这一类。另外，经济金融类的新闻报道按照经济金融新闻事实发生的地域和范围来分，有国际经济金融新闻和国内经济金融新闻。按照经济金融新闻的性质来分，有政策性新闻、会议新闻、机构新闻等。按照经济金融新闻的特点来分，有经济金融事件性新闻与非事件性新闻，单一性新闻与复杂性新闻，动态性新闻与静态性新闻。按照经济金融新闻的题材来分，有典型报道、综合报道、述评性报道、批评性报道。按照经济金融新闻传播的手段来分，有口头新闻、文字新闻、广播新闻和电视新闻，目前最为广泛的是微信新闻。

对于金融机构，最重要的是经济与金融新闻报道，报道突发性的重大经济金融事件。关于经济金融新闻报道的特点是用事实说话，尽量真实地提供信息，有一定的准确性、真实性、简明性与及时性。一是内容真实，事实准确。真实是经济金融新闻的生命，是公众对经济金融新闻关注的热点所在。事实是经济金融新闻的本源，也是它令公众信服的基础。如果撰写经济金融新闻与报道，首先要求所反映的问题或者所宣传的事件真实，所写的金融机构和金融事件热点、人物、时间、地点、事情发生发展的经过不能虚构。准确，就是每个经济金融实践及其热点都要以事实为根据，反映事物的本来面目。要求所报道的事实包括细节在内都准确无误。如果一条经济金融新闻失真或有差误，不仅会减低其新闻价值，失信于民，而且还会损害党的威信或者金融机构本身的信誉。二是要求反映的经济金融新闻内容新鲜且有价值。经济金融新闻贵在新，并且有选择和引导的意义、启迪和指导意义。经济金融新闻只有内容新，才能引起公众的注意，先睹为快。新，不仅要把新的经济金融决策方向新的东西报道给公众，还要把与经济金融发展有关的新人物、新事件、新经验报道给公众。而且要选择有意义、有价值，给人以启迪，有指导性的事物。那种一味追求猎奇的观点，对普通新闻来讲有可能有可取之处，但对经济金融类新闻来说是绝对不允许的，因为这是非常严肃的新闻，反映一个时期内最为重要的经济金融问题或者热点问题，如果夸大或者不准确地报道可能会误导公众的经济行为或者活动。三是经济金融新闻报道一定要要迅速及时，有时效性。迅速是经济金融的价值，一些经济新闻的数据报道速度迟缓便会降低一些经济新闻的价值，"经济金融新闻"变成了"旧闻"。时效，就是指报道一些经济金融新闻的速度要快，内容要新。对存在的新问题、新事物、新情况、经济金融运行的新趋势要敏锐地发现，尽快地了解，迅速及时地反映。四是经济金融有关的新闻报道一定要简明扼要，篇幅短小。简短是经济金融新闻区别于其他经济金融常用文体的主要标志。所谓简短，就是"三言两语，记清事实，寥寥数笔，显出精神，概括而不流于抽象，简短而不陷于疏漏"，用笔要简洁利落，内容集中精练。

总之，经济金融类的新闻报道具有不同于一般新闻报道的特点，它要求通过公开的报道，新闻内容必须明确无误。与一般新闻报道相比，经济金融类新闻事实发生的环境和条件、过程和细节、人物的语言和动作（包括心理活动和思想活动）都不能进行"合力想象"式的报道，更不能搞"创作"式的报道。要求经济金融类新闻报道引用的数字、引语、用典，以及其他背景材料都必须有根有据。要求经济新闻类报道新闻中对事实的解释和说明，必须符合事物的本来面目，不能夸大，扭曲或变形。新闻报道的时间性指的是及时性、时效性、时宜性。要求经济金融新闻报道必须迅速及时，要在真实、确凿和不泄密的基础上求快，要注意掌握新闻报道的时宜性。

（三）我国经济金融新闻报道的要求

一是我国经济金融新闻报道中要体现马列主义的立场、观点和方法。这一点体现在记者对待新闻事实的报道立场、分析方法与所持观点方面。金融机构的经济金融新闻报道，将马列主义的思想方法具体落实就是要有与党中央、国务院保持一致的大局观。这个大局观，主要指的是一种把握整体和关键的战略思想，表现在具体工作中，就是要从大局着眼观察和思考问题，正确处理大局和小局、全局和局部、大道理和小道理的关系，自觉服从和服务于大局。有了着眼大局，才能关注趋势。分析起来，大局观有两层含义：第一层含义指的是对形势、任务、中心工作的认识；第二层含义指的是一种思维模式、认识方法，也就是以全面的、联系的方法分析问题，抓主要矛盾以及矛盾的主要方面。首先是对党的路线方针政策的全面理解；其次是对经济社会发展大势的科学判断；再次是对人民群众意愿的真切了解；最后是对党报宣传要求的准确把握。二是我国经济金融新闻报道要密切结合当前形势、任务，有的放矢地提出问题和解决问题。这一点主要体现在报道的主题方面。三是我国经济金融新闻报道要正确地宣传党的方针政策。这一点主要体现在新闻报道内容方面。

二、经济金融新闻报道的构成和写法

1. 经济金融新闻报道的标题。经济金融类新闻报道的标题，分眉题（又称引题、肩题）、正题（又称主题、母题）和副题（又称辅题、子题）。出现在报刊上有如下几种情况：

（1）多行标题。多行标题，一般有三行，即中间一行是正题，是标题的核心，用来揭示主题或提示重要事实；正题上面一行是眉题，用来引出正题，说明事实，交代背景，烘托气氛，揭示含义；正题的下面一行是副标题，用来补充说明情况或说明正题或依据。如：

我国中央银行新闻发言人发表谈话（眉题）希望加快人民币境外结算的进度（正题）

中国中央银行与英格兰银行签订 1 000 亿元人民币的货币互换协议（副题）

（2）双行标题。其一，出现正题和眉题。如：

人民币境外结算试点范围扩大（眉题）

我国人民币境外结算试点以扩大到全国所有省、市、自治区（正题）

其二，出现正题和副题。如：

某商业银行花钱"买"批评（正题）

在报上登"公告"（副题）

（3）单行标题。单行标题只有正题。如：×××接受《金融时报》社长采访。

关于经济金融新闻报道的标题要求主要有：力求言简意明，平易亲切，准确新颖，富有吸引力。采用哪种标题，要酌情而定。即根据新闻报道的内容和重要性以及新闻报道的分量而定。

2. 经济金融新闻报道的导语。经济金融新闻报道的导语，就是经济金融新闻报道的第一段或第一句话。它是由经济金融新闻报道中最新鲜、最主要的事实或精辟的议论组成，以吸引读者。平常所说的经济金融新闻报道的结构是"倒金字塔"式，原因就在于此。经济金融新闻报道的导语常采用以下几种写法：一是叙述式写法。简明扼要地写出主要事实、经验，或对全篇事实材料进行综合概括，揭示主要内容。如"全国第一家村镇银行成立。经银监会批准，某村镇银行正式挂牌营业"这是《金融时报》发的新闻报道的导语。二是提问式写法。把经济金融新闻报道中要解决的问题或要介绍的经验、做法以设问的形式提出，然后再用事实作答。如"某村镇银行如何加大创新力度一站式化解农户贷款难的问题"，用设问形式提出解决农户贷款难的问题，然后再用具体做法回答。三是描写式。对富有特色的事实或有意义的一个侧面，用简练的笔墨进行形象地描绘，给读者以鲜明的印象。如"某银行改进前台服务，增设座椅、饮水设备和鲜花，大堂经理对每一位走进柜台的顾客都笑脸相迎"。描述式描写将新闻事实的现场情况逼真地描写出来，产生使人如临其境、如闻其声、如见其人的效果，从而增强报道的说服力和感染力。四是评论式。对所报道的事实先作出评论性结论，然后再用具体事实来阐明。如"今天，国务院召开了关于进一步加快我国金融体制改革的会议，会议对加快我国资本市场改革提出改革方向，自此，宣告我国金融改革的大幕正式拉开"。五是引用式。引用消息中人物深刻而富有意义的语言作为导语。如我国金融系统"五一"劳动奖章获得者某某同志说，做好为村民的金融服务工作再苦再累我也心甘情愿。以这句话为导语对某一件事情或者某一个问题进行报道。

3. 经济金融新闻报道的主体。一般而言，主体是新闻报道的主要部分。它承接导语，阐述导语所揭示的主题，或回答导语中提出的问题，对经济金融新闻报道事实作具体的叙述与展开。写好经济金融新闻报道的主体要注意如下几点：一是要求主干突出。经济金融新闻的主题是主干，典型材料要用在主干上。要去头绪，减枝蔓，与主题无关的要舍弃，次要材料要简略。否则将会冲淡主题使得新闻报道头重脚轻。另外，在经济金融类的新闻报道中，要结合对事实的概括报道，选择一定的具体事例，既能提示经济金融新闻报道的主体，又能使报道生动感人，这些事例不应随便选，而应具有典型性、具有鲜明个性、能够说明问题、能够给人留下深刻印象。二是内容充实。回答导语中提出的问题，其内容必须具体、充实，这样才有说服力。导语提出什么问题，主题就要回答什么问题，这样才能紧扣中心，突出重点。任何经济金融新闻报道都离不开对客观事实的概括，这不仅因为要用语言传达客观事件的总体情况和来龙去脉，还因为经济金融新闻一般要求精练、简明。对新闻事实的概括要立足全局，用事实反映特征，反映整体。三是要求结构严谨，层次分明。要恰当地划分段落，有条不紊地展开叙述，安排层次有以下几种顺序：首先是时间顺序，按事情的发生、发展、结束的先后顺序安排层次；其次是逻辑顺序，就是根据事物的内在联系来安排层次；最后是时间顺序和逻辑顺序相结合，这样写严密而有条理，活泼而不紊乱。

4. 经济金融新闻报道的背景。所谓背景是指事件发生的历史环境和原因，它说明事件发生的具体条件、性质和意义，是为充实内容，烘托和突出主题服务的背景既可在主体部分出现，也可在导语或结尾部分出现，位置不固定。与一般的新闻报道不同的是背景材料一般有三类：一是对比材料，即对经济金融事件或者发展趋势以及事物进行前后、正反的比较对照，以突出所报道经济金融发展趋势以及事件的重要性；二是说明性材料，即介绍一个经济金融政治背景、地理位置、历史演变、生产面貌、物质条件等；三是诠释性材料，即人物生平的说明，专业术语的介绍，历史典故的解释等，以帮助读者理解消息的内容。

5. 经济金融新闻报道的结束语。结束语是经济金融新闻报道的最后一段或一句话。阐明经济金融新闻报道所述事实的意义，使读者对所报道的经济金融新闻的理解、感受加深，从中得到更多的启示。经济金融新闻报道的结尾方式有小结式、评论式、希望式等。有的消息，事实写完，文章就止住了，结尾就在事实之中。

三、经济金融新闻报道的体裁和语言特点

1. 经济金融新闻报道的体裁。经济金融新闻报道的体裁是指新闻所报道内容的表现形式，在报纸上最常见的体裁有消息、通讯、述评性新闻等。消息是新闻报道中最重要的体裁。它从现实生活中选择最新鲜的事实，及时加以报道，

文字精练，主题突出，是新闻报道的主要形式。消息一般可分为简讯、短消息、长消息、综合消息。第一，通讯是由消息演变而来，因篇幅可稍长，能对新闻事实进行更具体、形象、生动的报道，通迅又可分为特写、速写、游记、专访、介绍、小故事（小通讯）等。述评性新闻是带有议论性质的新闻，它以新闻性为主，述评性新闻不同于评论，是以新闻事实为依据。不同文体的语言有不同的特点。文学作品要运用形象的语言，科学论文要运用逻辑严密的说理性语言，经济金融新闻报道则要运用新闻语言。

经济金融新闻报道的体裁或者格式有很多，一般情况可以分为以下四类：倒金字塔式、正金字塔式、折中式、平铺直叙式等写作体裁或格式。（1）倒金字塔式。它是目前媒体最常用的写作方式，亦即将经济金融新闻报道中最重要的消息写在第一段，或是以新闻提要的方式呈现在新闻的最前端，此种方式有助于媒体编辑下标题，亦有助于阅听人快速清楚新闻重点。源于美国新闻昇迎合了受众的接受心理，于是得到了普遍的模仿，现在中国的很多都市报所使用的都是这种格式，特别是我国证券投资类的报纸大多用这样报道方式。基本格式（除了标题）是：首先，在导语中写一个经济金融新闻事件中最有新闻价值的部分（新闻价值通俗地来讲就是新闻中那些最突出，最新奇，最能吸引受众的部分），比如一个季度刚结束，公众最想知道的是本季度 GDP 以及 CPI 或者就业情况的数据，此类新闻报道就先从这里写起。其次，在报道主体中按照事件各个要素的重要程度，依次递减写下来，最后面的是最不重要的。同时注意，一个段落只写一个事件要素，不能一段到底。因为这种格式不是符合事件发展的基本时间顺序，所以在写作时要尽量从公众的角度出发来构思，按公众对事件重要程度的认识来安排事件要素。因而需要长期的实践经验和宏观的对于受众的认识。（2）正金字塔式。这种写作方式刚好与倒金字塔式相反，是以时间发生顺序作为行文结构的写作方式，依序分别是引言、过程、结果，采渐入高潮的方式，将新闻重点摆在文末，一般多用于特写。比如一个重大的金融事件在社会上引起的反响的调查报告、一项政策出台的结果等多用这样的写法。（3）折中式。又叫新华体。此种写作方式为倒金字塔式、正金字塔式的折中，即经济金融新闻中最重要的讯息仍然在导言中呈现，接着，则依新闻的时间性或逻辑性叙述。我们国家的新闻报道一般是遵循时间顺序，但是这种"讲故事'的写法在电子化讯息异常发达的今天，已经不适合公众的阅读习惯，所以出现了

"新华体"，它吸收中外新闻报道之长。首先，基本格式（除了标题）是先把事件中最重要的部分在导语中简明地体现出来。其次，在第二段进一步具体阐述导语中的这个重要部分，形成支持，不至于使受众在接受时形成心理落差。因而，第二段实际上是一个过渡性段落。再次，按照事件发展的时间顺序把"故事"讲下来。（4）平铺直叙式。此种写作方式就是注重行文的起、承、转、合，力求文字的流畅精准。对金融机构而言，由于时常必须发表对特定金融政策、事件的看法，此种写作方式反而适合金融机构和金融组织在发表声明时使用。目前，我国新闻媒体很流行一种叫做"华尔街日报体"（DEE）的格式，这个格式的主要特点就是在文首特写新闻事件中的一个"镜头"，一般是以一个人的言行为主，从而引出整个的新闻报道，比如央行关于房贷要加息的消息，新闻报道就可以从一个普通市民的住房贷款行为写起，比较能贴近实际，贴近群众，贴近生活。标题对于新闻报道很重要，甚至都出现了一个标题就是一条报道的情况。因而，标题要提炼新闻事件的"精华"，把最吸引人的地方体现出来，同时要简洁。如果需要可以在主标题前加上引题，在其后加上副题。如果要写作比较长篇的调查性报道、深度报道，就要注意在文中按照事件叙述明晰的需要，适当加一些小的标题，以概括一个部分的内容，便于公众阅读。除上述之外，要注意一些细节，比如文首要加电头，像"本报讯"；文中要尽量使用直接引语，尽量少地进行记者的观点表达；行文要流畅，不要晦涩等。

2. 经济金融新闻语言的特点。第一个特点是具体。经济金融类的新闻报道必须用事实说话，而事实不是抽象的，它由时间、地点、人物、事件经过、事件原因、结果等因素构成，因而经济金融类的新闻报道语言必须具体，应当少用抽象的概念。这就要求如实地记叙具体人、具体事、具体时间、具体地点、具体经过，也要求具体形象的现场描写、细节描写等。鲁迅先生说过，写文章要"有真意、去粉饰，少做作，勿卖弄"。与一般的新闻报道不同，经济金融类的新闻作品更应真实、具体。写得具体，新闻的可信程度就高。经济金融类新闻报道要求写得鲜明、生动，也并不绝对排斥形象和艺术的语言，但必须以能够准确、具体地反映客观事物为前提。如果只注意字句雕琢，堆砌辞藻；只求文字的华丽，内容却很贫乏，这样的经济金融新闻作品难以真正吸引读者，也难以产生强烈的感染力。第二个特点从语言的角度来说，经济金融新闻报道的语言应该以平实朴素为宜。在报道新闻事实时少用概念化语言和模糊性词语，尽量使用意义鲜明的动词、含义确切的名词和数词。写作手法讲究平实、结构简单明了、用词通俗和口语化。新闻报道要求完全真实以及报纸篇幅有限等原因，写经济金融类新闻报道不能采用合理想象和虚构的手法，应讲究表达上的简练和质朴，因此，要求经济金融类新闻报道更多地运用白描的手法。尤其是写人物或场面，需要语言上的概括和内容上的具体。新闻必须事实，不能含糊其词，不能模棱两可，不能夸大也不能缩小。经济金融类新闻报道特别忌讳语言运用不准确而造成新闻失真或歧义发生。因为它不同于一般的新闻报道，语言不准确会导致概念不清楚，或者反映的问题不准确，所以，经济金融新闻报道的写作中不宜随意运用这些不准确的语言。另外，关系到具体金融数据和事实时，严禁用含混不清的语句来代替清楚明确的语句。比如，一般新闻写作中可以使用"最近"、"不久以前"、"长期以来"等比较含混不清的字眼来代替可以表明的具体时间，但经济金融新闻报道绝不能用这样的时间表示方法，一旦用到必须具体准确；一般的新闻报道可以用"许多"、"无数"、"广大群众"等比较笼统的语句来代替可以表明的具体数量，但经济金融类的新闻报道原则上不能用，一定拿牵扯这些内容应该尽可能的具体。有关经济金融类的新闻报道特别不能用"大概"、"差不多"、"可能"等模棱两可的语句来代替可以具体表明的程度。第三个特点是简练。经济金融类的新闻要求快，要求迅速及时。这就决定了经济金融类新闻报道的语言要简明扼要、开门见山、直截了当。把经济金融类新闻报道语言写得简洁、精练要求主要有，一是一条新闻只报道一件事实或只写出一个人物。这样，内容和结构都比较简单，容易做到条理分明、头绪清楚。如果报道的事件比较复杂，牵涉的人物较多，可以采用分解报道的办法，化长为短，化繁为简。二是直接写事实。不要穿靴戴帽，要学会精选事实，让事实说话，把事情来龙去脉交代清楚，干净利落。三是直接叙述事实本身不要作过多的解释。第四个特点是通俗，经济金融新闻报道中人们普遍关心的事实，有群众性。随着我国金融体制改革的越来越深入，普通民众都参与到我国经济金融改革中来，不论是否专业，所有的人都要了解我国经济金融发展现状和存在的问题，都要通过媒体了解国内外经济金融大事。所以，为了扩大受众，有关经济金融类的新闻报道要用最接近口语形式的书面语写报道，更应该接近口语，怎么说就怎么写。在可能的情况下，要尽量少用或避免使用只有少数人或部分人才看懂听懂的一些字或话。总体来看，我国经济金融类新闻报道语言的要求是具体实在、简明精练、通俗易懂、生动形象。

经济金融类的新闻报道与文学作品、评论文章、理论文章不同，它的主要内容是对事实的报道，记者的观点、感情也要通过对事实的报道来体现。但是，经济金融新闻报道用事实说话，并不是绝对排斥议论和抒情，有时在报道事实的同时加上一两句精辟的议论，可以使人们更好地理解新闻事实；真诚而自然的一两句抒情，可以增强新闻报道的感染力。

3. 经济金融新闻报道怎样写出新意。一是跳出事情本身之外看问题。经济金融新闻报道切忌就事论事。因为就事论事，大家看到的都是同样事实，写出的报道就像一个模子制出来的，大同小异，很难有新意。苏轼有两句诗："不识庐山真面目，只缘身在此山中。"许多事情如果不跳出其本身之外去看，那是发掘不了新意来的。二是挖掘事情背后的原因。有的事情从表面上观察，与别的事情并无两样，例如中小企业融资难的问题，这是一个社会公众都知道的事情或者一种经济金融现象。公众接触这种报道多了之后，形成一种固有的认知模式，心理上自然缺乏新鲜感。其实，中小企业融资难的问题虽然大体相同，但对于不同的中小企业其引发原因却往往不同。如果从不同类型中小企业融资难的原因入手作调查研究，就能写出新意来。许多优秀的报道正是在挖掘事情背后的原因上面体现新意的。一篇好的经济金融新闻报道文章写出新意，就能引起较大的社会反响。三是换个角度看问题。人们观察事物时，受其生活经历的影响，往往有特定的思维角度，从而决定了他对事物所作的分析与看法。我们在报道经济金融新闻事件时，往往因习惯而选取某一角度，并因此形成特定的报道方式。这种报道方式反映了事情的基本性质，对公众认识事物是很有帮助的。比如目前我国互联网金融 P2P 企业，由于监管的先天不足，自 2013 年以来，老板"跑路"的报道比较多，如果从加强监管这一角度来看问题，应该说，这样分析确是抓住了事情的实质。但从新闻传播的角度来看，受众接收同样的信息多了，该信息就对受众失去了吸引力。因此，适当地变换一下分析角度是很有必要的，这一方面可以避免受众心理的单调感，另一方面又能给受众提供他未曾认识到的新问题。比如我们在报道这一问题时如果能从设置 P2P 企业的入门门槛分析这个问题，由于变换了思维的角度，其选题与报道自然使人耳目一新。四是从事情变动中找新意。根据唯物辩证法的原理，事物有静止和运动两种状态。当其处于静止状态时，相对稳定，从外观上看不出来什么变化。显然，对静止状态中的事物报道多了，受众似曾相识，读来自然缺乏新鲜滋味。而当事物处在运动状态中时，它相对于以往情况已产生变化，此时去加以报道，受众就会有耳目一新之感。例如2013年以来，我国部分地区出现了不同程度的非法集资问题，许多媒体都作了报道，介绍非法集资的风险情况。在开始出现阶段，属于"首变"、"先变"的事例当然具有新闻价值，但随着时间的推移，这样的报道多了，后面出现的事例就没有了新闻价值，因为新闻毕竟是"对新近发生的有价值事情的报道"。那么，此类事情就完全没有报道价值了？也不尽然。但是如果将其纳入正规的融资渠道进行宣传报道，就可以从另外一个角度解读问题了。五是使用全新的材料。从立论的角度来说，新闻报道的事实是材料，我们可以通过新闻事实所表达的看法是观点。新闻报道的新意，主要来源于作者观点的创新，但有时材料的使用也是创新的一个途径。因为全新材料的使用，是受众所不曾接触过的，自然会有一种新颖的感觉，公众能从这些新材料中悟出新的意思来。比如，目前我们可以从互联网金融对传统银行业的冲击来报道传统商业银行进行创新的动力和措施，就比空洞的表决心有效。

四、金融机构为广播电视电子媒体提供新闻稿件的要求

1. 宣传和服从党的路线方针政策。做到着眼大局、关注趋势，切实担当起引导舆论的重大责任。一是坚持有正确的舆论导向的报道，要切实增强舆论引导能力，要求金融机构从大局着想，看问题从大局着眼，宣传报道为党的路线方针政策服务，为金融改革服务。二是把握电视媒体以及电子信息媒体的特点，突出"鲜、深、精"特色的言论，才能提高经济金融新闻报道的引导力。

2. 在电子信息平台上发布的新闻报道要做到"鲜明、鲜活、鲜亮"。所谓"鲜明"，就是立场、观点鲜明，针对性强。经济金融新闻报道言论不是理论文章，大多短小精悍，所以首先要树起旗帜，端出观点。所谓"鲜活"，就是反应快捷。言论要有时效性，时过境迁，效果会大打折扣。所谓"鲜亮"就是观点、材料要新颖。揭批言论的任务，正是利用那些反动言论最新材料，及时揭露，借力使力，言论自然会常写常新，不会给人以老生常谈之感。其次，要做到"深究、深入、深刻"。所谓"深究"，就是要见微知著。所谓"深入"就是要延伸观察、对比历史。所谓"深刻"，就是要充分意识到言论所涉及主题的重大，要在全局和大背景下进行论述。最后，要做到"精心、精辟、精美"。所谓

"精心"，就是策划到位、集思广益。言论写作形式上是一种个体化行为，但对于比较重大的主题，必须要重视言论写作的策划。对言论立意、形式、目的与效果，事先最好有充分的讨论。所谓"精辟"，就是论述要透彻，逻辑清晰。论点首先要建立于充足、真实的论据之上，但怎样言之成理，论之有序，避免给读者造成"阅读障碍"，造成疑惑甚至疑问，非常重要。所谓"精美"，就是语言要简洁凝练、亲切自然、有杂文韵味，切忌用文件式的、过于程式化的语言。

3. 为电子媒体提供的经济金融新闻报道应客观、公正。只有以事实为本，评论才能有的放矢。新闻是基石，评论是旗帜，新闻的力量在于摆出事实，评论的力量在于讲出道理，而且还要讲得精到，这就需要在论点、论证、论据上下工夫，而论点要鲜明，论证要说到点子上，就必须在关键部位舍得下力量。另外，电视评论的采访要注重论据的代表性，因为评论的采访和其他新闻节目采访的区别，在于评论采访的目的是获得能作为论据的材料和作为论点的语言，在后期编辑时，也同样要以此为标准严格精选。

第八章　金融机构常用专项金融应用文写作

金融机构在进行经营与管理活动中，常常有一些专项的经营管理活动，这些专项的经营管理活动需要用专项的金融应用文保证其正常运转。这里，主要介绍金融机构常用的专项金融应用文包括各项规章制度的构成和写法，金融机构的内审报告和稽核报告的写法。这些都是最为重要的专项应用文。不论是管理类的金融机构还是经营类的金融机构，都会用到这些专项应用文。

第一节　金融机构常用规章制度的写作

金融机构常用的各项规章制度是金融机构对内保证正常办公秩序、加强内部管理的重要手段和形式，其重要性是不言而喻的。没有规章制度，金融机构就无法正常运行。对外来讲，各项规章制度又是管理类金融机构对我国经济金融运行进行规范管理的准绳和必要的手段，没有相关的制度和规章，无法对社会货币金融运行进行规范性管理。同时，对经营类及金融机构来说，各项规章制度又是其保证正常经营活动防范金融风险的最优先措施，也是内部管理最有利的方法。

一、金融机构发布和实施各项规章制度的概念

金融机构的各项规章制度是指金融机构建立和发布的各项章程、条例、规定、办法、细则、规则、制度、守则、公约等文件的总称。它是金融机构系统内、行业内、金融机构自身内部制定并实施的一种具有法规性与约束力的文书，要求社会有关单位和人员，内部有关机构和员工必须共同遵守的行为规范和准则。

二、金融机构各项规章制度的特点

由于金融机构规章制度的制定和使用范围极为广泛。不但"一行三会"制定对社会货币金融活动进行管理的各项制度规定，而且还制定对经营性金融机构进行专项管理的规章制度。而且各经营性金融机构特别是各商业银行总行，各商业银行的分支机构直至基层营业部门，都需要用规章制度规定相关人员及内部员工应遵守的事项、职责或应该达到的标准，以保证金融机构特别是银行管理及各项经营活动有序、正常、协调地进行。其主要特点有：

1. 金融机构规章制度的制定依据是统一的，具有统一性的特点。金融机构规章制度的统一性是指无论什么金融行业，不管金融机构级别高低、其管辖范围大小，规章制度的内容都必须以党和国家有关法律和政策为依据。金融机构任何规章制度的制定，都必须以国家颁布的各种法律、法规，党和政府制定的有关路线、方针、政策为依据，统一在国家法律及党和政府的大政方针之下，其所制定的任何规章制度不能与此有违背或相抵触的内容。

2. 金融机构制定规章制度的内容具有规定性。规定性是金融机构制定规章制度的主要特点。规定性是指金融机构制定的规章制度按照所涉及的工作或对象的性质、范围，明确规定有关部门和人员可以做什么或怎么做、不可以做什么或不能怎么做，用于规范金融系统各机构以及各机构各位员工的行为。金融机构的制度中规定的内容必须具体、严密、周全，对实施过程中可能会出现的情况要有充分的估计。

3. 金融机构各项制度规定在形式上具有条列性。逐条逐项表述制度的内容是金融机构各项规章制度最鲜明的特点。内容决定形式。应该怎么做，不应该怎么做；分清鲜明的对错界限，作出相应的规定，形成了制度形式上的条列性。条列的安排要有层次性，各项规章制度层次应根据具体文种的内容需要设置。多的层次可分七级：编、章、节、目、条、款、项；少的层次只有一级：条或项。常见的多为二级条、款，或三级章、条、款。

三、金融机构制定规章制度的一般结构

虽然金融机构规章制度的种类较多，涉及的内容又广，但各种规章制度的结构却又有相同之处，其基本结构一般分为：

（一）标题

金融机构规章制度的标题一般有两种构成形式：一种是两元素构成法，即事由和文种或发文单位和文种构成，如《××银行章程》、《外汇管理办法实施细则》；另一种是三元素构成法，即制文机构名称（或施行范围等）、事由和文种构成，如《中国人民银行残缺污损人民币兑换办法》等。

（二）制发时间和依据

一般在标题之下用括号注明规章制度通过的日期，或批准、公布的年、月、日。

（三）正文

金融机构的规章制度正文一般分为总则、分则、附则三个部分。

1. 总则。总则的内容是金融机构关于制定各种规章制度的目的、意义、依据、指导思想、适用范围等说明性文字，写在规章制度的第一章。规章制度制定的依据，通常总是在正文的开始部分就予以明确。

2. 分则。分则的内容就是对规范项目逐章、逐条、逐项地说明，这是金融机构规章制度的实质性内容，即规章制度的核心部分，占据规章制度的主要篇幅，是金融机构具体执行的依据。

3. 附则。附则的内容是对规范项目的补充说明，其中包括违反金融机构制定规章制度的处罚办法，文件的生效日期，原有文件与本文件发生抵触时的处理办法，以及条款或用语的解释和解释权、修改权、公布实施的时间等内容，一般放在正文最后部分。

四、规章制度的写作要求

一是金融机构必须依据党和国家的有关法规、政策拟定各项制度。规章制度是各金融机构为了规范社会经济金融行为、强化行业、系统或内部管理而制定的，规定性、执行性是其基本特点，各项规章制度公布之后，对相关的人或事具有明显的强制性和约束力，起着规范行为的作用。因此内容上必须符合国家有关政策和法规的要求，不能有违背或相抵触的条款，否则，其一是影响执行力，其二是不足以作为惩治有关人员的依据。

二是必须实事求是，切实可行。金融机构制定规章制度，一定要从实际出发，实事求是，制定的各项规章制度符合我国经济金融发展以及金融机构发展的实际情况。金融机构在制定时，一定要吃透国家相关的法律、法规、方针、政策和上级指示精神，进行深入细致的调查研究，充分掌握本行业、本系统、本部门的实际情况或相关工作的内在规律，才能制定出符合国情、符合行业以及具体业务运行实际的规章制度，才能对相关工作起到管理、指导、规范的作用。

三是要求所指定的各项规章制度结构严谨，内容具体。规章制度是为了执行而制定的，为了体现金融机构各项规章制度的权威性和便于理解和操作，起草时应做到结构严谨、条文清晰、内容明确。要严格划清规定的界限，具体明确地说明操作的事项，应该怎么做、不应该怎么做。语言要求准确、严密，不能有疏漏、含糊和产生歧义，以充分体现规章制度的严肃性。

四是各项规章制度应定期检查，及时修订。制定金融机构各规章制度是一项十分严肃的工作，各种规章制度一经发布，都具有相对的稳定性。但是，随着社会经济的发展变化，新情况、新问题不断出现，为了适应客观形势的发展及行业内实际情况变化的需要，金融机构各种规章制度在实施一段时间之后应对其内容进行不断完善，修改那些不适应的内容或补充一些必要的新内容，因此对实施中的规章制度要定期检查，及时修订。

五、金融机构几种常用规章制度起草和制定

（一）金融机构的有关章程的制定

1. 金融机构章程的概念。所谓章程是政治、经济、文化等各类组织用来说明其性质、任务和宗旨的纲领性文件。一般由本组织制定并经代表大会审议通过。对一个组织而言，章程是一种根本性的规章制度，具有很强的严肃性和法规性。是组织建设与发展的目标、标准及对外推广宣传的理论依据，对组织成员具有约束力。金融机构制定的章程是金融机构一项根本性制度，是金融机构组织建设和发展的目标，对金融机构所有成员具有较强的约束作用。

2. 金融机构章程的类型。一般情况下，章程分两类：第一类是党政工团的章程。政党或社会团体用于规定其组织的性质、任务、宗旨等，要求本组织成员共同遵守，以保证组织的一致性和凝聚力。如《中国共产党章程》、《工会会员章程》等。每个政党或团体都有自己的章程。金融机构组织内的群众团体一般都制定有自己的章程。第二类是企事业单位章程。企事业单位用于规定其业

务性质、范围和有关人员行为规范，以保证企事业单位兴旺发达。经营类金融机构属于企业，都有自己的章程。如《中国人寿保险公司章程》、《华夏基金章程》等。可以说，章程是金融机构成立的基础文件。

3. 金融机构章程的特点。金融机构章程具有法规性、规范性和约束力的特点。一个金融机构的章程，就是这个金融机构的根本法，其组织内所有成员都必须按照章程规定的条文规范自己的行为，条文具有很强的约束力。违背金融机构组织章程规定的，就要受到金融机构其组织的惩罚或谴责，甚至被组织开除。各类金融机构的章程，其成员也必须严格按照章程规定的业务经营性质、业务活动范围和基本工作职责去办理。章程，就是每一个金融机构的组织章法。

另外，有些金融机构章程用的一种写法是"条目式"，即不分章、分项、分款，只将有关条款分条写出，这种写法适用于规模较小比较简单的金融机构章程。

（二）金融机构的有关规定

金融机构制定的各种规定是金融机构及其各级组织对一些重大问题或等定范围内的工作、事务作出的规范性要求，用于统一机构内员工行为，具有一定强制性和约束力的法规性文件。规定所规范的对象和范围比较集中，措施和要求比较具体。规定的使用范围很广，在金融机构内部，凡需要规范的员工行为、要求有关人员遵守和执行的事情，都可以用规定行文。规定可以是较长一个时期执行的规范性要求，也可以是临时性的措施。与金融机构的章程比较，规定针对性更强，但稳定性较弱，所以有些规定前会加"暂行"二字。

（三）金融机构的有关办法

金融机构制定的各种办法是各级金融机构组织针对某项工作或某一方面活动所制定的具体要求和规范。办法是一种具有强制性和约束力的规定性文件，介于规定和细则之间，它具有规定的原则性和细则的具体性。金融机构的办法与规定虽然同为金融机构规定性文种，但它们的使用范围不同，规定多用于某些重大的问题和事项；而办法一般用于具体事务和单一的事项，如关于某种资金的管理、票据的结算等。

（四）金融机构的有关细则

细则是金融机构各级组织根据上级机关发布的有关条例、规定或办法，结合本部门或者本机构的实际情况，制定的详细实施规则。所以，金融机构各级组织的细则中要对原法规、规章中的某一重要原则、重要事项或某些关键性词语进行解释，把其中较原则性的规范具体化、细密化，使其更具体、明确，以利于贯彻执行。

第二节　金融机构的审计报告及其写作

金融机构从事金融经营、管理与服务活动，其活动关系到资金和财产的流动与转移，关系到资金的流动。审计是国家审计机关对金融机构的财务收支活动进行监督的行为。金融审计的主要任务是依法加强对金融机构的审计监督，揭示金融机构的资产、负债、损益的真实情况，揭露和纠正违规违法从事金融业务活动的行为，促进金融机构加强管理、健全制度、依法经营、提高经济效益，有利于规范金融机构各项行为、稳定金融秩序、防范和化解金融风险、保障金融机构健康发展。金融机构的审计报告就是这一审计行为的具体体现。

一、金融机构的审计报告

与金融机构有关的审计分为内部审计和外部审计两种，但两者的作用都是一样的，审计报告的写法也大致一样。外部审计是专门审计机关根据主管部门的指示对有关金融机构进行的专项审计。内部审计是金融机构的内部审计职能部门对内部组成部门的审计。审计是指审计机关或其他有权实行审计的部门派出审计人员，根据国家的有关法规，对被审计单位的经济活动和经营成果的真实性、正确性进行审查稽核，以达到对财政、财务或经济活动进行全面监督的一种方法。审计报告，是指审计人员在审计结束后，将审计结果向审计委托人（或授权人）所做的书面报告。2004 年 2 月 10 日发布的《审计机关审计项目质量控制办法（试行）》的第五十六条，对审计报告定义如下："审计报告是审计机关实施审计后，对被审计单位的财政收支、财务收支的真实、合法、效益发表审计意见的书面文书。"此定义适用于由国家各级审计机关担任审计实施主体编制的审计报告。根据《审计报告准则》的规定，审计报告是指注册会计师根据独立审计准则的要求，在实施审计工作的基础上，出具的用于对被审计单位的年度会计报表发表审计意见的书面文书。审计报告又称查账报告，是审计组直接向上级机关报告工作的重要审计应用文之一。审计实施的主体有国家各级审计机关和注册会计师。金融审计是国家审计机关对金融机构的财务收支活动进行监督的行为。对金融机构的金融审计报告是审计机关和部门揭示金融机构的资产、负债、损益的真实情况，揭露和纠正违规违法从事金融业务活动的行为，促进金融机构加强管理、健全制度、依法经营、提高经济效益，有利于深化金融改革、稳定金融秩序、防范和化解金融风险的专项书面报告。

二、金融机构的审计报告的作用

一是对金融机构具有较强的监督作用。审计报告的监督作用是通过审计的职能体现出来的，审计的主要职能是监督。《中华人民共和国宪法》第九十条规定："对国务院各个部门和地方各级政府的财政收支，国家的财政金融机构和企事业组织的财务收支，进行审计监督。"通过审计可以帮助金融机构把握正确的经营服务与管理以及风险防范活动。二是对金融机构经营管理具有指导作用。审计的监督职能派生出评价、鉴证、建议等职能。审计人员接受交办或委办的任务后，经过核查，得出结论，然后写出书面报告。审计具有原来的会计人员以外的第三者身份所作的公证性质。审计报告为金融机构决策提供相关信息和参考意见，帮助金融机构降低金融风险，减少不良贷款。对其财务运营状况是否真实、合法、公允进行评价，对金融机构的审计报告还可以为投资者和债权人提供准确、可靠的数据信息，保护投资人的利益。三是对金融机构经营与风险防范具有警示作用。审计报告是向金融机构的主管部门提供重要信息，加强宏观控制的重要手段。通过大量的微观审计，发现带有苗头性、倾向性的问题，向金融机构的主管机关及时反映，为加强相关金融机构的管理和宏观调控提供决策依据。

三、金融机构审计报告的特点

一是具有总结性。金融机构的审计报告是金融机构审计活动的工作总结，围绕审计任务，以审计过程中的详细记录为原始材料，提出有理有据的书面结论性意见，形成审计报告，既是对被审计的金融机构的财务状况、金融分析按问题的全面总结评价，又是对金融机构一段时期内相关工作的总结。二是具有答复性。对金融机构的审计一般由主管部门交办的，有关审计机构或职能部门依据合法地位进行审计。审计结束后，要以书面报告形式向交办的领导机关予以报告。在审计报告中，依据国家法规，针对交办领导部门的审计要求和目标，对结果进行认真分析，帮助领导机关全面掌握被审计金融单位的有关情况和问题并提出整改措施。三是具有公正性。审计报告是一份具有公正性的证明文件。审计人员接受审计任务后，通过被审计金融机构的会计凭证检查其从事的经济活动，认证该金融机构在经营上是否符合党和国家的政策法规以及有关的财经纪律，写出审计证明材料。审计的执行者不包括原会计工作人员，以第三者身份所作的审计报告具有公证性质。如果审计人员是注册会计师，则审计报告就具有合法的证明效力。

四、审计报告的种类

一是依据对金融机构的审计内容，审计报告可分为金融机构财政财务审计报告、金融机构财经法纪审计报告和金融机构效益审计报告。对金融机构的财政财务审计报告适用于对金融机构的财政财务收支的审计事项。对金融机构的财经法纪审计报告适用于审查鉴证审计的金融机构涉及违反财经法纪的专案审计事项。对金融机构的效益审计报告适用于审查和评价审计金融机构的经营效益高低的审计事项。二是按照对金融机构审计的主体分类，可分为国家审计报告、内部审计报告和社会审计报告。国家审计报告也称政府审计报告，是指由国家审计机关代表国家对某些大的金融机构实施审计后而形成的审计报告。金融机构内部审计报告是指由金融机构所属的部门和内部设置的审计机构或专职审计人员对金融机构不同部门、不同单位及下属机构进行审计后而形成的审计报告。社会审计报告是指按照《注册会计师法》的规定，由有关主管部门审核批准成立的会计师事务所和审计师事务所的注册会计师执行独立审计后形成的审计报告。三是依据审计报告的结论，可分为无保留意见、保留意见、否定意见和无法表示意见四种审计报告。

五、国家审计机关关于金融机构审计报告的写作

审计报告的结构一般包括标题、呈送单位、正文、附件、签章和日期。

（一）国家审计报告的写作格式

2004年2月10日，《中华人民共和国审计署令》（第六号）发布了《审计机关审计项目质量控制办法（试行）》，对审计报告的格式和内容进行了明确的

规定。依照第五十七条，审计报告包括下列基本要素：

（1）标题，统一表述为"审计报告"；

（2）编号，一般表述为"××年第××号"；

（3）被审计单位的名称；

（4）审计项目的名称，一般表述为"××年度××审计"；

（5）内容；

（6）出具单位，即派出审计组的审计机关；

（7）签发日期。

（二）国家审计报告的内容

依照《审计机关审计项目质量控制办法（试行）》的第五十八条，审计报告的内容包括：

（1）审计依据，即实施审计所依据的法律、法规、规章的具体规定。

（2）被审计的金融机构的基本情况，包括被审计金融机构的性质、管理体制、财政、财务隶属关系或者国有资产监督管理关系，以及财政收支、财务收支状况等。

（3）被审计金融机构的会计责任，一般表述为被审计金融机构应对其提供的与审计相关的会计资料、其他证明材料的真实性和完整性负责。

（4）实施审计的基本情况，一般包括审计范围、审计方式和审计实施的起止时间。审计范围应说明审计所涉及的被审计单位的财政收支、财务收支所属的会计期间和有关审计事项。

（5）审计评价意见，根据不同的审计目标，以审计结果为基础，对被审计金融机构的财政收支、财务收支的真实、合法和效益情况发表评价意见。发表审计评价意见应运用审计人员的专业判断，并考虑重要性水平、可接受的审计风险、审计发现问题的数额大小、性质和情节等因素。审计机关只对所审计的事项发表审计评价意见。对审计过程中未涉及、审计证据不充分、评价依据或者标准不明确以及超越审计职责范围的事项，不发表审计评价意见。

（6）审计查出的被审计金融机构违反国家规定的财政收支、财务收支行为的事实和定性、处理处罚决定以及法律、法规、规章依据，有关移送处理的决定。

（7）对被审计的金融机构提出改进财政收支、财务收支管理的意见和建议。

（三）独立审计报告的构成

由中国注册会计师协会发布的《独立审计具体准则第七号——审计报告》的第七条，明确规定了独立审计报告的格式和内容。审计报告应当包括下列要素：标题；收件人；引言段；范围段；意见段；附件；注册会计师的签名及盖章；会计师事务所的名称、地址及盖章；报告日期。注册会计师可以根据需要，在审计报告的意见段之前增加说明段。

具体格式如下：

1. 审计报告的标题。审计报告的标题统一为"审计报告"。

2. 审计报告的收件人。收件人是指审计报告的呈送对象，一般是指审计业务的委托人。审计报告要写明收件人的全称，如"××商业银行股份有限公司"。

3. 审计报告的正文。主要包括：（1）引言段。主要说明以下内容，已审计会计报表的名称、日期或涵盖的时间范围；被审计金融机构的管理当局和注册会计师各自的责任。（2）范围段。旨在说明下列内容：审计依据；审计工作包括在抽查的基础上检查支持会计报表金额和披露的证据，评价管理当局在编制会计报表时采用的会计政策和做出的重大会计估计，以及评价会计报表的整体反映，即对被审计单位的情况进行总体评价。对情况的详细说明和处理决定占了审计报告的主要篇幅，尤其是侧重于解释问题的审计报告，通过情况说明，能看出审计结论的依据、线索以及工作过程，因此，要做到以下几点：一是针对性。针对审计要求，讲述存在哪些问题、性质如何、责任者是谁、影响后果等，不要牵扯其他无关紧要的事情。二是有无真凭实据。审计人员在审计的过程中发现了问题，对其加以表述时，要用事实讲话，把经过反复调查、核实账目得到的证据分门别类地罗列，在此基础上阐明观点，决定如何处理。要做到有理有据，将叙述和议论结合起来。三是前后要一致，不能前后矛盾，影响审计报告的严肃性。（3）审计报告的意见段。本部分集中反映了注册会计师对已审计报表等财务账目的意见，主要内容有，会计报表的编制是否符合国家颁布的企业会计准则和相关会计制度的规定；在所有重大方面是否公允地反映了被审计单位资产负债表的财务状况、经营成果和现金流量；会计处理方法是否符合一贯性原则。也就是说，要符合会计报表的"合法性"及"公允性"。

（四）审计报告的附件

对金融机构的审计报告常附有一些图表。图表在审计工作中起着重要的作用，使账目一目了然，起到了文字表述所起不到的作用，又是文字部分的佐证，复杂问题往往需要以图表数据或其他样式来补充说明。在资产负债表审计报告及财务报表或财务状况审计报告中，报表部分往往比文字部分更重要。所以，审计报告必须附有一些重要的图表。

（五）审计报告的签章、日期

对金融机构的审计报告应有注册会计师的签名、盖章，加盖会计师事务所公章，表明会计师事务所的地址。注明审计报告的日期。审计报告的日期是指注册会计师完成审计工作的日期。审计报告的日期不应早于被审计单位的管理当局签署会计报表的日期。

（六）金融机构审计报告的写作原则和要求

1. 金融机构审计报告的写作原则。一是内容要与目的一致。在金融机构审计工作的程序中，要根据特定的目的制订审计方案，其核心是要解决什么问题，得出什么结论。实施阶段完成以后，编制审计报告时应该回头查看审计方案，检查对照相关问题是否已经查清，目的是否已经达到。二是金融机构的审计报告内容要全面完整。审计的全部问题和全部过程，特别是与审计目的紧密联系的主要问题，编制审计报告时都要反映出来，不能遗漏。涉及次要问题的材料，可采用综合、概括的方式处理。三是与金融机构审计报告数字、事实要真实。收集审计证据时获得的相关事实和数字，必须经过反复核实后才能写入审计报告。四是草拟的金融机构审计报告要客观、公正。审计结果和处理意见的提出，要以国家的财经法规为依据，不受其他机关、团体和个人的干涉；观点明确，证据充分。

2. 金融机构审计报告的写作要求。一是立场鲜明，观点正确。既要按政策法令办事，维护国家和金融机构的整体利益，又要辩证地看问题。二是结合所审计的金融机构单位和组织的实际情况，证据确凿。对列入的事件必须反复核实，实事求是，分析问题，针对性强。三是要求审计报告层次清楚，重点突出，详略得当。

第三节　金融机构的稽核报告及其写作

对金融机构的稽核是金融机构加强内控管理，防范金融风险的一种重要手段，是金融机构加强内部管理的经常性工作，金融机构不论大小，每年或者按照主管部门的要求都会对内部的组织部门和人员进行稽核。稽核报告是稽核的一种重要文书。20世纪80年代初期，根据《中华人民共和国宪法》规定，我国恢复审计制度，并于1983年9月成立中华人民共和国审计署，在国务院各部委和国营大中型企业陆续建立了内部审计机构。随着改革的深化和发展，内部审计与国家审计、社会审计构成了具有中国特色的审计体系。本节将重点研究金融机构稽核报告的写法。

一、稽核报告的相关概念

按照中国内部审计协会（China Institute of Internal Audit，CIIA，成立于1984年）颁布的《内部审计基本准则》对内部审计的定义："内部审计，是指组织内部一种独立客观的监督和评价活动，它通过审查和评价经营活动以及内部控制的适当性、合法性和有效性来促进组织目标的实现。"我国金融机构普遍将内部审计称为"稽核"。稽核是金融机构内部控制与风险管理活动的重要组成部分。随着金融业风险管理架构、内部控制体系的不断完善，稽核工作由最初的财务合规性审计逐渐扩展，承担着监督检查、内控评价、咨询及反舞弊等工作职能。稽核报告原专指稽核检查最终形成的书面文件，是稽核人员对金融机构经营与管理活动实施检查后，将检查经过和结论向稽核部门及有关单位汇报而写的书面报告。随着稽核职能的扩展，稽核理念、方式、手段不断充实，稽核报告的形式也不断丰富，近年来，我国金融机构已将稽核部门履行稽核职能系统化和模块化，将通过收集、分析、提炼相关信息并发送至内部客户的书面工作成果统称为稽核模块。"稽核模块"概念的提出，将稽核报告的定位由稽核检查成果的载体上升至稽核部门的最终工作成果，因此稽核报告的质量，直接反映稽核工作的成果和质量。

二、金融机构稽核模块的种类

稽核模块或组成部分主要包括各类稽核报告、稽核风险提示、稽核管理建议书、稽核调研报告和稽核调查报告等。因服务对象不同，以上稽核模块的目的、用途、发送路线以及约束力不同，稽核人员应根据工作需要，采用适当的方式提供不同的报告形式。在所有稽核模块中，稽核报告是最基本、最主要的报告形式。

（一）金融机构的稽核报告

金融机构的稽核报告是指金融机构的稽核部门在对金融机构内部稽核对象实施预定的稽核程序后，对稽核范围内的经营活动、风险管理以及内部控制的适当性、有效性进行确认并提出改进建议的书面文件，是金融机构内部稽核项目工作成果的主要体现形式，稽核报告主要送达被稽核对象及其金融机构二级主管部门、合规部门。按照加强管理有效防范风险的要求，金融机构的每个稽核项目都应提交稽核报告。根据不同的划分标准，金融机构稽核报告的类型会有所不同。根据时序划分，可分为中期稽核报告、后续稽核报告；根据方式划分，可分为金融机构非现场稽核报告和现场稽核报告；根据范围划分，可分为金融机构全面稽核报告和专项稽核报告。

（二）金融机构稽核风险的提示

金融机构稽核风险提示是稽核部门以稽核检查或日常工作获取的内外部风险信息为基础，对相关部门或者项目风险的表现形式、影响程度、产生原因及可采取的防范和化解措施进行分析并提供给金融机构管理层或相关业务部门的书面文件，目的在于提示金融机构管理人员关注经营管理中已出现或可能出现的风险，并及时采取有效措施加以防范和控制，其主要发送对象为金融机构领导层和相关管理部门。

（三）金融机构稽核管理建议书

金融机构稽核管理建议书是稽核部门通过稽核检查或日常工作获取内外部检查信息，对照最佳实践向管理人员提出内部管理改进建议的书面文件，旨在推介最佳管理实践，促进组织效能、效益的不断提高，其主要发送对象为管理层和业务条线管理部门。

（四）金融机构的稽核调研报告

金融机构的稽核调研报告是系统内稽核部门通过深入的调查研究，反映机构规章制度、业务经营、风险管理、内部控制等方面问题并提出改进建议的书面文件，是内部稽核咨询职能的重要体现形式，其主要由金融机构领导和管理层及专项业务管理部门使用。

（五）金融机构的稽核调查报告

稽核调查报告是金融机构稽核部门根据上级稽核部门、机构管理层或主管部门等的委托，通过对特定事项的深入调查，经过综合分析判明该事项成因、揭示其本质的书面报告，其主要适用范围为机构的领导和主管部门。

三、金融机构稽核报告的结构和写法

在金融机构长期的稽核工作实践中，金融机构的稽核报告形成了较为固定的格式，内容一般包括报告概要、基本情况、稽核结论、主要稽核发现、稽核建议、稽核对象反馈等，内部审计部门通常以《报告标准》等文件予以规范。其他稽核文件的编写则可参照稽核报告标准，其内容、结构可采取更为灵活的表现形式。具体有：

（一）稽核报告的概要

报告概要应概述金融机构稽核报告中的重要稽核发现和稽核结论，以满足需在短时间内了解稽核结果或仅需了解稽核总体概况的阅读者的需求。

（二）稽核报告的基本情况

基本情况主要包括金融机构稽核项目基本情况和稽核对象基本情况。稽核项目基本情况包括稽核目标和稽核范围。其中，稽核目标说明项目目标及立项原因，帮助报告阅读者更好地了解项目背景；稽核范围说明本次稽核涉及的机构范围、时间范围和业务范围等，如存在未能按稽核方案要求实施稽核的领域，应在报告中反映并说明原因。金融机构的稽核对象基本情况主要包括对稽核对象经营管理状况的总体描述和分析，应突出管控模式、经营特点、发展趋势等方面，使金融机构领导人和主管部门更全面地了解稽核对象的相关背景和情况。

（三）金融机构稽核报告中的稽核结论

稽核结论应围绕稽核目标，总体评价检查范围内稽核对象的经营管理和内部控制状况，包括以下内容：业务经营和服务目标是否与机构的发展目标保持一致、经营目标是否得到实现、被检查活动是否按计划运作、风险管理及内部控制是否适当有效、对内部控制有效性的评级以及与以前年度比较的变动情况等。稽核对象的出色业绩应在稽核结论中得到肯定。

（四）主要稽核发现

主要稽核发现部分是对查出问题的归类汇总和描述分析，重点反映金融机构稽核对象在经营活动、风险管理、内部控制和公司治理中存在的主要问题，并按照重要性排序。表述稽核发现时，应说明事实证据、评价标准、问题原因、

事实与标准的差异以及该差异可能带来的风险或影响。

（五）稽核建议

金融机构稽核报告正文中应提出改善业务经营、风险管理、内部控制或公司治理的建议，可针对具体问题提出纠正措施或改进方案，也可就系统整改和综合治理提出相关建议。稽核建议应具有可操作性，并符合成本收益原则，有利于稽核对象改善经营活动和内部控制，促进组织目标的实现。

（六）稽核对象反馈

稽核应采取适当的方式与稽核对象充分沟通，并取得相关层级人员对稽核发现的书面意见。经沟通稽核组与稽核对象仍未达成一致意见的，应在报告正文中以适当的方式说明。稽核对象反馈也可作为报告正文的附件。

（七）其他要求

涉及对上次稽核检查进行后续跟进的，应在报告正文中以适当方式反映跟进的结果。单个具体的稽核发现一般以清单形式反映，并作为报告正文的附件。

四、金融机构稽核报告的写作要求

金融机构的稽核报告应要素齐全、叙述完整、格式规范，建立在确凿充分的稽核证据之上，内容描述应清晰、简练、准确，以阅读者的需求为导向。

（一）撰写依据

撰写稽核报告主要依据中国银监会的《银行业金融机构内部审计指引》、中国内部审计协会的《内部审计基本准则》和《内部审计具体准则》等规章制度和行业规范，并参照国际内部审计师协会发布的《国际内部审计实务标准》。

（二）金融机构稽核报告草拟的具体原则

稽核报告应客观、完整、清晰、及时、具有建设性，并体现重要性原则。一是要求公正客观：是指金融机构的稽核报告应建立在确凿充分的稽核证据之上，实事求是、不偏不倚地反映稽核发现，稽核结论应客观公正、实事求是。二是要求对问题和情况的反映应完整。指稽核报告应当要素齐全、叙述完整、格式规范，数据真实，不遗漏稽核中发现的重大事项。三是要求清晰。金融机构的稽核报告应易于理解，富有逻辑，反映的问题清晰完整。四是要求及时。金融机构的稽核报告应具有较强的时效性，原则上应于现场稽核检查结束后10个工作日内完成稽核报告初稿、20个工作日内送达被稽核单位及相关部门，使金融机构领导和管理层能及时采取有效措施纠正稽核发现的问题。五是要求具有建设性。金融机构稽核建议应具有可行性，并符合成本效益原则，有利于被稽核单位改善经营活动和内部控制，促进组织目标的实现。如果有批评的内容，也应该是一种建设性的批评，所提的建议是严肃认真有利于改进的措施。六是具有重要性原则。金融机构的稽核报告应在综合考虑稽核发现的风险水平和重要性水平的基础上，重点反映被稽核部门经营活动、风险管理、内部控制和公司治理中存在的重大缺陷和漏洞。

（三）文字要求

一是金融机构稽核报告的文字组织应以领导机关和主管部门的需求为导向，问题阐述应简练、准确、深刻，力求能使领导机关和管理层及被稽核单位关注问题所在，并积极整改。二是金融机构稽核报告的文字表述应富有逻辑性，尽量避免使用不必要的专业术语，并多用主动句式，以便于各级领导和管理部门以及相关人员的理解。三是金融机构的稽核报告的内容选择应突出重点。稽核报告正文重点反映风险较大的问题，重要的问题应放在前面叙述，以引起领导和主管部门在使用稽核报告时能重点的关注。

第四节　金融机构金融运行预测与分析报告的写法

金融机构金融运行预测及分析，是根据金融机构金融运行的发展历史与现状，运用相应的金融预测分析方法，对金融机构金融发展运行的趋势和运行中的部分问题进行分析，作出科学的分析和判断，寻找其未来的发展趋势和方向。金融机构的金融发展运行预测报告，就是将金融机构一个时期内金融运行发展预测的分析研究过程及其成果，为决策机构和领导层提供的文字报告。金融活动分析报告侧重对过去和现在的经济活动的分析，金融预测报告则侧重于对市场未来进行预测。但一般情况下，两者是通用的。

本节重点研究金融机构金融运行趋势及预测报告的结构写法等。

一、金融发展运行分析预测特点及作用

1. 金融机构金融运行分析预测报告的概念和内涵。金融机构金融运行分析预测报告，就是对金融机构一个时期内全部经营服务过程与结果的分析的文字

资料。通过对现实情况的分析，进行正确预测评价金融机构的金融运行活动及其效益，并据此揭示矛盾，寻找差距，提出措施，为金融机构的自我完善和有效的经营决策提供依据。金融运行活动分析预测报告，就是将某项经济活动的分析研究过程及其成果，写成具有时间价值的书面材料。金融运行预测与分析报告是以一个金融机构的金融运行情况为基础，以预测金融机构未来发展趋势为核心，进行金融运行分析和未来发展趋势预测，为领导层提供决策依据的常用应用文。金融运行预测与分析主要是基于以下基础前提条件的。一是预测所依据的前提是已知的金融运行发展的现状，从已知现状推断未来的发展趋势是金融运行预测的基础。二是历史数据以及数理统计方法是进行金融运行分析预测的手段。如上一季度、上一年度、上一个五年计划等的历史数据。三是对金融运行进行分析预测的结论，就是对未来的某一阶段的发展趋势作出的判断。

2. 金融运行预测分析报告的基本特征。一是对金融机构金融运行情况的现状进行深入分析，查找当前运行的特点和存在的问题，找出解决问题的办法或者措施。金融运行态势分析与预测报告要对过去或正在进行中的经济活动作客观分析，以便及时评价，从而准确地说清楚金融的态势特点和存在的主要问题。进行金融运行情况分析与预测过程，要具体研究分析研究各种历史数据、活动的情况、数据及其相互联系。

二是根据历史情况和现状，对金融机构金融运行发展的未来趋势进行预测。所谓预测的未来趋势，是指金融运行分析预测的方向和状态。金融运行情况的分析，是一种客观分析，它根据计划指标、会计核算、统计资料、业务结算或通过调查掌握第一手经济活动资料来反馈金融运行情况。金融运行分析是一种客观的统计分析，而很少有主观分析成分。因而，金融运行结果（季度、年度）分析十分注重数据、统计、核算、指数及经济变化因素的客观分析。金融运行情况分析报告还十分注重准确真实，虚假的金融运行分析会失去分析的意义和价值。撰写金融机构金融运行分析预测报告时，目的是找出现状存在的问题，提出解决问题的办法，预测金融运行发展的可能方向和可能结果。

三是金融机构金融运行态势的分析与预测具有综合性。因为要进行分析和预测金融报告，牵涉面宽，综合性强。因为金融运行情况的分析既有历史情况又有现实情况，既要分析存在问题，又要分析运行的特点。

四是金融机构运行态势分析与预测具有很强的实践性。撰写金融机构金融运行分析预测报告，目的是为了指导和促进下一阶段工作的实践，是为完成有关金融工作任务而服务的。而分析与预测本身也正是为实践的要求服务的。所以，分析、预测与实践紧密相关。金融活动分析预测源于现实经济金融活动，又服务于金融运行。它的出发点和归宿，就是为金融运行服务。

五是金融机构的金融运行分析与预测报告具有时效性要求。金融机构的金融运行形势分析与预测报告必须迅速反映经济活动中的新变化、新动态，并以最快的速度上报非决策机构和管理部门，保证分析与预测内容和结果具有时效性，如果超过了时效性要求，分析与预测的结果就没意义了。

六是金融运行报告对下一步工作或者对未来的工作具有指导性。进行金融运行状况分析的目的在于了解金融运行现状的薄弱环节以及提高效益的关键环节，通过分析找出问题，在下一步工作中克服消极因素，改进经营管理，取得最佳的经营效益。因此，金融运行分析预测报告必须体现鲜明的指导性，对金融机构下一步经营发展指出明确的方向，为制订新的计划提供真实可靠的依据。

3. 金融机构金融运行情况分析与预测报告的作用。一是帮助金融机构各部门各员工特别是决策层了解相关信息，发现问题，指导工作进度，为领导层提供决策服务。通过对一个时期金融运行情况的分析，可以检查工作进度，了解存在的问题，提出下一步改进工作的方向。同时，这也是为决策层提供准确信息的基本要求。由于进行决策前，都要事先了解、掌握现阶段的运行情况，再结合当前形势分析，作出决定。由于"金融是现代经济的核心"，金融部门尤其是银行业，通过对信贷、现金、货币流通等业务活动的分析，反映自身的经营情况，从多方面综合起来进行分析，写出预测报告，供领导和管理层进行决策提供依据。同时这种分析报告对全社会也是非常重要的，由于银行业的金融运行报告不仅能迅速反映金融机构本身的经营情况，其在经济体系的重要地位，使得社会极为关注，也成为各级党政领导和经济管理部门了解经济金融形势，进行宏观调控提供了决策依据。

二是对于金融机构特别是银行业发挥银行信贷的杠杆作用，保证信贷资金的安全具有重要意义。银行业金融机构发挥信贷杠杆作用是支持实体经济最重要的途径，需要对银行业金融机构应按照自身经营特点和政策要求，优化贷款投向，有区别地投放贷款，获取经营最佳效益。其前提是必须开展对金融运行活动分析。通过分析，掌握金融机构资金使用情况、风险情况，发现存在的问题，找出改进的方向，提出改进的措施，为金融机构提出发展方向。它有助于银行发挥职能作用。

三是帮助金融机构改善经营管理，提高服务水平。经济金融咨询服务业正在崛起。银行为了发挥信贷的杠杆作用，并保证信贷资金的安全，必须对企业开展经济活动分析。只有通过分析，才能深入研究信贷资金如何参与企业生产经营，如何通过信贷资金的投放企业生产，参与市场分配，如何扩大再生产。通过信贷资金投放，明确信贷资金与企业资金的结合，两种资金与生产经营活动的结合，生产经营活动对生产成果的影响。以便从根本上去查明影响企业经济效益、影响企业资金使用的各种客观因素，进而帮助并促使企业解决问题、改进经营管理，提高效益。同时，社会各界对金融机构的分析预测报告也非常看重，金融机构有责任利用自身优势开展经济、金融信息预测咨询服务。真正使金融机构发挥信贷、结算、现金收付及经济、金融信息预测等多功能服务作用，把金融工作水平提到新的高度，在银行发挥职能作用的同时，促进企业改善经营管理，提高资金使用效益。

四是通过金融运行分析为企业经营生产活动提供参考服务。金融机构的金融运行分析预测为社会服务，主要是为企业服务。金融机构是国民经济中货币流通的总枢纽，金融营运涉及整个国民经济，它利用自身业务功能的优越条件，所提供的金融运行分析预测，灵敏快速，准确度高，能够帮助企业了解金融市场供求变化，帮助企业在产、供、销合理配置资金，并且提高资金使用效率。

二、金融运行分析预测报告的类型

1. 按金融运行活动分析预测对象的范围划分，可分为宏观经济金融分析预测报告和金融机构微观金融运行分析预测报告两种。宏观范围，是指分析预测整个国民经济及金融业，或是预测一个地区、一个行业系统的金融发展前景。宏观经济预测报告，反映的是国民经济及金融运行活动中各个总量及其变化，是就全国性的、综合性的、整体性的问题经过整理、分析、作出前景判断后写出的书面材料。宏观经济金融活动分析预测报告涉及面广，事关全局。其分析多着眼于总结经验教训，揭示内在规律，用于指导全局工作。微观范围，是指对某个金融机构金融运行分析预测或对一种经济金融现象，或某一经济金融问题的前景局部、个别的经济金融问题，属于微观预测。微观经济金融活动分析预测报告涉及面窄，其分析预测偏重于某些具体问题，目的是为了下一步做好该项工作制定措施，并提出具体安排。

2. 按金融运行活动分析预测内容的重心划分，有经济金融分析报告与经济金融动态预测报告。金融运行分析预测报告，将重心放在分析材料，作出判断，推测前景，它无一例外地在探索金融运行规律以及风险防范的趋势及措施。经济金融动态分析预测报告，偏重反映社会及金融机构最关心的经济、金融运行中的新情况、新问题、新趋势，带有示意性和倾向性。

3. 按金融运行分析预测技术划分，有定性预测和定量预测。所谓定性分析与预测，是指非依靠计量模式或数理分析方法揭示金融运行活动的性质。它抓住事物的主要方面或主要特征，而将同性质事物的数量上的差异略去，从而就总体上主要的或基本的方面认定事物的性质。其结论具有概括性。所谓定量分析预测，指注重从金融运行活动的数量特征，数量关系和经济发展过程中数量变化等方面分析金融运行实质的方法。通过数字来分析与揭示问题，依靠数理法则的计算分析的技术，结合电子计算机的应用，更深一层地了解经济、金融变化因素之间的关系与本质，并据此预测未来，提出解决问题的比较方案和最佳方案。金融运行分析预测中，通常定性与定量交叉运用，只是侧重点不同。再说，定性分析精度并不高，如果大前提失真，容易失误，所以一定要和定量分析结合起来。

4. 按预测时限划分：近期分析预测（季度及半年以内）、短期分析预测（1年左右）、中期分析预测（2~4年）、中长期、长期预测（5年以上）。

5. 按金融机构金融运行分析预测的内容，分为综合分析预测报告、专题分析预测报告、简要分析预测报告。一是金融机构综合分析预测报告又称全面分析报告，或称系统分析报告，它是对金融业本身，或对某一地区、某一部门、某一金融机构在一定时期内（年度或季度）的经济、金融活动的各项经济指标进行全面、系统的综合分析后而写成的书面报告。二是金融机构专题分析报告，又称单项（或是专项）分析报告，它对金融机构自身，或是对金融业金融运行活动中某一环节或关键问题进行深入分析预测后写成的书面报告。它通常用于反映带普遍性而亟待解决的问题。比如，银行业金融机构对一个时期内流动性情况的分析，统计部门对计划指标完成情况的分析，以及银行机构对工商企业的产销、供求、费用、盈亏原因等的分析。三是金融机构金融运行简要分析预测报告，是围绕几项财务指标、计划指标，或抓住一两个重点问题进行扼要分析，以反映金融运行活动的发展趋势。金融机构金融运行活动简要分析预测报告是综合分析和专题分析报告的合并性报告，通常是在年、季、月末与报表结合，采用图表加文字说明的形式。它与综合分析预测报告统称为定期分析报告。实践中这三种分析预测报告的样式，有时可以相互补充、相互结合。综合分析可以帮助专题分析与简要分析确定分析的主要方面和主要项目，而专题分析和简要分析又可为综合分析积累材料。在实际应用中，应根据不同分析对象与要求，正确选用分析形式，以便发挥经济活动分析的应有作用。

以上这些分析种类，既有区别，又有联系，具有互相渗透、交叉和补充的关系。

三、金融机构金融运行活动分析预测报告基本结构内容与分析方法

1. 金融运行分析预测报告的结构和写法。一般情况下，金融机构金融运行分析预测报告的基本格式由标题、正文、落款三部分构成。

报告的标题。金融运行分析预测报告的标题比较灵活，常见的有以下四种：一是全称标题，这种标题由分析预测的时限、分析预测的范围、分析预测的对象和文种四个要素组成。二是简称标题，这种标题省略了分析预测时限、分析预测范围，只留下分析预测对象和文种，有时甚至只标明分析预测对象。或两项同时省略，只由分析预测内容和文种构成。比如，《理财产品市场分析预测》《消费贷款分析预测》。三是论点标题，即通常的文章化标题，在标题中直接表明作者的主要观点，类似于新闻报道中消息的标题，标题中没有"分析预测"几个字，却能看出是分析预测。比如《美国经济将出现明显复苏态势》《伦敦金融市场短期利率持续上升》。四是复合标题，主标题一般表明作者的主要观点或结论，副标题交代时间、范围、内容等。比如《房地产贷款将进一步收紧——基于国务院常务会议传出的信号》。五是建议式标题，这种标记指直接使用分析报告里提出的意见或建议作为标题，这类标题比较醒目，直接切入主题，让人一看就大致了解了报告要达到的目的。比如，《关于加强短期流动性资金划转管理的建议》。经济活动分析报告标题中的文种，有时也可称为"分析"、"情况汇报"，"情况说明"、"评估与建议"等，虽然没有直接点明经济活动分析报告的性质，但还是让人一看就能明白。但不管哪种形式的标题，都必须标明分析预

测的对象，它是所有标题不可或缺的。

2. 金融运行情况分析预测报告正文。由前言和主体两部分构成。一是前言一般介绍预测的对象、时间、范围、目的、基本情况、结果。也可不写。例如《我国 36 个大城市居民住房拥有量及发展趋势》，介绍 36 个大城市居民住房拥有量情况。也可以只简单介绍一下预测对象的情况，如《中小企业贷款下降情况分析与预测》。

3. 金融运行分析预测报告的主体包括概况、趋势、建议三方面内容。

（1）"概况"也称开头。它是分析预测的基础。金融机构金融运行活动分析预测概况部分。开头的内容，一般包括：首先，概括说明形势，或介绍基本情况；其次，标明分析的中心问题；再次，指出分析的目的。在开头部分写什么，不写什么，须根据全文主旨的需要而定。在文字表达上则要简明扼要。也有内容简要的分析报告，省掉开头部分，而将这部分的内容附着在正文中表达。通常包括三点内容：历史、现状、问题。①历史：主要是陈述已形成的金融运行活动的历史情况、历史水平、历史能力等，以表现分析预测对象原有的经济、金融营运节律。②现状：主要说明近期经济、金融活动状态：或迅猛发展，或发展较快，或是持平，或是下降，或是严重下降。③问题：主要是存在现状中的一些问题。找准金融运转失衡的内在原因。撰文时，写哪些与不写哪些，或取或舍，视正文内容的需要而定。但是，在行文时，要用具体材料与数据来表述。

（2）趋势是分析报告的核心部分。趋势部分的内容，重在分析作出判断。它遴选材料与预测方法，对情况做出分析，以推测预测对象的未来状态。要想对未来的情况作出准确无误的预测判断，就必须对调查得来的材料进行分析，看哪些材料是可靠的，有说服力的；哪些材料是片面的，甚至是错误的，不能说明问题的。还要对各方面的因素进行分析，要用科学的、多维的思维方式进行预测，否则，做出来的预测判断就难免出差错。这一部分的撰写程序，大致如下：首先，筛选材料，分组罗列。其次，选择分析预测方法，可据分析预测的精度要求为主、客观条件，选出一种或是几种。再次，建立分析预测模型。把预测对象的未来形态当做一个实体，并用简单的、形象的方法进行模拟。最后，分析判断。整个过程需要做到以下几点：一是遴选材料与数据，所使用的材料与数据，应保持一致性、完整性、连续性和客观性。二是主要是以历史数据为依据，采用了定性和定量的方法，分析预测可能的情况。三是建立预测模型，分析验证。运用定量分析法和定性分析法进行预测。在写法上，趋势这一部分内容应丰富，为了叙述、分析有条不紊，采取分层分段并作段首概括，以及分列小标题的方法。

（3）建议。这一部分是写对策或建议，提出可供选择的最佳措施。它的内容与目的，是促使存在的矛盾转化，消除预测对象在未来时域运行中的不稳定因素。对策与建议，要求有的放矢，切实可行。

正文结构的三个部分，环环相扣，有着内在的联系。当然，形式为内容服务，格式并不固定。

（4）落款。是做出预测报告的单位或个人的签名和日期。

四、金融运行态势的分析预测的方法

1. 发展趋势预测法。主要包括：一是定量预测法。二是相关分析法。它通过相互联系、相互影响的经济金融数据和政策来分析预测对象的发展趋势。只要参照对象的未来趋势，就能测定预测对象的未来趋势。三是类推与飞跃预测法。类推预测法，是利用相似原理和类推进行预测的方法。例如，我国未来金融市场可能存在的主要风险与美国相比较，尽管两国之间有某些共同性，美国金融市场风险的现状正是我国未来状态。飞跃预测法则不然，飞跃法认为，后进国家在今后的经济发展中，不必踩着先进国家的脚印走，要以世界生产力的最高点作为自己发展的起点。以此取得优势最大值、时间最小值与效益最大值。

2. 专家预测法。一是德尔斐法。它通过有控制的反馈使得收集的专家意见更接近正确。在经济、金融预测时，拟出问题提纲，向专家进行书面咨询；待收到答复，将他们的意见分类、综合、归纳，然后将结果反馈给各位专家，请他们再一次分析判断。如此反复三五次，专家意见渐趋接近，会得出一个比较可靠的预测结论。二是主观概率法。这是就预测问题征询专家判断之后，将专家预估的数值加以平均，而以平均值作为预测值。

3. 金融运行情况分析预测报告的写作要求。一是要求资料充分，数据准确。金融运行或执行情况现状的分析预测的科学性要求资料数据准确无误。因此，必须掌握大量的、全面的、系统的资料数据，以确保预测结果的精确可靠。二是要求系统分析，推断合理。对未来经济金融的发展趋势的分析预测，要做到切合实际，可靠性强，必须有严密的科学的分析推断。分析是前提，推断是核心，它们是预测报告的主要部分。要恰当地选择预测方法，根据预测的目的、要求以及预测对象的特点进行客观的分析研究与判断。三是语言规范，表述简明。金融发展分析预测报告是一种指导性的实用文体，涉及预测学和经济学两大学科，许多专有词语有其特定的使用范围和含义。因此，要求执笔人必须具备经济学、数理统计、社会学等多学科知识，有较高的经济写作能力。同时还要注意语言的运用必须规范、明确，切忌繁言浮饰。有些复杂数据还可以适当使用图表，使表达更简明直观。

4. 金融运行分析预测报告语言要求。一是要求使用大量数字、图表说明，增强分析预测的科学性。分析预测报告无论是说明现状、分析预测，还是提出建议措施，都应运用多种统计数字，如绝对数、相对数、平均数和动态数列等。正确应用统计数字，应注意三点：首先，要了解统计指标的构成（统计指标一般包括指标名称含义、统计范围、时间期限、空间范围、计算单位、计算方法、指标数值七个因素）；其次，要注意指标与指标之间的关系，弄清指标所说明的现象的质的规定性，否则就会用错数字；最后，要搞清资料来源，引用数字要注意核实并说明出处，因为统计是否准确，关系到决策和计划是否切合实际的大问题。由于分析预测报告是根据现状预测未来，所以动态数列的应用尤为突出，通过对动态数列的分析研究，可以预见财经活动的发展趋势和客观规律。图表说明也是预测报告一个常用的表达方法。图表说明具有化繁为简、形象直观的作用。二是语言常用模态判断。分析预测报告要在分析数据资料的基础上，对未来的经济金融运行活动作出可能性或必然性的断定，从而揭示经济活动可能发展的趋向或必然发展的规律。因此，常用模态判断是预测报告语言表达的另一个特点。所谓模态判断，就是断定事务情况可能性或必然性的判断。模态判断分为或然判断和必然判断两种。或然判断，是断定客观事物情况的可能性的模态判断；这种判断揭示了事务可能发展的趋势。必然判断，是断定客观事物情况的必然性的模态判断；这种判断揭示了事务必然发展的规律。在现代汉语里，表示或然的词有"可能"、"大概"、"也许"等。表示必然的词有"必然"、"一定"、"必定"、"势必"、"将"等。在语言表达上，表示必然判断模态词常常省略，但是表示或然判断的模态词是不能省略的。三是要求运用模糊语言。金融机构金融运行情况分析预测报告的着重点是分析现状存在的问题，预测未来，对未来的事物的发展趋势和规律的认识有的只有中心区清楚，其边缘部分是模糊的；即使是在说明历史和现状，也不可能样样都作精确的表述。因此，分析预测报告要运用消极修辞的模糊修辞方式来说明历史和现状，来预测未来发展趋势。常见的模糊词语有："基本上"、"一般"、"较大"、"很大"、"许多"、"少数"、"一些企业"、"长期发展"、"将"、"必将"、"预计"、"大约"、"大略"，等等。

五、以分析为重点的金融报告的写法

部分金融机构日常金融运行情况分析，仅对分析有要求，对预测没有要求或者不将预测作为报告的重点，分析报告在写法上没有特别之处，但侧重点会有所不同。从种类上看，一般情况下，单项工作用简单分析报告较多。金融业务性分析报告。常态工作中，最常用的有金融业务性的分析报告，有两个方面：一是金融机构自身业务经营或者资金营运或者风险管理方面，经常要对金融机构现金、信贷、财务活动以及风险防范方面展开分析，而后写成书面材料；二是金融机构的专项经营管理业务调研，它经常要对某一项工作的进展进行分析，并写成报告。基本上定期撰写的常用的金融业务运行分析报告有：第一，金融机构经营服务以及资金运行分析报告。金融机构对自身经营服务活动或者资金营运活动，或是综合、或是专题、或是简要地进行从未间断的分析，认清现状，找出存在的主要问题，提出改进的方向。比如，金融机构按月、按季对现金、信贷、财务计划执行情况做出分析监测，并写成报告。第二，金融机构财务状况分析报告。财务分析报告，是在分析财务计划中各项指标完成情况的基础上，概括、提炼所编写的说明性和结论性的书面材料。它评价计划执行的结果，分析财务的损益，考核经营的得失，它通常是年度性的分析报告，必要时也用月份、季度简要分析报告。财务分析报告内容与表达程序如下：首先，介绍基本情况；其次，说明各主要财务指标完成情况，并通过有选择的分析，肯定成绩、揭示问题、找出原因；最后，提出改进工作的措施和建议。金融机构的财务分析报告，要如实反映并分析财务活动中的各种问题，提出解决办法，解决下一阶段如何提高管理水平，促进资金流转，提高效益的问题。第三，金融机构专项经营服务工作活动分析报告。这是金融机构对自身开展或上级交办专项工作的情况进行总结和分析而写成的报告，主要是根据任务的完成情况或者进度情况进行综合分析，或者检查自身专项工作完成进度或者向上级汇报工作进展。但是应该注意到，金融机构的分析预测报告如果突出分析，那么写成的报告应该与相关分析报告有所不同。与市场调查报告的比较有三点不同。首先，周期性不同。金融机构金融运行分析报告的周期短，属于定期报告，在月末、季末、年末或是在某一项项目结束时及时做出分析；而市场调查报告具有报道性，在市场变化和企业内部出现新问题、新矛盾时，要随时进行市场调查，在时间上是不定期的。其次，涉及范围不同。金融活动分析报告大多属于专题报告，主要是针对各项指标的执行情况做出的报告，如根据计划、成本、销售、盈利目标以及风险效果等作出的分析；而市场调查报告所涉及的范围要广得多，可以是市场出现的任何现象。再次，表述形式有所不同。经济活动分析报告多以数据与表格相结合的方式进行分析，大多使用历史数据和市场调查资料，采用数学、统计方法进行专业分析，简单明了地将问题加以说明即可，一般无须过长叙述；市场调查报告的文体形式虽然也有相关数据，也要加以分析，但表现形式则可以根据内容更灵活、更多样，在表达方式上以叙述为主。

1. 分析报告正文的写法是报告的重点。分析报告主要在主体部分有所不同，主体部分更侧重分析而不是预测，其内容突出以下几个方面：一是金融运行活动分析的内容与目标。首先，要对金融机构的经营服务状况进行分析，主要通过金融机构经营服务过程与结果的一系列有关数据。其次，寻找提高金融机构盈利模式的途径。通过影响金融机构效益性诸因素的分析，帮助金融机构找出改进的方向和措施挖掘潜力。最后，分析金融机构对既定战略方针的执行情况或者对年度计划的执行情况，这是最常用的分析报告。二是分析目标。金融机构开展对自身金融运行情况或者计划执行情况进行分析，主要是以金融机构年初制订的工作计划以及经营的效益性为目标。计划目标，主要是检查计划完成的进度，效益性目标，是通过对金融机构效益、经营管理、产品质量、发展前途以及信誉等进行分析所得出的结论。这样，它就能为金融机构决策层提供决策依据。

2. 金融机构分析报告的写作步骤。一是将年初制订的计划大纲进行任务分解，通过分解，找出影响计划落实的主要问题，并对其进行剖解，找出主要的原因和影响因素。二是进行指标比较。比哪些指标完成或超额，哪些又没有完成；再比上期（环比）、比上年同期（同比），评价完成的怎么样。三是查找导致问题存在的主要原因，即通过分析，找出影响指标变动的因素。进而认识外部环境的有利条件与不利条件在哪里；其内部环境的优势与劣势又在哪里。四是提出改进措施和建议。主要通过分析提出解决问题的办法和途径，提出下一阶段的工作建议。

3. 金融机构常用分析报告的表述方式。一是叙述方式。它指按各项指标，逐一分段，叙述其变化情况及其影响因素的一种结构形式。它的优点是能比较详尽地反映每个指标的变化情况及其变化因素。但是，有时若干指标的变化受同一因素的影响，写起来就显得重叠冗赘。遇上这种情况，可采取分析与综合并用的方法，经归并、概括，再有所侧重地行文。二是条文方式。它指仅就主要指标，扼要分析。这种方式表达内容的清晰度高，给人印象干净利索，但对中心问题的剖析不易透彻。三是表格式。它指透过表格反映各项指标及其变化情况，并在表中或表后，就指标变化的因素做出说明，它使人一目了然，但不易反映经济活动变化中错综复杂状况。四是侧重于对数据与政策关系的分析。主体部分中数据是基础，文字是对数据分析的说明，离开数据，就无从分析。综合分析报告与简要分析报告，要求不能造假数据，若数据有水分，分析便失真；数据准确，分析结果才有价值。数据与政策关系，反映在调查报告的写法上，就是"观点＋材料"。它反映在分析报告中，即"说明＋数据"。以上几种表述方式，在实际撰文中，有的选择其中一种，有的交叉使用。需要进一步强调的是在分析报告中必须遵循国家金融方针、政策。做到政策与实践合一，上下贯通。这样，分析时易于把握住重点，揭示实质，说理才中肯透彻。五是分析报告的结尾，要求根据分析的结果，突出下一步工作中改进的措施和方法。金融机构的分析报告有的以说明成绩、总结和推广经验为主，分析报告就着重写明推广经验、提高经济效益的途径为主；有的金融机构分析报告以揭露问题、总结教训为主，这一部分就应着重写明解决问题、改进工作的措施为主。总之，分析问题是为了解决问题，分析是政策建议的前提，建议是分析的结果，两者在经济活动分析报告中有突出重要的位置。同时，提出的建议应注意具体可行、切实有效、针对性强。

金融机构的金融运行分析报告或者专项任务完成情况分析报告的写法，不能千篇一律，由于撰文内容、要求、目的的不同，形式也就随之变化。比如，有的缺"头"，它将开头部分的内容融入正文；有的少"尾"，省略掉了建议和对策部分。

4. 金融机构分析报告常用的分析方法。撰写经济活动分析报告，重在分析。选择与之相适应的分析方法，极为重要。撰写经济活动分析，通篇运用相应的分析方法，突出三个方面。一是注重比较分析。即一比、二找、三改。主要是比计划、比上期、比先进。比一比，事物的长短、优劣自见。这就揭开了矛盾的盖子。对比分析法，是将两个有关的可比指标进行对比，测算相互之间的差异，来研究金融活动或者运行情况的一种方法。将相互联系的各项指标进行比较以显出差距，找出问题，才能认识和推动金融机构相关工作的开展。通常比较以下几个方面：首先，实际指标与计划指标对比。通过对比，说明计划完成的程度，看到偏差，为下一步分析脱离计划的原因提供依据。其次，同类指标在不同时间上对比。最常用的是本期实际数与上期实际数比、与去年同期比、与历史最好水平比，或与某一特定时期比。通过对比，反映出事物在不同时期上的发展速度与增长速度。再次，同类指标在不同条件上对比。它是指与国内外同行业先进指标比较，可以发现薄弱环节，促进转化。最后，强度指标对比。将客观存在的相互依存、相互联系的两个性质不同但又相关的指标加以比较，求出新的指标，称为强度指标。如将资金指标与产值、销售收入比较，可以求出资金利用率。通过分析，可以从金融活动的内在联系中，更深入地认识金融机构经营服务以及风险防范的情况。需要注意的是运用对比分析法，要注意经济现象或指标的可比性。即被比较的现象或指标必须在性质上同类、范围上一致。时间上有关系。二是找差距、找问题。进行比较分析对比，只是为揭示金融运行情况或者现状提供分析的线索。客观上，任何一种数量和现象变化，都是有若干因素在起作用，其中必定有主要因素和次要因素。因此，要靠"找"来帮助，运用因素分析法，抓住其中起主要作用的因素，并经剖解，分离出它产生的原因，才能进而促使矛盾转化。找问题靠因素分析方法。所谓因素分析法，就是把由许多因素构成的综合数据，分解为各个因素，追本溯源，逐个剖析，找出其中原因的一种方法。通过因素分析，可以查明综合性指标变动的原因。首先，抓住主要问题的主要因素作重点分析，若分析时面面俱到，不分主次，就会冲淡对主要问题的认识。其次，既要分析客观因素，又要分析主要因素，不能以客观因素来掩盖主要因素，见物不见人。最后，要注重分析带有趋向性的因素，它在现阶段虽不显眼，却是隐患，不可等闲视之。三是通过分析，找出了主要问题和产生问题的主要原因，最后提出改进的方法措施和政策建议。比较问题及查明原因都是分析过程，分析的目的是为了改进和提高工作效率，完成目标计划。一般采用综合分析法提出改进措施和政策建议。就是在具体分析的基础上，把有关因素结合起来，作为一个有机的、相互联系的总体，进行分析研究的方法。通过综合分析，可以找出最基本、最关键的因素，作出正确的判断，提出切实可行的建议、对策。除了以上分析方法外，还有程序分析法、时空分析法、盈亏分析法以及十字形图表法等。在撰文时，应根据具体内容的特点要求，掌握和使用与之相适用的分析方法，才能奏效。

5. 撰写金融机构金融活动现状分析报告的一般要求。金融机构金融活动分析报告没有固定的体裁和写作模式，但整体要求把握四个关键词——数据准确、事实确凿、分析透彻、编报及时。一是要求数据准确：数字是金融运行情况分析报告之"灵魂"。要会争取处理数据的统计与报表的汇总，除会计报表外，还要从台账、数据中认真核对所采用之数据，并要注意其表达的准确性。二是要求分析的事实确凿：分析报告应根据可靠的资料来编写，应详尽记写材料，不能随意编造事实或情况。三是要求分析透彻。要求广泛收集外部情况、历史资料，对问题与成绩做出恰如其分的评价，分析问题时要善于抓住重点、要点，集中反映金融机构经营过程中的难点和重点问题，对导致问题产生的原因给予公正、客观的评价。四是要求分析及时。要求月度简要分析报告应在月后 4 天内上报，季度、年度财务分析报告在季后、年后 10 天内报送，专题分析报告立随时上报。目前，有的公司利用计算机技术可以做到一小时内就出报告。

金融机构金融运行现状活动分析报告是专业性很强的常用金融应用文，为避免其呆板、枯燥、乏味，编写过程中可在语言及表达方式上采取一些创新的手法，运用一些技巧，力求其生动、形象、易懂。如减少专业术语的使用率，采用文字处理与图表表达相结合等。要有独特的视角，鲜明的个性，切忌千篇一律。

第九章 金融机构常用金融
应用文的审核和运转

金融机构常用金融应用文草拟以后，一般还要经过必要的环节才能下发。其中最重要的环节是审核流转。由于管理类的金融机构，如"一行三会"下发的公文影响和意义重大，由于其他金融机构在审核金融应用文时一般都会参照金融公文的办法进行审核及运转，本章重点研究金融公文的审核重点和运转规则。

第一节 金融机构常用金融公文的审核

由于金融机构的公文是实践性、实用性很强的应用文体，它要求表述准确、逻辑严密、语言规范，并遵循规定的行文规则。所以，金融机构公文的质量如何，直接关系到管理类的金融机构依法行政和处理公务的效率。因此，对金融机构公文文稿进行审核，是保证其公文质量的一项非常重要的工作。本节重点研究金融机构公文及其他应用文审核的方法、审核的重点及相关环节等。

一、金融机构公文审核的概念及审核人

金融机构的公文审核，主要是指从金融机构办公厅（室）公文审核部门统一对公文文稿进行审核把关，以及公文审核把关四个重点方面的内容和公文流转各个环节对公文进行审核把关的关键点。公文的审核涉及公文办理的方方面面，稍有疏忽，就有可能出现问题。保证公文的质量，是公文处理各个环节共同工作的结果，尤其是具体起草公文的部门办理公文一定要注重质量，不能仅仅依靠公文审核部门的工作解决公文质量方面的问题。办理公文仅仅在审核环节或封发时才关注质量问题，质量方面的漏洞必须多方防范。保证公文的质量，

公文审核部门虽然可以"独当一面",但也必须与其他环节密切合作,尤其是要与具体起草部门协调、配合,听取情况,弄清原委,否则,有可能事倍功半。对金融机构公文的审核,主要是做好以下方面的工作:一是公文初稿完成后经办人员的各级业务主管领导的审核把关;二是金融机构办公厅(室)公文审核部门的审核把关;三是金融机构相关部门的领导签批公文时的审核把关;四是公文成文封发前的审核把关。以上各个层面对公文审核把关的侧重点有所不同,前三个环节是从政策、法规到内容、形式的全方位把关,以内容为主;最后的环节主要是对公文的形式和印刷质量进行把关,主要是形式方面的把关。本章所讲的公文审核主要是第二个环节的工作,即公文审核部门的统一审核把关。

进行金融机构公文审核的人员,一般要求具备以下基本条件:一是具有一定的政策水平。首先,对政策有系统的了解;其次,对政策有深刻的理解,领会政策的精神实质;再次,他们可以从全局的角度把握政策的连续性。二是具有较强的法律意识。公文是国家机关行政的载体,审核公文,必须具有较强的法律意识,具有依法行政的使命感。公文审核人员不是法律专业人士,不可能熟知全部法律事务,对公文从法律的角度进行把关,不仅仅是去核对法律条款,而是要有法律意识,要考虑公文的法律背景、法律环境,以及是否请教法务部门从法律的角度进行论证。三是具备比较高的语言文字水平。公文是把国家机关的公务往来用文字的形式记录下来,传导出去。公文在语言文字上存在毛病,毫无疑问会影响其作用的良好发挥,公文核稿的重要目的,就是消除文稿在语言文字上的毛病。因此,从事核稿的公文审核人员必须具有较高的语言文字水平。四是具有一定的组织协调能力。公文核稿不仅是案头文字工作,因为文字所承载的无一不是政务。对公文中的各种问题,包括文稿的政策性问题、业务问题、文字问题,都需要与办文单位进行协商,甚至与相关单位进行协调,这就需要公文审核人员还应该具备以下素质:一是要熟悉办事的程序和渠道;二是具备与不同机构和人员打交道的本领和沟通技能,能够调整诸多方面的关系;三要在不失原则的基础上,灵活应变,能够将原则性和灵活性有机地统一起来。

二、金融机构常用公文审核的意义和目的

一是保证公文从形式到内容统一。对金融机构的公文进行审核把关,是金融机构公文审核部门为决策层服务的重要内容,金融机构的公文审核部门做好

文稿审核工作，是减轻决策机构政务负担的重要内容。对各职能部门报请领导阅批的文稿，公文审核部门事先进行认真细致的审核把关，对于不合要求的予以退回；对于需要协调的进行协调处理，并就有关背景情况写出简要的说明，尤其是对经协调仍有争议的问题需写清楚各方意见；对于文字有毛病的进行修改润色等，这样，可以节省决策层在审阅和修改公文上的时间，为决策层腾出更多的时间深入实际、解决重大问题。二是对公文进行审核把关，可以统筹兼顾协调各方面的利益。金融机构的部分公文往往涉及几个部门的业务；一个部门主管的业务，也往往与其他部门的业务发生联系。对各业务职能部门起草的文稿，在送领导人阅批之前，公文审核部门先行审核把关，有利于根据本机关工作的全面情况，统筹考虑，以防止政策、法律上的前后矛盾、相互冲突、业务上的相互脱节和相互牵制以及同一问题重复发文等，协调各方面的利益。

金融机构公文的性质决定了其审核的目的主要有：一是保证公文在内容上，必须政策、法规界限分清，办法、措施符合实际；二是在表述上合乎逻辑，交代清楚，简洁通顺；三是在形式上体式规范；四是能够有效防止公文数量多、质量差、行文混乱等问题，保证公文的质量。

三、金融机构公文审核的主要内容

1. 审核政策法规的准确适用性。政策是党和国家机关动员、组织和指导工作的依据，法律法规是国家机关行政的规范和准则。政策和法规具有权威性、严肃性、稳定性和可操作性等特点，一经发布，在相对稳定的空间和时间范围内具有较强的约束力。国家机关的公文，大多是依据政策和法规来指导工作的，具有强烈的政策、法规性极强的特点，有些本身就是政策和部门规章。随着我国改革开放和经济金融体制进一步改革开放的需要，我国政府职能的转变和国家法制的健全，政策法规性文件在国家机关公文中的比例会不断增加。特别是自2012年党的十八大以来，国家加大了金融支持经济发展的力度，新的制度政策不断出现，相关法规政策出台得越来越多，影响越来越大。因此，在公文审核过程中，把握公文是否符合党和国家现行的政策、法规，始终是一项重要的内容，由于法律法规是专业性非常强的，金融机构的公文在贯彻有关政策和法规制度方面，为了做到准确适用，应该注意从以下八个方面进行审核：

一是看金融机构的公文是否与党和国家一个时期内的政策口径保持一致，

特别是与党和国家对相关金融工作的要求是否保持一致。首先，要看草拟的公文文稿是否符合党和国家的大政方针。第一，要注意找出与文稿内容有关党和国家的政策性文件进行核对，对同一问题，党中央和国务院以及上级机关的文件是怎么阐述的，文稿与这些文件的精神是否一致；第二，要注意文稿在其些政策口径上与党和国家的政策是否统一，比如境内外政治、经济领域的一些敏感问题，政策口径一定要与党和国家的政策性文件统一，否则就会引起麻烦。如果发现文稿与党和国家的方针政策在精神上、政策口径上不一致，应及时与起草单位联系并加以修正，避免出现政策性错误。

二是金融机构的公文是否与国家的法律、法规保持一致，国家法律、法规是国家意志的集中反映。法律、法规一经国家权力机关颁布，就对其覆盖的领域起着制约和规范的作用。对金融机构公文文稿进行政策把关，就是要审核文稿中有否与现行法律相悖之处。所谓与现行法律相悖，就是文件的精神或具体规定与宪法或现行法律、法规、部门规章等相抵触。在金融机构日常工作中，很多法规都与现行法律有着各种各样的联系，因此，核稿时一定要注意，认真核对文稿与现行法律、法规是否一致。

三是审核金融机构公文与以往政策规定的联系。我们知道，政策是以往经验的总结，又是今后工作的指导。过去制定的政策，是提出新政策的基础和背景，而新规定、新政策又是旧的政策规定的自然延伸。因此，进行政策把关，除了要同党和国家的大政方针，同上级的有关政策规定进行核对，还应考虑与金融机构过去相关文件中政策规定的承接关系。首先，看文稿与已发文件在政策、规定上是否出现矛盾；其次，看文稿与已发文件在政策规定上是否具备必要的连续性；最后，看文稿与已发文件在某些政策性提法上是否衔接。如果政策"朝令夕改"，前后不一，相互"撞车"，下级机关就将无所适从，还会给人们造成不稳定感。所以，审核政策规定的连贯和衔接，是公文审核中政策把关很重要的内容。

四是审核文稿与平级机关政策规定的关系。我们把金融机构公文在政策法规上与党和国家的政策法律核对叫做上下对照，把与以前的政策规定核对叫做前后关联，那么对金融机构公文进行政策把关还有一个左右关照的问题，即文稿与平级机关的政策、规定的关系问题。国民经济管理是一个复杂的结构体系，一个有机的整体，对很多事情，都是不同的机关从不同的角度进行管理，这就不可避免地会出现交叉。因此，进行政策把关，一定要注意文稿与相关机关的政策规定是否不一致，是否矛盾、是否抵触。如发现问题，要及时协调，否则，文件发下去也无法执行。

五是审核文稿本身的政策规定是否自相矛盾或存在漏洞。对草拟的文稿在政策规定方面进行了纵横比较之后，就要看文稿自身在政策规定上的毛病了。注意政策规定有否前后不一致的地方，寻找政策规定上的空隙和漏洞，比如，相关的政策界限有没有该划而没有划的现象，政策界限的划定是否过宽或过严，过于烦琐或过于笼统等。如果存在这些问题，就说明草拟的文稿本身还不严密、不完善，还需要进一步修改和完善。

六是审核文稿的政策规定是否具有可行性。金融机构公文的政策规定，是需要受文机构和部门在实际工作中遵循落实的。如果政策规定脱离实际，操作性差，那这种文件就失去了权威和作用，成为一纸空文，甚至会出现与公文制发机关主观愿望相反的效果。所谓可行性，就是符合客观实际，能够指导和规范正在进行的和即将进行的工作，便于受文单位执行和发文机关督促检查。比如，所提出的政策措施是否行得通、由谁执行、怎样执行、执行的期限等，都要明确、恰当。在进行政策把关时，注意政策措施的可行性，是保证公文实际效果的重要一环。

七是审核文稿的政策、规定及相关口径是否超出了职责范围。国家机关的职责是有一定范围的。以人民银行为例，其职责在 1995 年的《中华人民共和国中国人民银行法》中作了明确的规定。中国证券监督管理委员会（以下简称证监会）和中国保险监督管理委员会（以下简称保监会）成立以后，人民银行的职责有了相应的变化，以后，在银行业监管体制变化后，人民银行的职责又发生了相应变化，2003 年的《中华人民共和国中国人民银行法》重新明确了人民银行的职责。公文核稿人员一定要熟知本单位的业务职责；同时，还要了解相关单位的业务职责，在进行政策把关时，要注意本部门制定的政策法规是否超出了职责范围，按规定这部分职责应由哪个部门履行。

八是审核文稿引述相关政策规定是否准确。上级机关或平级主管机关的政策规定往往是本部门制定具体的政策规定的依据，因此，金融机构公文中经常会出现引述上级机关或平级主管机关的政策规定或者是有关精神的情况。在进行政策把关时，对引述上级机关或平级主管机关的政策规定，首先，要查阅所引文件原文，弄清所引文件的精神实质，注意拟发文件与所引文件的精神是否一致。如果引文是就某项具体工作、某一特定时间或特定地区的工作而言的，就不适宜作为指导全面工作的政策依据。特别是在引用文件精神时更应注意。也就是说，对所引文件的理解要做到不疏漏、不片面，绝不允许为表达自己的意思，搞"为我所用"。其次，对确需引用原话的，要查阅引文是否准确，引文与原文的关系，与本机关具体政策措施的关系，并要注意文稿是否注明了引文的出处。最后，引文中涉及外文的，应注明中文意思。一般情况下，引文不当，往往会削弱文件的权威性，有时还会引起公文官司，尤其是引用法律法规作为办理依据不确切、不妥当时，更容易出现较为严重的问题。

2. 语言表述的正确规范。要求主题具有鲜明性。公文的语言文字问题既包括了主题提炼的问题、内容的结构方法问题、表述的逻辑性问题、语法修辞问题，又包括了文字表达的规范化问题等，内容比较庞杂。主题是公文的灵魂和统率，也是一篇公文的中心思想之所在。因此，在审核金融机构公文时，首先要考虑主题是否明确，即公文到底想说明什么。金融机构公文的主题突出主要表现为：首先，主题表述是否直接；其次，主题的表述是否充分；最后，材料的选用是否紧扣主题。一般情况下，金融机构公文主题不突出不明确方面的毛病主要有：

一是公文主旨不清楚。金融机构公文如果内容较多，篇幅较长，容易出现主题不明确、主旨不清楚的问题。如一篇公文迹象说明问题，又想要求上级给予特定的政策解决相关问题，同时，又要求改变解决问题的程序，将许多性质不同的问题在一个公文中反映，使得主题不清楚，领导无从批复，金融机构也无法执行的状况。遇到这样的公文，就要和拟文单位联系，首先弄清发文的目的。根据发文目的，提出修改意见。

二是主题不突出，针对性不强。一般情况下，金融机构的公文都是针对某项工作中存在的问题而发的，目的是为了解决问题。这样的文稿，必须把存在的问题和矛盾放在突出的位置上，对于成绩只能是一带而过，甚至可以根本不提。有些拟稿人在拟写这类公文时总是想把成绩说够，在指出问题之前，用很大篇幅来谈成绩甚至大写该项工作存在哪些困难，大家是如何克服困难的。然后，再写存在的问题及如何解决问题，这样就容易将问题没有突出说明，不利于收文方对存在问题予以足够的重视，犯了主题不突出的毛病，削弱了公文的针对性。

三是材料的选用偏离主题。公文是操作性、实用性很强的文体，材料的选用一定要紧扣主题。没用的材料，可用可不用的材料应一律删去，否则，收文单位很难明白让自己干什么，甚至会使公文失去应有的严肃性。偏离主题的公文，会失去了其应有的严肃性，削弱了其实用性。

四是文不对题、答非所问或内容与标题错位。一些金融机构公文的文稿，仅仅看文稿本身，意思清楚，文字也通顺，似乎没有什么问题。但如果看所附对方来文，就会发现问题较大。如果一个金融机构的复文完全没有回答附文提出的问题，对这样的公文，要退回去重写。还有一种情况是标题不能正确概括公文的内容，或者说内容的表述与标题错位。标题与内容的错位，文不对题，都应退回去重写。

3. 金融机构公文主题审核的要求。一是要删除不典型、与主题无关或关系不大的材料，使主题更加突出；二是要对材料进行提炼，使主题更加鲜明；三是要注意标题是否准确概括了公文的内容，或是否存在内容与标题错位的情况，特别要注意文稿是否文不对题或者跑题；四是遇到主题不明确、要解决的问题不清楚的文稿，不要急于动笔修改，要根据自己的职权范围，把事情的来龙去脉和拟稿单位的发文意图搞清楚，与文稿起草人共同研究，把文章修改好。总之，当文稿篇幅较短，论述内容比较集中，审核主题是否突出、明确并不难做到。而当文稿篇幅较长，综合性材料较多时，对文稿主题进行分析和审改难度就会大一些。这就需要有较强的文字功底和逻辑分析能力。

四、关于金融机构公文内容的准确性问题

金融机构公文的性质及其效用，决定了其在内容上必须准确无误。准确性是公文的基本要素。在对金融机构公文进行审核时，审核文稿是否准确，是很重要的一个方面。审核文稿内容的准确性，主要包括以下几点：

1. 公文的观点是否准确鲜明。金融机构公文是指导和商洽工作、请示和答复问题的工具，公文中的态度、观点、意见和建议，一是观点要明确，不能拐弯抹角，模棱两可，更不能"环顾左右而言他"；二是观点要正确，观点错误或片面，必然会影响公文的质量，给工作带来危害，甚至产生不良后果。在公文审核的过程中，一定要考虑文稿中的大小观点是否正确，表达有无问题，如果

出现看法不全面，提法不妥当，意见含混不清的，都应当进行修改。

2. 公文引用的材料是否真实可靠。金融机构公文所引用的材料，首要的条件是必须准确、真实，不确切的材料，用在公文中，轻则会伤害公文的严肃性和权威性，重则会给工作带来损失和危害。在公文核稿的过程中，必须认真考虑文稿所运用的材料是否准确和真实，凡是不准确或不翔实的材料，都必须认真地加以修改或者更换。审核材料的准确性，应注意以下几点。首先，一定要将文稿的内容与有关基础材料进行核实，弄清背景情况，保证事实的准确真实。反映工作和业务活动情况的，所依据的材料一定要翔实可靠，运用这些材料要尽量做到全面而不疏漏，真实可信。涉及对人、对机构、对事情进行处理的，结论和材料一定要"对号入座"，来不得半点马虎。其次，某些材料不能作为公文的依据。例如要对某个机构或个人进行处理，被处理的机构或个人的自报材料不能作为公文的依据，必须有相应的一级行政机关或法律部门出具的具有法律效力的材料，才能作为公文的依据。只有这样，事实的真实性才有保证。

3. 引文是否准确规范。金融机构公文中经常会出现引用上级机关文件或有关法规条文作为行文的依据，或者引用他人文章、讲话用于立论或者驳论的情况。引文是否准确，直接关系到公文的可靠性和可信程度，直接影响到公文的严肃性。从引用的技术上看应该注意这几个问题：首先，要准确规范地注明引文的出处，不能笼统地写"国务院59号文件"或者"中央5号文件"，要准确地标明所引文件的制发单位、标题、发文字号、年号，一般情况下，应标题在前，文号在后；一个文稿中多次引述同一文件时，第一次规范性引述后，后面就可以只引文号不引标题了。引用他人讲话，第一是要写清楚什么人，在什么时候，什么场合上就什么问题讲的；第二是要注意，领导者个人的讲话、批示不能在公文中作为依据引用。如果是引用法律规定，要注明是哪一个法律法规或部门规章的哪一条哪一段，而且要写法规的全称，必要时，还要明确法规的制发机关。其次，引用有关的政策、法律、部门规章等，应尽可能引用原文，避免用自己的语言表述。因为政策、法律、部门规章等的制定都有规范的程序，每个定义、概念都是经过认真推敲的，都是有特定含义的，而每个人对其理解，往往存在差异和认识上的局限，用自己的语言表述，会出现偏差。

4. 时间、地点是否准确明了。在审改金融机构公文过程中，还要注意时间、地点、数字准确性问题。要进行认真地核对，同时力求避免使用模糊概念。时间应写明具体的年、月、日，不应使用"从前"、"年内"、"月末"等模糊概念，尽可能不使用诸如"今年"、"明年""上季度""下月"等会因时间的自然推移导致具体时间方位变化的时间概念；地点应写明具体的省、市、区、县，避免使用诸如"中原大地"、"齐鲁平原"之类的概念，尤其是数据的使用，要绝对准确，来不得半点模糊。

五、关于表述的逻辑性问题

金融机构的公文要准确地表达观点、解释政策，在表述方式上必须做到合乎逻辑。符合逻辑是公文语言表述的基本要求。公文缺乏逻辑性，就会表述不清楚问题，产生误解或歧义，有时甚至出现常识性的错误。审核金融机构公文语言表述的逻辑性，特别注意以下几点：一是从整篇文稿的布局谋篇上看，是否结构合理，条理清楚，层次分明，每一部分的内容与主题是否存在必然的联系，联系是否紧密。一般地讲，金融机构公文文体的结构方式主要有两种，一种是按所涉问题的发展逻辑展开，一种是将与主题有关的各方面情况或问题按性质分类，分别叙述。对于按发展逻辑展开的文稿，在审核时，应注意每一层意思之间的联系，切忌把缺乏逻辑关系的问题，简单、生硬地连在一起叙述；对于按情况或问题的性质分别展开的文稿，应注意材料的安排，一般应把与主题联系紧密的内容或相对重要的内容排在前面，同时，每一层次的意思应相对完整。二是要注意内容之间的逻辑关系，前后意思之间的逻辑关系是否正确。三是要注意判断和推理是否符合逻辑规律，是否经得起推敲。在审核公文的过程中，经常会出现这种情况，文稿的某些文字在语法上没有什么不妥，就是读着感觉到问题没有说清楚。例如，"某一金融机构的公文在说对一个金融现象的判断，但总感到这一判断没有说清楚。一般情况下，看对一个事物的判断是否恰当，首先要看它是否符合事实，只有符合事实的判断才是恰当的判断，例如："建立金融中心是市场经济发展的必然结果"，这个判断就不全面，因为金融中心是社会经济发展到一定历史阶段的产物，但只有当金融业发展到较高的水平才可能出现金融中心，所以说这个判断是不全面的。在审改公文时，经常会遇到对事物定性的句式，比较多的为"什么是什么"这类判断句式中，对这样的句式，一定要注意"是"字前后的概念是否一致或内涵相同，否则，判断就会不恰当。还要注意"是"字前后的概念必须是具有等同或类属关系的两个概念，最后，还应注意"是"字前后具有类属关系的两个概念的位置，例如："金融体制改革是金融市场改革的重要内容"。在这个判断中，"金融体制改革"的范围广，是大概念，"金融市场改革"的范围小，是属概念，应包容在"金融体制改革"的大概念里面，这个判断句式中的两个概念调换一下位置就恰当了。推理不合逻辑：例如，"由于金融体制改革的深入进行，金融业务发展快，致使办公室文字综合人员严重缺乏，急需配备合适的人员"。这一推理的问题在于："文字综合人员"与"金融业务发展"之间，并不存在必然的联系，这个因果关系是强加的，因此，这个句子前后意思的逻辑关系是不正确的。逻辑关系不严密，经不起推敲。例如，"在前一段的结算工作中，各级行做了大量的工作，克服了许多困难，取得了巨大的成绩，但是还存在诸多严重的问题，如……亟待解决"。取得巨大成绩与存在亟待解决的严重问题，这两个意思显然是矛盾的。四是要注意概念是否清楚、明确。概念是事物的本质、整体含义和内部联系在人们头脑里的反映。概念的表现形式一般是词或词组。凡概念混乱的逻辑错误一般称之为"概念不明确"。在审核金融机构公文的过程，应注意对词语所代表的概念进行推敲，如果马虎大意，公文往往会出现概念不清的错误。例如，"目前大部分分行已经基本上全部完成了总行下达的××计划"。"基本上"和"全部"在概念上是互相矛盾的。是"基本上"就不能说"全部"，是"全部"就不能说"基本上"，应根据实际情况保留一个，删去一个。类似的病句还有"在国家信贷收支计划未下达之前"，"在《中华人民共和国商业银行法》未出台之前"等。"未作新的规定时"是一个时间概念，"作新规定之前"是另一个时间概念，这是一个时点的不同表述方式，说的是同一个问题，但两个时间概念不能混在一起。在审核金融机构公文的过程中，还要注意相同的事物要使用相同的概念，相同事物的概念在运用时要前后一致。如果在同一篇文稿中，同一事物使用不同的概念，就可能出现误解或歧义。另外，还应注意公文中是否存在拟稿人生造的概念。有些拟稿人生造出一些除了自己谁也不明白的概念。

六、关于语言表达的规范化问题

金融机构公文的语言，要求准确、简明、精练、规范，因此，在审核公文时，必须对文稿的语言进行修改和锤炼。对公文语言的锤炼、规范问题是正确选用文字和提高文字水平的问题。由于每个拟稿人的思维方式不同，语言表达的方式、习惯不同，对同一段文字的理解角度和感知程度也不同。因此，公文的语言文字是否规范，一定要结合具体的语言环境进行分析。具体做法是提高对公文语言文字的普适性和准确性。首先，公文的语言应该平白、朴实，表述应直述不曲、简练明确，要把重复的意思和事例、无须受文方了解的事件及过程、不必要的修饰性语句尽可能删去。其次，要对语言的表达进行推敲，要注意语句是否通顺，用词是否贴切，遣词造句是否符合语言规范。

七、金融机构公文在语言文字上容易出现的毛病

一是用词不当。例如，"该同志具有较强的文字水平"。属于形容词使用不当。例如，"虽然今后一段时间金融宏观调控的任务较重，不过做好了工作还是可以完成的"。属于关联词使用不当。二是指代不清。例如，"金融中心的主机房设在九楼，它能容纳上千人在里面工作"。运用代词的目的是避免语言的重复，但运用不当，就会指代不明，产生歧义。如例句中的"它"是指代事物的，可在"它"之前有金融中心、主机房、九楼三个事物，指代哪个呢。推测一下，金融中心和九楼可能容纳得下上千人，而主机房里不可能容纳上千人，这个句子里的"它"指代得不明确，理解上容易产生歧义。三是搭配不当。例如，"对因汇率调整引起的投资缺口，应由企业通过加强自身管理，增加自筹能力自行消化"。为谓语动词与宾语搭配不当。四是句子构成残缺。例如，"通过金库安全大检查，使一些银行查出了事故隐患"。这句话是滥用"使"而引起的主语缺位现象。例如，"基层员工反映的一些基层银行意提高储蓄利率、争抢业务的问题，总行曾三令五申"。这句话的毛病是宾语残缺。五是语法结构混乱。例如，"资本主义的积累，是为资本家牟取更大的利润为目的的"。这句话是把"以……为目的"和"目的是为……"两种语法结构混糅在一起了。有两种改法，或者是"资本主义积累的目的，是为资本家牟取更大的利润"，或者是"资本主义的积累，是以资本家牟取更大的利润为目的的。"例如，对于未经批准，超范围经营的做法是应该受到批评的。这句话是把主动和被动两种句式杂糅在一起了。如果采用主动句式，应把"受到"换成"提出"；如果保留"受到"，用被动句式，应把"对于"删去。六是偷换概念。例如，"欧洲主权债务危机表明，主权债务机制很可能被滥用，成为债务国的最后贷款人"。例如，"本表所列示的服务收费标准，包括手续费、银行系统内资金汇划费，不包括邮电费、凭证工本

费"。这两个句子的毛病，都是下半句话把上半句话说的中心概念换掉了。七是词不达意，令人费解。例如，"随着社会治安情况的变化，以目前金库保卫人员的素质和保卫条件已不适应安全的要求"。八是动作主体不当。例如，"外汇管理不断完善经常项目管理手段，调整资本项目管理政策"。该句子的毛病是谓语动作不可能由主语发出。九是偷换主语。例如，"这部分项目实行商业银行定价，最高可以上下浮动25%，由央行确定浮动幅度，并向社会公告"。这个句子的毛病是后半句话的动作不可能是前半句话的主语发出的。十是画蛇添足，同义重复。有些拟稿人为了加强文字的分量，总是喜欢把"必须要"、"正确处理好"等意义相近的词语连用，使公文文字拖沓累赘。意义相同的词应删去一个。另外，不平实，口语化，也是金融机构公文语言文字常出现的毛病。

八、行文关系和内部运转的合规合理

金融机构公文文稿的行文关系是否正确，是否符合行文规则，是否按制度规定正常履行运转程序，是金融机构公文审核的重点。行文规则如果不合规、不合理，公文就有可能被上级机关纠正甚至退回；或者与不相隶属的机关发生争议；给下级机关的工作造成不必要的麻烦；甚至因有无效力引发纠纷。公文文稿的运转如果有违内部运转规则，或者未会签，或者跳过审核环节，就有可能出现法律、政策、内容、形式等方面的重大失误或漏洞，严重影响质量和行政效率。在审核公文文稿的行文关系和内部运转的合规性的同时，还应关注其合理性，即怎样行文、怎样运转才更合理，更利于问题的解决和行文效率的提高。例如，同样是向上级机关报送情况，如果是主动报告工作中的重要情况或回复上级机关或领导的询问，应以机关的名义向上级机关行文；如果是上级机关办事机构（一般为办公厅）索要一般性工作情况或是就领导同志批示汇总有关部门的意见，无特殊情况，应以本机关函的形式报送上级机关办事机构，或以本机关办公厅的名义报告上级机关办事机构。又如，对内容涉及其他相关机关或内部部门公文的处理问题，在听取其他相关机关意见时，是成稿（即本部门领导已签字）后会签，还是就草稿先行发函征求有关各方的意见，程序上的区别对行文的效果会产生不同的影响。在听取内部部门的意见时，是依次传签，还是同时分别送签，也要视情况处理，依次传签，在会签部门较多时，会签需要的时间会相对长些，但会签部门之间的意见可以相互借鉴；同时分别送签，可以缩短会签时间，但会签部门之间的意见无法相互借鉴，原则上，应该是依次在原稿上会签，但情况紧急时，也可同时分别送签。

九、金融机构公文在行文规则方面经常出现的问题

金融机构公文文稿在行文规则方面经常出现的问题主要是："请示"、"报告"不分，一是"请示"件的内容违反了"一文一事"的规则，二是"报告"件内容中夹带请示事项；将向上级机关的"请示"件直接抄送下级机关；对下级机关越级请示的公文，直接回复请示单位；内部部门、其他机关对有关问题意见不一致即要行文；涉密公文的标示等保密操作违反规定；业务部门公文中夹杂了应由党的组织办理事项等。常见的比较典型的问题如下：

1. 关于超越职责范围行文的问题。国家行政机关依法行政，即依据法律赋予的权力履行行政职能。管理类金融机构公文是国家机关行政的文字工具，使用这个工具时，就不能超越职责范围。行文超出职责范围有几种情况。一是行文超出职权范围。行文超出职权范围，往往出现在对某种问题的处理涉及多个部门职责的情况下。例如，关于证券机构的风险处置问题。对证券机构的监管，属于中国证券监督管理委员会的职责，包括准入、常规监管以及风险处置。在处置有问题证券机构的过程中，会涉及财政、中央银行的相关职责。行文时，应根据实际情况合理确定行文关系。如果是就个案证券机构风险处置请示上级机关，应由证监会行文；如果是就中央银行救助资金的问题进行请示，也可以由人民银行行文。在具体操作时，经办人员有时会忽略这一点，不顾公文的主要内容，把自己从会签的角色移位至主办的角色。二是公文的有关内容超出职权范围。这种情况，也往往出现在一个事物多个部门交叉管理的情况下。例如，关于金融企业设立"小金库"的问题。如果从执行会计制度的角度，属于财政部门的职责范围；如果从财务检查的角度，属于审计署的职责范围；如果从对金融机构监管的角度，金融监管部门也具有一定的责任。如果从纪检的角度看，属于党的纪律管理的职责范围，而如果金融监管部门在部署工作时，将对金融企业是否设立了"小金库"作为监管的重点，显然部分地超出了职责范围。所以，判断行文是否超出职责范围，前提是将公文背景来龙去脉的情况了解清楚，并要弄清发文意图。

2. 关于向领导者个人行文的问题。在金融机构公文办理实践中，存在就领

导者过问的事项、问题向其作书面汇报的情况。2000 年国务院发布的《国家行政机关公文处理办法》第二十二条规定："除上级机关负责人直接交办的事项外，不得以机关名义向上级机关负责人报送'请示'、'意见'和'报告'。"在向领导者个人行文方面开了小口子，即就领导人交办的事项，可以向领导者个人行文。领导人交办一般情况下是有文字批示的，2002 年《国务院办公厅关于办理国务院领导同志批示件有关事项的通知》（国办函〔2002〕37 号）明确，办理领导批示件，应"以地方或部门名义报国务院或国务院办公厅，一般不直接报送国务院领导同志个人"，把这个口子又收缩了一下。在公文审核过程中，对向领导者个人行文的问题，既要严格把握，尽量避免向领导者个人行文的情况；又要具体情况具体分析，对上级机关领导明确交代或本机关领导议定报送给个人的情况，还是应按领导意见办理。但在行文的具体方式上可以提出建议，比如，以本机关领导个人的名义向上级机关领导个人发信函，或者使用白头文件、加盖机关公章的形式行文等，并保证操作后正常归档立卷。

3. 行文规格不妥的情况。行文规格存在毛病，在公文操作实践中是比较普遍的问题。主要有：一是上行文的行文规格有毛病，如以本级机关办公厅（或办公室）的名义直接向上级机关行文，此为越级行文；又如向上级机关发函，甚至发通知，致使上级机关难以回复，这看似文种使用不当，其实不仅是文种使用的问题，文种的运用也是体现公文规格的重要方面。二是平级机关之间行文规格存在毛病，如以办公厅（或办公室）的名义回复对方机关来文或以办公厅（或办公室）的名义向对方机关发文，此为公文级别不对等；又如向平级机关发文用"请示"、"报告"，回复对方的询问使用"批复"等，忽略了国家机关之间的行政关系。三是应以机关或机关办公厅（办公室）名义行文的，内设机构超出授权范围或未经授权，擅自向下级机关或外部行文。合理确定行文规格，一要考虑行文双方的关系；二要考虑公文涉及的具体内容；三要考虑公文处理的有关规范。否则，行文规格不当，有时会引起误会或行文渠道的不畅，影响公文的效率，甚至会因公文规格方面存在问题，引发不必要的麻烦或者法律上的纠纷。

4. 在内部运转规则方面常出现的问题。金融机构公文的内部运转是否有序、程序是否合理，直接关系到公文的质量。公文的运转规则与办理程序主要包括：有关的手续是否齐全，比如有否办文依据——签报或办文说明，有否批办部门的公文处理单，是否履行了电子运转手续等；公文的运转是否符合程序，比如主办单位的领导是否签字，是否经过核稿，文稿经会签单位修改后主办单位签批领导是否知悉等；涉及相关部门的业务或工作，是否经过会签等。仅就办文依据、会签和办文说明三个重点环节的问题进行分析。

（1）关于办文依据问题。办文依据是公文文稿的上游资料，没有办文依据，公文就失去了办理的由头。可以说，在公文审核阶段，对办文依据的审查是第一个环节的工作。不查阅相关的办文依据，公文审核人员无法搞清楚文稿来龙去脉的情况，政策法规背景等，审核工作实际上是无法进行的。审核公文文稿时，首先，要查阅公文文稿有否办文依据，尤其是拟写单位根据工作实际情况主动行文情况，往往不附办文依据，对这样的文稿，应要求拟写单位附上有关的签报材料、会议纪要或要求拟写单位加附办文说明。其次，要查阅办文依据是否齐全，办文依据如果不全，公文来龙去脉的情况就有可能不全面，甚至是片面的，影响领导决策。最后，还要查阅办文依据是否真实、是否符合要求，包括对方来文是不是原件，是不是有效，是否符合行文规则等；会签意见是否经过符合签字资格的领导签字或盖章；等等。

（2）关于会签问题。会签是公文运转的重要环节。公文的内容，往往涉及其他机关或部门的职责，需要进行会签，以保证行政效果和行政质量。审核公文文稿时，在会签的问题上应着重关注：一是文稿内容涉及其他部门的职责是否经过会签以及是否涉及的部门都送签了；二是公文主办部门即送签部门对会签意见的采纳情况，对未予采纳的意见是否做出说明；三是会签部门的领导是否按规定签字，签字是否合乎规定；四是会签部门的意见是否附在文稿后面；五是送其他国家机关会签的文稿是否有实质性改动，是否需要送本机关签字的领导再次审阅。

（3）关于"办文说明"。"办文说明"是公文文稿重要的附属材料，是了解公文来龙去脉情况的"窗口"，是对领导决策的一种提示。因此，审核公文文稿时，必须注意"办文说明"。拟写部门加附的"办文说明"，常见的问题有：一是对有关情况的描述过于简略，行领导在审签公文过程中，看了"办文说明"，还要再翻看有关背景材料，甚至向经办单位询问才能决断，"办文说明"没有发挥"说明"的作用；二是"办文说明"空洞无物，没有实质内容，名为"说明"，实际上什么都没有"说明"；三是需要予以说明的情况有缺失，不全面，或存在跳跃性；四是因缺乏条理、表述层次不清，逻辑混乱等，"办文说明"对需要说明的情况没有说清楚，说明白。遇到上述问题，应建议公文经办人员对"办文说明"进行修改、完善。

5. 相关细节的严谨规范。金融机构公文的性质、作用决定了它的表述必须严谨、准确，在相关细节上，也不允许存在半点模糊或马虎。公文中出现的一些问题，往往是细节上不严谨造成的。在公文处理实践中，容易出现问题的相关细节主要在如下几个方面：

名称应准确，称谓应规范。金融机构公文是纪实性的应用文体，公文中会大量出现对人、对机构、对事件、对地点的称呼。称呼出现问题，公文的严肃性就会大打折扣，最起码反映了经办人员工作作风不严谨。公文在称谓的运用方面应注意：一是人物、机构、事物的名称在书写上不要出现错误，一定要认真核对，特别是人名或职务，必须绝对正确，不允许半点马虎。二是对同一人物、机构、事物的称谓要统一，要前后一致，否则，容易引起误解，比如在人民银行的公文中，最经常出现的是，对人民银行在同一篇文稿中，一会自称我行、一会自称人民银行、一会又自称中央银行，虽然不算错误，但不规范，后人查阅时也会因不熟悉情况而产生疑问；同时应注意同一事物名称变化了，是否加以说明或予以注释。三是称谓要规范，人物的称谓，一般应姓名在前，职务在后。为了叙述方便、快捷，公文中往往会使用简称。公文使用简称应注意几点：第一，要使用规范化的简称，对国家机关、金融机构，要使用国务院办公厅和人民银行办公厅公布的规范简称。第二，在一篇文稿中，对同一个事物应使用相同的简称，仍以人民银行为例，不能一会儿称人行总行，一会儿称人总行。第三，事物的名称在文稿中第一次出现时要用全称，尤其是外国的事物在文稿中第一次出现时，一定要用中文全称后再注明外文简称。同时注意，无论对人对事，赋予其简称后就不要随意变化，如上文已经注明以下简称为某某，下文中一会用简称，一会用全称就不妥了。第四，正确使用简称，有三种情况，一是下文不再出现的人物、机构、事物不必注明简称，因为没有必要；二是把不是简称的，误称为简称，如以下简称"该分行"或"该公司"，该是代词，不是简称；三是简称应准确概括全称的含义，要简得准确，如把表外应收未收利息简称为"表外利息"就不准确，容易产生误会。第五，不要使用不为人们所普遍知悉的简称，如称督促商业银行降低不良贷款比例工作为"抓降"工作等。

对公文文稿中的不规范称谓和简称，应予以修正。

6. 标点符号的使用应正确无误。

（1）序号的使用。公文为简明扼要地表述观点，说明情况、通知事项，经常会使用层次序号。公文序号使用的规范如下：第一层次为：一、……（作为小标题时，句尾无标点）；第二层次为：（一）……（作为小标题时，句尾标点可有可无）；第三层次为：1. ……（无论是否为小标题，要有标点）；第四层次为：（1）……（必须有标点）在法规性公文中，章节、条款序号应用汉字书写，如第二章、第十一条，以下再分层次，使用上述序号。公文文稿中，序号使用不规范的问题很多，应引起重视。

（2）标点的使用。公文作为规范性的文体，标点符号的使用必须规范，不得马虎。公文中经常使用的标点符号并不多。国家标准中，标点符号分为标号和点号。具体到公文中，经常使用的标号为引号、括号、书名号；经常使用的点号为冒号、顿号、逗号、分号、句号。

关于标号：

A. 引号，一是行文中直接引用的话要用引号；二是行文中需着重说明的词语要用引号；三是行文中具有特殊含义的词语要用引号。使用中常见错误：一是滥用引号，词语没有特殊含义，随便加上引号，如未建立"会计重大事项报告制度"；又如，向总行申请"企业代发工资户营销考核批量处理"。二是应用书名号的用了引号。

B. 括号，行文中注释性文字，用圆括号标示；补缺或订误，用方括号标示；公文字号中的年份号用六角括号标示。使用中常见错误：一是括号的位置不当，如应按照"中间业务参考定义"对中间业务进行分类（附后），此句中括号中的词语是告诉读者"中间业务参考定义"在哪，括号应置"中间业务参考定义"的后面；二是括号残缺，括号中的内容较多，把后半个括号忽略了。

C. 书名号，行文中引用书名、篇名、报纸刊物名，法律、法规、规章、合同以及文章的标题用书名号标示。使用中常见错误：一是滥用书名号，随意超出适用范围，诸如品牌名、证件名、会议名、展览名、奖状名、奖杯名、活动名、机构名、建筑名都用书名号标示，人民银行公文中最常见的此类错误就是，提到金融机构许可证、报表、账册时使用了书名号，例如，该分行有两笔错账未在《错账登记簿》上记载；二是书名号内的名称与原名称不符。

关于点号：

A. 顿号，句子中表示并列关系的词语之间的停顿用顿号，如果词语间有层次不同的并列关系，上一层次用逗号，下一层次用顿号；如果需要停顿的词语间是包容关系，不是并列关系，应用逗号，例如，违规贷款 36 笔，金额 143 万元。

B. 逗号，单句内成分之间的停顿用逗号，复句内各单句之间用逗号。

C. 分号，复句内各并列的分句之间用分号，复句内不是并列关系的句子，不能用分号。

D. 句号，陈述句尾用句号。

E. 冒号，称呼后面或表示提示下文时用冒号。行文中，冒号的提示范围依其位置而定，但应避免在一个冒号的提示范围内套用冒号；如果冒号的提示范围过大，也可以用句号，例如，现将情况具体报告如下，"如下"的内容较长，层次也较多时，后面也可以用句号。同时还应注意，冒号不应与起提示作用的词语如即、也就是等同时使用。

F. 点号使用中的常见错误，一是"一逗到底"，令人无法辨别完整的意思以及意思之间的关系。二是不该停顿时停顿，如"应万事达卡国际组织的邀请，广州市商业银行董事长等 4 人，拟于 2002 年 12 月 31 日至 2003 年 1 月 5 日，赴台北参加银行卡行销与客户服务研讨会"。三是不当了断，割裂句子，如复句中表示原因、条件的上半句话说完了就点句号，下半句话还没说，意思没有表达完整，例如，"为了加强人民银行计算机通讯网络的安全，防止'法轮功'组织等的干扰破坏"。四是被分句分割的语句内出现了句号，须知，分句所表示的停顿或分隔的层次小于句号。五是多重复句中，不是并列关系的句子或并列的分句不处在同一层次上而误用分号。六是冒号套用，例如，"调查表明：导致商业银行贷款质量下降的原因主要有：……"

（3）数字、单位、日期的使用应绝对准确。《国家行政机关公文处理办法》规定："公文中的数字，除成文日期、部分结构层次序数和在词、词组、惯用语、缩略语、具有修辞色彩语句中作为词素的数字必须使用汉字外，应当使用阿拉伯数字。"根据这一规定，公文中数字、日期的写法，除特殊需要外，一般要用阿拉伯数字。这一点无须解释。退一步说，即使是没有严格执行上述规定，一篇公文中，数字、日期的写法也应该是统一的，要么使用阿拉伯字码，要么使用汉字，工作作风上起码是严谨的。但是，在公文处理实践中，数字、日期的写法经常出现问题。与公文处理规定的要求不一致不说，连起码的严谨都做不到，公文的严肃性大受影响。公文在数字、日期的写法上，容易出现的主要毛病是前后不统一，一是在数字的写法上，一篇公文中，一会使用阿拉伯字码，一会又使用汉字，前后不一致；二是数字单位的使用前后不一致，一篇公文中的数字单位，一会是亿元，一会是万元，一会是元；三是数字是否分节、保留到小数点后几位不统一。其次在写年、月、日的表述上随意性很大，一是不写明具体的年、月、日，简单地使用今年、明年，上月、下月等概念；二是信手拈来，想怎么写就怎么写，阿拉伯字码、汉字混用，如三月、5 月、第一季度、第 3 季度、二十世纪六十年代、二十世纪 90 年代、20 世纪八十年代、20 世纪 70 年代，甚至一个时间概念中阿拉伯字码、汉字都是混杂在一起的，比如八月 15 日，5 月十三日，等等；三是不动脑子，违反常理，小月中出现了 31 日，比如要求下级机关 6 月 31 日、9 月 31 日前上报情况，甚至二月中都有了 30 日、31 日。

（4）阅知范围应恰当而不疏漏。公文阅知范围的准确恰当直接关系到公文效力的实现，该阅知的没有阅知，公文就失去或部分失去了印发的意义，工作就会受到影响；不该阅知的阅知了，轻者是人力和物力的浪费，重者有可能造成不良影响或工作的被动，甚至发生失泄密问题，审核公文时必须充分注意。公文在阅知范围方面容易出现的主要漏洞：一是阅知范围缺漏，主抄送和内部发送单位不全，比如漏掉了相关的会签单位、内容中涉及的有关单位等；或者无法直接发送，需要委托收文方转送的，在公文中没有说清楚。二是阅知范围过大，一些没有必要发送的也发送了，最普遍的是转发公文时，没有具体的工作部署而将公文抄送被转发公文的制发机关；或者公文发送或抄送给了与公文内容无关的单位；最不应该发生的是向上级机关的请示同时抄送了与请示事项有关的机关或部门。三是阅知单位的名称（包括简称）有误或者不规范，排序不合乎规范等。四是自己的公文抄送或内部发送自己。

（5）附件应完整适当。审核公文时，文稿在附件方面值得注意的问题主要有：一是附件缺漏，比如，就国务院等上级机关领导同志批示上报的公文，没有按照国务院办公厅的工作习惯附上领导同志批示复印件，或者经会签的公文，没有附上会签单位的意见，转发文件的公文没有附上被转发的文件，要求收文方参阅的材料或填报报表的，没有附上参阅的材料或报表，等等。二是附件过多，将应该在主件内容中说明的有关情况，分别在多个附件中说明，造成收文方无法通过正文了解总体情况或形成整体印象，需要不停地翻阅附件方能看明白正文，尤其是上行文，更要避免出现这种情况。三是正文内容中没有说清与相关附件的关系，使收文方不明就里。四是附件的排序不合理，比如没有按照在正文中出现的顺序排序等。五是附件名称与内容中提到的不一致等。

（6）保密处理应严守规定。审核公文时，对于涉及国家秘密事项的公文，应注意以下几个方面的问题：一是公文涉及的事项属于办理过程保密还是成文后保密，办文说明或稿头表单上是否填写了相应的密级标识，填写是否正确，密级确定是否符合规定。二是查看主件与附件的保密标识是否符合管理要求，即主件、附件的密级标识一致或涉密标识以主件为主。三是不管公文是否标注密级，密电的标题、文号都是不允许引述的，密电也绝对不允许作为附件，即使密电承载的内容是非密事项。核稿时一定要检查公文中是否将密电作为附件，公文内容或标题中是否引述了密电的标题、文号。四是公文标注密级后是否影响操作。五是保密时限标识是否规范。

7. 公文审核时还应注意的问题。秘书部门的位置决定了他们比起承担局部工作的职能部门能够比较全面地了解总体工作情况，阅读文件、材料的范围也比较广泛，这种工作岗位的特殊性，决定了秘书部门审核公文，能够发现业务部门忽视的问题，站在全局的角度协调机关行文。从这个角度出发，秘书部门在审核、协调公文个案本身存在问题的同时，还应该注意以下问题：

（1）避免用文件套发文件。《国家行政机关公文处理办法》中规定的13种公文，每一个文种都是能够独立使用的，都应该有实质性内容，都应是一个独立的文件。除转发上级机关或不相隶属机关的公文、印发法定公文以外的公务文书（如简报、备忘录、讲话等）或下级机关的公文外，应尽量避免用一个文件套发另一个文件。例如，用一个无实质内容的"通知"附发一个"指导意见"等，因为"意见"属于法定公文，可以单独发出。另外，有关工作要求、规则、程序等，如无特殊需要，应尽量在"通知"中部署，以避免用一个文件套发另一个或多个文件。

（2）避免重复发文，用文件执行文件、用文件催办文件。出现重复发文的情况多数是由于工作协调不够或者工作疏忽。不管是什么原因造成的发文重复，都是行政的浪费，都会影响发文机关的形象。重复发文的情况有如下几种，应在公文审核时注意。一是就同一项具体工作，不同的领导批办给了各自分管的部门行文，或者同一情况、事件发生后，不同的内设部门从各自的工作角度行文，尽管文稿内容的侧重会不太一样，但属于就同一问题重复行文。二是同一机构就相同的问题重复发文，或者是一个公文下发后，效果不理想，就再发一个大同小异的公文进行强调，形成用文件执行文件、用文件催办文件；或者是经常发生的问题或情况，印发惯例性文件，比如安全生产问题、休假问题等。一种情况或问题，如果成为惯例，应该从法规、工作制度、管理方式的角度分析原因，重复发文不是解决问题的最佳方案。除上述七个方面以外，审核公文时，应该关注的细节问题还有许多，比如，错别字、丢落字，字、词、句的重复，主题词标引不准确、不规范等。发现解决这些细节问题，才能进一步保证公文的质量。需要重点注意的是，除规范性要求外，要避免公文在细节上出问题，最主要的是经办人员、公文审核人员的工作应严谨、认真，具有较强的责任心。

十、关于公文流转各个环节的审核问题

除金融机构的办公厅（办公室）专职核稿人员对公文文稿进行统一审核外，为保证公文质量的万无一失，秘书、文印、封发等专门岗位的人员也承担着部分审核公文的职责，但审核的侧重点各不相同。审核金融机构的公文，最重要的是认真严谨，一丝不苟。在公文办理各个环节的审核工作中，要求各个环节的所有经办人员都认真履行职责，负责任地对待每一份文稿，可以最大限度地避免公文出现质量问题。

（一）专职秘书审核的重点

专职秘书的岗位特点决定了他们了解的情况全面，特别是能够及时掌握变化了的情况，熟悉领导的工作习惯。这种工作特点决定了在公文运转过程中，他们比公文的经办司局、比专职的公文审核人员更加了解情况和领导意图。同时，专职秘书对于公文文稿的成文起着承上启下的作用，除了做到准确、及时地登录、传递，不遗失，不缺漏之外，在文稿递交给领导之前和领导签批之后进行必要的审核，是为领导办公做好服务的重要内容。专职秘书核查公文的侧重点是：

一是有关背景材料是否齐备，尤其是领导多次批示或不同领导均作过批示的，批示是否附齐。二是公文涉及工作事项的办理过程是否清楚，尤其是领导过问的相关事项或同一文稿多次办理的，有关情况是否交代清楚。三是是否履行了必要的公文办理程序，如会签、审核等，尤其是紧急或绝密事项是否应该跳过某些环节的工作，相应的责任是否清楚。四是需要传批的文稿，有关领导是否圈阅或批示，批示意见有出入或疑问的，是否经过协调。五是领导签字是否符合规范，尤其是上行文，是否符合上级机关的有关要求。六是公文文稿在送印前，应落实领导批示或询问的问题如何解决；领导的修改意见是否存在笔误或疑问，是否应再与相关人员核对；领导批示意见是否对文件的发送、阅知范围产生影响，应否相应调整等。

（二）印刷人员公文付印前的审核重点

公文文稿经领导签字后付印，是公文由文稿变成文件的重要环节。我们经常说，公文以领导人签字为生效标志，但事实上，公文文稿只有付印、送出，才能够在真正意义上生效。因此，公文文稿在付印前，应进行再一次的核查，以发现以前运转环节疏漏的问题，保证公文的质量。付印前的审核，细节很多，这里只能说说要点。

1. 文头（即眉首）部分的审核要点。

（1）版头中公文级别的适用是否正确，发文机关名称是否正确规范；联合发文，发文机关的排列是否与公文稿头表单一致，排序是否适当；版头中发文机关名称与公文标题中的发文机关名称是否一致。

（2）涉密标识是否恰当，是文件本身需要保密还是运转过程需要保密；主件与附件的秘密等级是否一致，保密时限是否规范。

（3）紧急程度标识是否恰当，是文件本身需要紧急办理还是运转过程需要紧急办理。

（4）编号是否正确，是否为重号。

（5）签发人署名是否正确，联合发文或会签公文有否其他机关或会签机关签发人署名，署名的排序和写法是否准确，署名人是否符合上级机关的规定。

2. 正文部分的审核要点。

（1）标题是否与公文稿头表单一致。

（2）主送机关是否与公文稿头表单一致，有否遗漏，排序是否符合规范。

（3）日期的写法是否规范，特殊日期是否合理（如小月出现 31 日，二月出现 30 日等不合理的情况），如果是急件，文内注明的办理期限与文件落款日期是否会发生操作上的矛盾。

（4）序号、数字、单位的写法是否规范；是否存在跳号，数字写法不一，单位名称遗漏、错误的情况。

（5）日期、数字有否因回行被分割的情况；换页后有否重行或掉行。

（6）随文发出的附件是否与公文稿头表单一致，有多个附件时，有否遗漏，附件的数量、排序是否与正文内容有矛盾。

（7）落款日期是否符合规范。

3. 文尾（版记）部分的审核要点。

（1）注释是否遗漏，顺序是否与正文内容中出现的顺序一致。

（2）主题词是否与公文稿头表单一致。

（3）抄送机关、内部发送机关名称是否与公文稿头表单一致，有否遗漏，排序是否符合规范。

（4）上行文中联系人以及联系方式是否遗漏。

（三）发送人员封发前的审核重点

金融机构公文封发前的审核，以对公文形式的核查把关为主，但却是保证公文质量的最后一关，有些问题就是在这最后一关被发现的，它是绝对不能缺少的。公文封发前审核的要点如下：

1. 文头（即眉首）部分的审核要点。

（1）涉密文件是否编写了文件序号，文件序号与登记是否相符。

（2）版头的使用是否正确、规范，尤其是联合发文，版头中是否有其他发文机关名称，机关名称排序是否适当，机关名称是否准确；版头中发文机关名称是否与标题中的发文机关名称一致。

（3）涉密标识是否遗漏，是否与文稿一致；主件与附件的秘密等级是否一致；保密时限是否规范。

（4）紧急程度标识是否遗漏。

（5）发文字号是否正确。

（6）签发人署名是否正确，联合发文或会签公文有否其他机关或会签机关签发人署名，排序和写法是否准确，署名人是否符合上级机关的规定。

2. 正文部分的审核要点。

（1）标题是否与文稿一致，排列是否庄重美观，标题中的词语是否因回行出现歧义。

（2）主送机关名称是否与文稿一致，称谓是否合乎规范，有否遗漏，排序是否符合规范。

（3）有否夹白页、掉页、倒页、重页、页码排列错误等情况。

（4）随文发出的附件是否附后，有多个附件时，有否遗漏，附件的数量、排序是否与正文一致，有否将不应随文发出的材料也附上了。

（5）有否成文日期，成文日期是否符合规定。

（6）是否盖章。

3. 文尾（版记）部分的审核要点。

（1）主题词是否遗漏，是否与文稿一致。

（2）抄送机关、内部发送机关名称是否与文稿一致，有否遗漏，排序是否符合规范。

（3）上行文中联系人以及联系方式是否遗漏。

第二节　金融机构常用金融公文的运转

金融机构公文的运转，是指公文在金融机构机关内部，从收到、印制到发出、归档、销毁，一系列相互关联、衔接有序的运作过程。金融机构公文的运转规则，是金融机构为了提高公文办理效率和质量，就公文运转全过程中有关公文的流转方向、流转方式以至每一个环节的工作方法、工作要求制定的规则。本节根据《国家行政机关公文处理办法》的相关规定，重点介绍"一行三会"的公文运转规则。

一、"一行三会"机关公文运转的基本要求

《国家行政机关公文处理办法》第三条规定："公文处理指公文的办理、管理、整理（立卷）、归档等一系列相互关联、衔接有序的工作。"该办法第四条规定："公文处理应当坚持实事求是、精简、高效的原则，做到及时、准确、安全。"该办法第五条规定："公文处理必须严格执行国家保密法律、法规和其他

有关规定，确保国家秘密安全。"上述三条规定，对国家机关公文处理的定义、要求进行了概括性的说明，是各国家行政机关公文处理工作的基本准则。公文运转是国家机关公文处理的基础性工作，金融机构的公文运转流程的设计、公文的运行以及各个环节的操作，都应符合上述基本准则，即有序、高效、准确、安全、完整。

（一）金融机构的公文运转要求合理、有序

1. 金融机构公文运转程序的设计和运转环节的操作规定，要符合国家有关公文管理、档案管理、保密管理的有关法律、法规，符合上级机关的有关要求。

2. 金融机构公文运转程序应符合本部门内设机构履行职能和业务处理的实际情况。

3. 金融机构公文运转程序的运作应符合本部门主要领导的工作习惯。

4. 减少不必要的工作环节。

5. 尽量避免有关工作事项的重复签批。

金融机构公文运转的合理、有序是整个金融机构公文处理工作高效、准确、安全、完整的前提条件。

（二）要求高效及时

金融机构的公文是处理金融类公务的工具，对外代表金融机构的效率和形象，公文运转的每个环节都应做到及时、高效，应根据金融机构公文内容的轻重缓急，按规定的权限和程序，在规定的时限内做好本环节的公文处理工作，并正确地输送到下一个环节，不积压、不拖延、不误时、不误事。如遇到矛盾或问题，不推诿、不回避，及时提请有关领导解决或提出解决的相关建议。

（三）要求准确

准确处理金融机构公文主要指公文运转每一个环节的工作都应符合操作程序、达到规定的标准，做到正确无误。准确处理公文基本包括：公文流转方向的准确，例如，公文应由哪个部门办理，文稿应送哪个部门会签、审核，通过什么途径送领导签发等；各个环节操作的准确，例如，拟写环节是否准确地把握发文的意图，秘书环节是否进行了准确的记录，打字、校对、印制环节工作的准确性，封发环节工作的准确性等；公文形式方面的准确，比如秘密等级、保密时限、紧急程度的设定是否准确，主送、抄送、内部发送单位的确定是否准确，主题词的提炼是否准确等。公文运转任何环节的工作出现疏漏，都可能对公文的准确性产生影响，不但影响金融机构公文的运转速度，而且影响金融机构的行政效率，影响金融机构的形象，甚至造成重大失误。以发文为例，该发的漏发了，被遗漏的单位将难以开展工作；不该发的错发了，受文单位会不知所措，产生混乱，如果错发的是涉密文件，还可能发生泄密事故；该发的少发了，给受文单位的工作带来困难；不该发的多发了，也会给受文单位的文书处理带来麻烦，造成浪费；另外，忘了给发出的公文加盖印章，公文将不具备法定效力。因此，公文的运转，每一个环节必须严格照章办事，如发现误差，应及时请示，妥善补救，确保公文处理的准确。

（四）要求确保安全

安全地处理公文，主要指公文在运转过程中不遗失，不泄密，来龙去脉的手续清楚，经得起历史的考察。金融机构机关公文的运转，环节较多，这是办公机制决定的，各环节的工作相互检查、监督，可以防止出现大的疏漏。相应地，就需要各部门协调一致，保证公文的安全。应该做到：一是健全登记手续，妥善保存，防止公文遗失。二是注意保密，谨防失密、泄密。对涉及国家、部门及商业秘密事项的公文，应按规定合理确定密级和保密时限，并按保密规定严格管理；对酝酿、起草、议定过程中需要保密、一经公布便无须保密的公文文稿，尽管不标注密级，但在运转过程中，更应按照保密规定管理，公文运转各个环节的经办人员都无权扩散、传播。三是所有公文，不管是否涉及保密，运转过程中来龙去脉的手续必须清楚，以备查考。金融机构公文经办人员对保证公文的安全应全面理解，工作中既要避免外人窃密，又要防止自己言行不慎失密、泄密；既要确保秘密载体不丢失，又要保证秘密内容不被窃；既要保守已形成的秘密，又要防止决策过程中的秘密泄露出去。

（五）金融机构公文处理应力求完整

金融机构公文的处理要完整，主要指公文处理的过程要全面周详，严谨细密，不能遗漏任何重要的问题或环节，如会签、审核、会议讨论、法规性公文的听证和公告征求意见、签批程序、归宿等，缺一不可；公文来龙去脉的材料，包括办理的依据，秘书部门分办的手续、相关的基础材料、辅助性材料、有关的证明和说明材料等，也要完整，也是缺一不可。为了保证做到金融机构公文处理的完整性应努力做到：一是公文办理的基础要素应齐全，包括办文的依据，如上级机关的指示，对方来文，领导批示，法规、政策，秘书部门的批办手续等；辅助性、参考性材料，如有关背景情况，与过去政策的联系，办理的原则，供领导参考的相关政策建议、方案，有关部门的情况和意见等。二是公文办理的步骤应完全，主要是按运转程序处理，除因情况特殊，不能隔过某些环节，以通过公文处理环节的、步骤的健全、完整保证公文的质量。三是公文的去处应清楚，该发出的发出，该内部发送的发送，该归档的归档。四是公文的材料应齐全，公文处理工作结束后，公文办理过程中形成的所有材料必须全部归档，不允许散失。

二、金融机构公文的运转程序及规则

金融机构公文运转程序，指公文在机关内部从收到或形成直至发出、归档或销毁所必须经过的一系列处理环节。作为管理类金融机构的"一行三会"的公文的生成主要是两种情形，一是主动行文，如制定、发布法规、规章，向上级机关请示、报告工作，向不相隶属的机关反映情况、征询意见，向下级机关部署工作、通报情况等；二是被动行文，如答复上级机关的询问或批办事项，答复不相隶属机关的询问或反馈意见，批复下级机关的请示事项等。第一种情形，是基于对实际情况的了解或履行职责的需要，而了解情况，大量的是通过收到的公文；第二种情形，公文的由头是直接收到了公文。因此，公文的运转应从收文阶段开始。

三、收文处理

（一）签收

签收是收文机关的文书部门向发文机关履行收到公文的手续，即在对方传递文件单或送文簿上签字。签收公文应注意：一是信函封皮上收文单位名称是否为本单位。二是核对收件总数和签收簿上的总数是否一致，核对签收簿上的收件机关与信函封皮上的收件机关是否一致。三是查看文件包或信封是否有启封、拆装、破损等现象，如发现以上情况要立即同发文单位联系，核对文件种类、份数是否齐全，并检查是否有泄密的现象，以便适当处理。四是签收时，签收人要写全姓名，并注明完整的日期，特急件的签收应注明时、分。

（二）拆封

拆封应指定专职人员进行，其他人员不得私自拆封。拆封应注意：一是一般情况下急件、密件先拆。二是拆封后发现误送或发文手续不全的，应及时返回。三是拆封后发现附件、页数等错误的，应立即向对方查询。

（三）登记

凡收到的重要文件都应登记，以便于查考。登记的主要内容应包括：来文日期、来文单位、文件编号、密级、文件标题、份数、流向等。

（四）提出办理意向

金融机构的经办人员根据来文的内容提出初步处理意见，供领导批办时参考。提出办理意向应注意：一是弄清来文内容及来文机关要求。二是根据本单位工作实际以及职能部门的职责提出办理意向，来文内容涉及多个部门职能的，应视情况确定主办和协办部门。三是办理意向应简洁明了，用概括性语言提出处理建议，有的还需说明理由或附上供领导参考的相关材料。四是对来文内容属于其他机关办理的，或来文不符合规定的公文，应注明原因，经办公厅（室）负责人批准后，退回来文单位。

（五）批办

批办是指金融机构机关领导者对送批文件处理的批示。批办时要注意以下问题：一是提出明确的处理原则，方式、方法、步骤，对秘书部门提出的办理意向，要表明是否同意。二是明确指定承办部门，或主办、协办的部门，防止互相推诿。三是按照文书处理要求用毛笔或钢笔批示，避免用铅笔、圆珠笔等其他不符合规定的笔类批示，以利于长期保存。四是批示意见应写在规定位置，不要写在左侧装订线以外。五是批办领导应在批示意见后写上自己的姓名和日期。

（六）分送

根据有关规定和领导批示，将公文分送有关领导和部门。分送的公文分为需要办理和仅供阅读两种。分送时应注意：履行登记手续，如填写公文处理单，记录公文的去向；对分送有关部门办理的公文，要求办理部门核对、签收；办理部门的签收人应签全姓名，签收日期必须为具体的年、月、日，对限时办理的特急公文，应注明签收日期的具体时、分。

（七）传阅

根据领导批示，按照一定的程序将公文送有关领导阅知或者批示。传阅时应注意：一是不得随意扩大传阅范围；二是进行传阅登记，随时掌握公文去向。

四、承办处理

金融机构公文的承办有两层含义，一是具体承办或牵头主办的业务部门拟写公文文稿的工作；二是公文从拟写到有权签发领导签字定稿的全部办理工作。以下"具体承办"是指业务部门拟写公文文稿过程中的工作；"公文承办的处理"是指公文成文前的一系列办理工作。

（一）具体承办

具体承办是国家行政机关公文草拟到印制过程的第一个环节的工作，即拟写公文文稿。需要做好以下几项工作：一是拟写公文文稿首先应理清楚公文办理的依据。公文办理的依据即公文办理的由头，主要是：首先，机关领导就具体承办事项的批示意见；其次，秘书部门分送的上级机关、不相隶属机关、下级机关的公文来文及相关办理要求；再次，本部门职责范围内需要办文的事项；最后，工作计划、会议部署或议定的需要行文的事项等。二是拟写公文文稿应先行填写公文处理稿头表单。公文稿头表单（俗称发文稿纸）是公文从拟写到定稿的整个办理过程中，须由拟稿人以及相关环节经办人填写的承载诸如公文制发主体、拟稿人、签发人、公文标题、阅知范围、公文形式等一系列重要信息的发文专用纸张。公文稿头表单体现的是公文办理的程序和公文办理的各个环节经办人员承担的相应责任，是公文文稿材料的主要组成部分，是公文产生法律效力的载体和证明，是公文运转和公文归档的重要凭证。同时，公文稿头表单体现了公文文稿流转的方向和程序，是秘书部门办理（包括审核、督办、送签等）、印制、分发公文的凭证和依据，也是档案部门收集、整理文书档案的重要材料。公文稿头表单中各栏目表现的主要是公文的形式要素，但这些形式要素大多与公文内容有着密不可分的联系。办理公文如果不填写公文稿头表单，体现公文办理程序、相关责任、法律效力的信息将难以保留，也将给公文的归档、查询等工作带来一系列的麻烦。正确地填写公文稿头表单是公文办理的重要环节，是公文按照规定程序有序运转的关键。三是拟写公文文稿时应考虑：首先，公文涉及的事项与有关法律、政策的关系，是否需要法律部门把关。其次，公文涉及的事项与本机关其他部门业务的关系，与其他行政机关业务的关系，是否应提前征求意见或会签。再次，按领导批示要求承办的，应附上领导的批示及相关材料；按照会议决定承办的，应附上相关的会议纪要；对来文来电的回复，应附上秘书部门的公文处理单及对方来文来电；本部门职责范围内的工作事项需要办理公文的，应附上有关签报等背景材料。最后，一般情况下，所附材料应为原件，同时，所附材料应真实、完整、具有法定效力，应基本能够体现承办事项来龙去脉的情况。四是拟写公文文稿后应考虑：上级领导签发公文文稿还需要了解哪些情况，所附背景材料能否完全说明问题，是否需要补充说明等。如果需要，就应该拟写公文办理说明（以下简称"办文说明"）。"办文说明"是附在公文文稿前面，就与文稿直接相关的某些情况所作的说明性材料，是具体承办部门为了便于领导决策而准备的辅助性材料。需要利用"办文说明"写明的情况包括：第一，附件和支持性材料中没有，而领导签批文稿需要知悉的情况，比如：此前对类似事件的处理情况；文稿涉及工作的全面情况、进展情况，产生的效果等。第二，文稿中或文稿涉及的需要提请领导关注的某些相关情况。第三，文稿中的决策或决定突破了某些政策、规定，或改变了惯例，需要做特殊说明的。第四，涉及文稿办理过程的有关情况，如决策选择、取舍的理由辨析，对文稿中提出的解决、处理方式的解释。第五，涉及其他部门业务时，听取意见的情况，会签及采纳意见的情况，尤其是不采纳相关部门意见的理由。第六，由不熟悉工作的非分管领导代签文稿时，应说明的背景情况以及确需其代签的理由。第七，不便在文稿中表述的有关意见，包括紧急或拖延的理由、密级处理的考虑、文稿所及事件的处理步骤等。五是具体承办的时间要求。主要要求有：特急件随到随办；急件一般应在 3 个工作日内办完；普通件应在 10 个工作日内办完；办理难度大或内容涉及多个单位职能的，一般应在 20 个工作日内办完；领导、上级机关有时间要求或来文来电有办理时限要求的，按要求办理；本部门职责范围内需要办理的公文，根据年初及季度工作计划安排和实际工作情况抓紧办理。六是具体承办的部门对公文办理确有困难的，应及时向分管领导或秘书部门说明情况；对不属于本部门职责范围或者不适宜由本部门办理的，应及时退回。说明情况或退回的，均应由具体承办部门的领导签名。

（二）会签

具体承办的部门在拟写公文文稿时，如文稿的内容涉及其他部门或其他国家机关的业务，应将文稿送有关部门或其他国家机关征求意见或会签。具体有：首先，对送签方的要求。第一，对送内部相关部门会签的文稿，具体承办部门的领导应首先签字；送其他国家机关或单位会签的文稿，应该履行公文审核手续，并经本机关领导签字，以示负责。第二，需要会签的公文文稿，由具体承办部门负责送有关部门或国家机关，并按规定履行文件登记手续。第三，对送出会签的文稿，由具体承办部门负责催办。文稿送出后，具体承办单位应主动催办；对送多个会签部门或单位的，应跟踪了解文稿去向和会签情况。原则上会签的文稿应是原件。第四，收到会签意见后，不管是否采纳，具体承办部门均应就会签情况拟写办文说明，阐述会签意图、征求意见或会签协调过程、会签意见采纳与否的情况，与会签部门对文稿内容不能协商一致时，应在办文说明中写明不能采纳会签意见的理由，供领导签批公文时参考。如果是报送上级机关的公文，还应在文内说明会签单位的不同意见、不能采纳的理由及解决矛盾的相关建议，以便上级机关裁定。送其他国家机关或单位会签的公文文稿经会签后作重大改动的，具体承办部门应将改动情况写成签报连同会签后的文稿送签发人重新阅签。第五，具体承办部门应将会签意见作为背景材料附在公文文稿后面；如果是报送上级机关的公文，应将会签单位的意见作为附件。其次，对会签方的要求。第一，文稿在机关内部会签时，对会签文稿，会签部门应及时会签或提出意见，一般情况下，应在 3 个工作日内将会签后的文稿返还具体承办部门；需要紧急会签的，应随到随签；因情况特殊，不能在规定时限内提出会签意见的，应及时与对方联系，说明情况。第二，会签部门对会签文稿没有意见的，应及时签出；存在不同意见但没有颠覆性否定意见的，应予会签并附书面意见；存在原则分歧的，可以不会签，但应在退文时附书面意见。第三，为分清责任和便于事后查考，对会签文稿的意见，一般应另纸提出，不宜直接修改在文稿上。第四，同意或原则同意会签文稿内容时，会签部门领导应在文稿上签字；附书面会签意见的，会签部门领导应在书面会签意见上签字或加盖会签部门公章，会签意见方具有效力。原则上，会签或会签意见应由部门的"一把手"签字，"一把手"不在或情况紧急时，可由主持工作的副职领导签字，但应注明原因。第五，有关不便向送签方提出的意见或涉及会签事项的其他情况，会签部门可以向上级领导另行提出，但不应既不签字又不退文稿；更不应"另起炉灶"，重新办理，或不与主办单位协商，"越俎代庖"，与文稿涉及的外单位商洽文稿内容。再次，对于其他国家机关主办、送本机关会签或签发的公文文稿的办理。第一，对其他国家机关送管理类金融机构会签的公文或者其他国家机关主办的与"一行三会"的联合发文送管理类金融机构领导签发的，由办公厅（室）根据公文内容批送有关司局办理。有关司局针对会签公文的内容签报主管行或会领导，签报中向行或会领导提出意见或会同相关司局提出意见，建议行领导予以会签或不予会签。第二，签报经行或会领导签批后，根据行领导意见，如果需要向来文方提出书面回复意见的，主办司局应办理公文并比照回复外单位来文的运转程序办理。第三，办理其他国家机关送"一行三会"签的公文，或者其他国家机关主办的与"一行三会"的联合发文，应按照对方要求的办理时限办理。在办理时限内难以办理完毕的，主办司局应主动与来文方联系，说明延期办理的原因等有关情况。

（三）公文审核

金融机构具体承办部门拟写公文文稿后，应将文稿送办公厅（室）公文审核部门审核。在领导人签发之前对公文文稿进行审核，是保证金融机构机关公文质量的重要环节，同时，公文审核也是金融机构公文运转中不可或缺的环节。首先，金融机构公文审核的工作分两个层次，一是具体承办部门综合文秘人员先行审核，为承办部门的领导签批文稿把关；二是办公厅（室）公文审核部门的统一审核，为本机关领导签批公文把关。其次，金融机构公文审核部门或文秘人员审核公文时应注意，一是通过文稿内容和所附材料搞清具体承办部门的发文意图及文稿来龙去脉的情况，保证改动符合事件的本来面目；二是保证公文文稿及所附材料的完全、整洁；三是保证公文文稿内容的安全，不管文稿是否涉密，均无权扩散、传播；四是严格履行登记手续，准确记录文稿去向。再次，金融机构公文审核部门对公文文稿提出根本性修改意见或改动内容较多时，应由具体承办部门进行修改、确认、誊清。最后，如果金融机构公文审核部门与具体承办部门对公文文稿的修改难以协调一致，文秘部门可以向上一级领导写明协调过程、意见分歧和解决矛盾的相关建议，请领导裁决后按领导意见定稿。

（四）催办

催办是保证金融机构机关公文办理效率的重要手段，催办工作一般由秘书部门承担（会签文稿的催办除外）。催办工作应做到：紧急公文跟踪催办，重要公文重点催办，一般公文定期催办，并随时或者定期向行领导反馈办理情况。首先，对有明确办理时限要求的批办件，督办部门应在到期前3个工作日向未办理完毕批办件的司局发送催办单，提醒司局按时办结；对未明确办理时限的批办件，督办部门应根据情况的轻重缓急，不定期发送催办单或电话催办。其次，督办部门应定期向领导报告催办结果，写明催办公文运行的具体环节，每个环节的完成情况及时间，未及时办出的原因等。最后，催办应有工作记录，通过发催办单催办的，应留存工作底单；通过电话催办的，应备有电话记录。

（五）送签

首先，金融机构公文文稿由秘书或秘书部门送分管领导签批。其次，金融机构公文文稿应先送分管的副职领导签署意见，授权范围内的，副职领导可以签发；报送上级机关以及重要的或涉及面广的公文，分管副职领导审签后应送行长或主持日常工作的副行长核签，或送其他副职领导传签后再送正职领导签发。再次，传签公文文稿时，按领导职位排序，由低到高依次送签。最后，需要送外单位会签的公文文稿，应先送本单位领导签批；联合行文，主办单位应先送本单位领导签批，再送联合行文的其他单位领导签批。

（六）签发

签发是公文定稿与批准发出的关键环节，是国家机关行使职权，决定公文生效的法定行为。公文签发的规则一般为：一是公文应由正职领导签发，一般性公文经授权也可由分管的副职领导签发。二是对需要传签或由正职领导签发的公文，分管副职领导应明确签署意见，其他领导人圈阅视为同意。报送上级机关的公文，正职领导应签字。三是正职领导不在时，对需要上报的紧急公文，由主持全面工作的副职领导签发，并注明正职领导未签的原因。四是领导人签批公文，应在公文处理稿头专用纸领导签字栏内签注意见，并签署姓名和日期。五是领导人签批公文，应按档案管理办法的规定使用钢笔、毛笔或签字笔，并签署姓名和日期。

五、发文处理

公文文稿一经领导人签字，就成为定稿，可以进入发文处理程序了。发文处理程序及其规则如下。

（一）复核

公文正式印制前，文书处理部门应当对送印的公文文稿进行复核。复核的重点是：审批、签发手续是否完备，尤其是上报公文，签名人是否符合上级机关的规定；版头与公文标题中的机关名称是否一致，尤其是联合发文，版头中是否有其他发文机关名称，机关名称排序是否适当，机关名称是否准确；涉密标识是否正确、完备（即有否保密时限），主件与附件的秘密等级是否一致，保密时限是否规范；附件材料是否齐全，附件的数量、排序是否与正文一致；正文中有否空格，未填上相关数据或相关数据前后矛盾；有关数据的单位是否正确；正文中及落款日期的写法是否合理；等等。对复核出的问题，文书部门无权修改，应提请具体承办部门或文秘部门处理；经复核，需要对文稿进行实质性修改的，具体承办部门或文秘部门修改后应当按程序请签发人重新核签。

（二）编号、排版

先了解公文的印制有否特殊要求以及完成的时限，再填写备注栏：如注明联合发文、套印、有附件、代转发等。根据公文类别、文种编填公文字号、计算印数，确保分类准确，不重号、不空号，印数合理。按照"一行三会"的规定排版。

（三）校对

校对是对缮印过程中打印出的公文清样进行文字核对，是保障公文质量的重要关口。校对的基本规则是：一是忠实于原稿是校对工作的基本原则，负责校对的文书部门无权增加和删改原稿的文字。二是对校对过程中发现的疑问或问题，负责校对的文书部门应提请具体承办部门或文秘部门核对。确属有问题需要改动的，因公文已经领导签发定稿，具体承办部门或文秘部门均无权擅自改动，应提请文秘部门领导处理；需要对文稿进行实质性修改的，由文秘部门领导组织具体承办部门修改后，还应当按程序报请签发人阅知。三是严格按照规定的校对程序校对，同时应使用统一的校对符号。校对符号要画出版心以外，一般不得在原错别处增删改动。四是重要公文校对后，应将清样送领导人审阅、修改。

（四）缮印

缮印是公文办理的重要组成部分，它直接关系到公文处理工作的时效性和准确性。首先，缮印前的准备。核对拟印制的各类公文的要素包括签发、会签、发送对象、阅知范围、附件、标题、主题词等是否齐全，是否有问题，如不全或有问题应退回送印人；核对公文类别、标题与版头是否对应。检查排版是否有问题，如页码顺序是否正确，标注位置是否正确，是否有缺页、白页等。其次，缮印公文主要应做到：第一，按规定时限或领导要求时限印出公文，确保经手公文印刷的正确性和完整性。第二，印刷的公文格式规范；版头纸的使用与公文字号一致；版面布局合理，美观大方；装订整齐、牢固，页码排序正确，不留空白页，不出现错页、倒页，便于收文机关传阅和保管。第三，保证原稿完整、排序正确，做到不遗漏、不散失，不污损。第四，保守秘密，无论缮印的公文是否涉及秘密，缮印人员均无权扩散、传播。涉密公文的成品文数量与规定印数应完全一致，废品文及多印成品文应全部销毁。

（五）用印

印章是公文具有法定效力的标识，用印是标志公文合法的重要一环。公文缮印后，应由机要人员酌情用印。机要人员用印前，应进行必要的检查、核对，主要是：拟发公文的原稿是否经过有关领导人签字；拟发公文版头格式是否正确；缮印是否规范、美观；装订是否合格，有否错页、掉页、白页等。用印时应注意：第一，除会议纪要外，凡对外发出的公文均加盖发文单位印章。第二，联合上报的公文，只加盖主办机关的印章；联合下发的公文，参与联合发文的机关都要盖章；电传（明传、密传）要加盖电传专用章。第三，发送机关内部单位的阅知件不用盖章。第四，对用于归档的公文原稿应在公文处理稿头专用纸领导签字栏上加盖印章，对规定份数的存档正本公文应在生效标识（落款）处加盖印章。第五，机要人员用印要规范，印章应盖得端正、清晰，做到上不压正文，下不压日期；不得在空白处盖章，对超过核定数量外的发出公文不得盖章。

（六）封发

封发前应对拟发公文进行最后的核对，封发时应注意：按主送、抄送单位书写信封、编注信封号，防止漏发、误发；对涉密文件，应加编发文份数序号，对绝密件，还须在信封上加盖密封戳记；对特急件，须在信封的右上角盖章注明；公文封发时要按统一编号在发文簿、送件簿上登记，登记要准确，字迹要清楚。发文簿、送件簿应按规定时限保留，以便查考。同时，在公文处理稿头专用纸规定位置签注封发日期。

六、归档处理

立卷归档是公文运转的最后环节之一，也是公文办理的归宿点。首先，公文立卷，是对办理完毕的公文文稿原件及具有查考和保存价值的相关材料，按照其在形成过程中的联系和规律进行分类、组合。其次，公文归档，是把分散在各部门、经办人员手中的公文文稿原件及具有查考和保存价值的相关材料，集中收集起来，经过立卷后交机关档案部门。

（一）公文立卷、归档的基本原则

公文立卷归档的原则是：依据机关工作活动的要求，遵循文件材料的自然形成规律，保持文件之间的历史联系，区分不同的保存价值，分类归档，反映机关工作的历史面貌，并且便于保管和检索利用。所谓依据机关工作活动的要求是指机关工作活动的规律，决定了其文件材料形成的规律。各类机关的职责和业务范围尽管不同，但其业务活动多具有一定的规律或规定性，也就是前因后果和来龙去脉的联系，立卷归档的文件材料就是要体现这种联系。所谓保持文件之间的历史联系是指，机关文件材料之间的联系，是工作活动中客观地、历史地形成的，如请示与批复，工作计划与总结等，文件材料的联系即反映了工作活动的发展过程。组卷时，必须遵循文件材料的自然形成规律，准确体现文件材料之间的历史联系。所谓区分不同的保存价值是指，将具有不同保存价值的文件材料分开立卷，以提高案卷材料的质量，也便于分类保管和保护重点档案材料。立卷归档遵循了上述基本原则，档案材料才能反映机关工作的历史面貌。

（二）公文立卷、归档的基本要求

首先，原则上，立卷、归档的公文材料应该是原件，应尽量避免将难以长久保存的复印件、传真件用于立卷、归档。其次，立卷、归档的公文材料必须真实、完整、准确。不管出于何种目的，任何人不得利用工作和职务上的便利影响公文材料的真实、完整、准确。如果在公文运转的过程中出现公文材料不慎散失、污损的情况，应想办法补充完整并加以说明；如果立卷、归档过程中发现有关材料不符合档案要求的情况，应尽量予以纠正。再次，立卷、归档的公文材料不属于个人，任何人不管出于何种目的，不得利用工作和职务上的便利将用于立卷、归档的公文材料据为己有。关于公文立卷、归档的范围、方法、相关手续以及公文立卷、归档工作的具体分工和要求，各国家机关均会按照国家《档案法》的规定和本部门、本系统的业务特点、工作实际制定具体的管理制度或办法。

（三）归档文件的交接

归档文件、资料的交接是公文从办理阶段进入档案保管阶段的重要环节，直接关系到档案资料的齐全、完整、规范，关系到档案和档案工作的质量。因此，必须规范归档文件资料交接工作，严格履行交接手续。档案资料从办理部门移交到档案部门的标准是：归档文件材料齐全完整，文件整理符合《归档文件整理规则》，准确按照保存价值分类和划分保管期限，档案实物与档案目录相符，档案盒要素填写齐全、书写规范。公文办理部门与档案部门交接档案的手续是：交接双方依据档案移交目录进行清点核对；经检查符合档案移交标准后，双方在归档文件交接文据、文件目录上签字。归档文件交接文据一式两份，双方各持一份备查；文件目录一式三份，两份留档案部门，一份留存交出档案的部门备查。交接手续完毕，档案由档案部门保管。

七、清退和销毁

公文清退，是指公文处理部门按照有关规定，定期或不定期地将已批办处理完毕的文件向原发文单位或机要保密部门清理缴退；公文销毁，是指对公文清理过程中无须缴退、不具备归档和存查价值的公文及相关材料按规定程序予以毁灭。公文的清退和销毁工作由文书部门统一组织，清退和销毁的范围、频率、具体时间和要求，由文书部门根据上级机关规定和本机关的实际情况确定。

（一）清退公文的基本规则和程序

清退公文遵循的基本原则是：及时、完整、安全。即无论是定期清退还是随时清退，都应在规定的时限内完成；清退公文的份数、页数应准确无误，并应完整无损；交接手续清楚、健全，责任分明，做到不遗失，不泄密。清退公文的主要程序是：第一，清理。公文在向有关部门正式办理缴退前，应当进行清理。清理公文时应注意：一是按照规定的清退公文范围与收文登记簿、卡的登记进行核对，检查应收集上缴的公文是否齐全，是否仍散落在有关部门或个人手中；二是对散落在有关部门或个人处的公文及时追查催收；三是检查应收集上缴的公文是否真实、完整，有否用复印件充当原件的，有否漏页、掉页，附件是否仍附在正文后面；四是检查公文外观是否整洁，有否破损、松散，对破损、松散的，应予修补或重新装订；五是对一些绝密的公文资料，有条件的单位还需鉴定以判别是否发生复印现象。如有，应立即向领导和有关部门报告，并记录在案，以便采取应对措施和事后查考。第二，缴退。公文清理完毕后，应及时按有关部门的要求办理缴退手续。办理缴退时应注意：一是确保缴退公文的安全，应有专车护送；如发生单个公文需向原发文单位清退的情况，在无法通过专门场合、专门人员交接的情况下，应使用"特挂专递"，并及时向接收单位查询，以判定是否安全送达。二是交接手续必须齐全，要逐项填写记录，主要包括：公文名称、发文单位、公文页数、总计公文份数和页数、交接双方姓名、交接日期等。工作人员调离工作时，应当将本人保管、借用的公文按照有关规定和交接手续移交、清退。

（二）销毁公文的基本规则和程序

销毁公文遵循的基本原则是：安全、有序。即保证公文在销毁过程中不散落、不遗失，不泄密，不漏销；销毁手续健全，责任清楚。销毁公文的主要程序是：第一，文书部门根据公文处理过程中待销毁公文的情况提出销毁计划，定期或视情况临时组织销毁工作。第二，对经清理、鉴别不具备归档和存查价值的公文进行大致分类，即分为密件和非密件，并将待销毁的绝密件、机密件逐件登记在"销毁密件清单"上。登记的内容包括：销毁密件的标题、份数、编号等，对绝密公文（含密码电报），还应逐件核对保密序号和文件的完整性，有条件的单位，还应鉴定、判别是否发生复印现象，如有，应立即向领导和有关部门报告，并在登记册上记录，以便采取应对措施和事后查考；复印密件的销毁视同正式文件办理。第三，对待销毁的公文应统一装封，包装袋应结实耐磨，封口应严实，防止公文在途中散落。第四，销毁公文应在指定场所进行。第五，销毁有特殊保密要求的密件，密件所属单位应有两个以上的人员现场监销，确保不丢失、不漏销、不泄密。现场监销的人员要认真负责，并同时在场，不得擅离职守，待文件全部销毁完毕后方可离开现场。个人不得私自销毁文件。严禁不加清理将应该归档的文件、资料予以销毁。严禁将待销毁文件当做废品出售，以杜绝失密、泄密事件发生。

关于金融机构公文清退、销毁的范围、方法、相关操作要求等，每个金融机构都应有具体的制度和要求。清退、销毁的具体操作，应严格按照规定执行。

参 考 文 献

［1］马君潞，王东胜：《金融机构管理》，大连，东北财经大学出版社，2001。

［2］戴相龙：《领导干部金融知识读本》，北京，中国金融出版社，2001。

［3］王广谦：《中央银行学》，北京，高等教育出版社，2001。

［4］王松奇：《金融学》，北京，中国金融出版社，2001。

［5］黄达：《货币银行学》，北京，中国人民大学出版社，2000。

［6］刘锡良，戴根有：《宏观经济与货币政策》，北京，中国金融出版社，2001。

［7］郑道平，龙玮娟：《货币银行学原理》，北京，中国金融出版社，2002。

［8］殷孟波：《货币金融学》，北京，中国金融出版社，2004。

［9］陈雨露：《国际金融》，北京，中国人民大学出版社，2000。

［10］路透社：《外汇与货币市场导论》，北京，北京大学出版社，2001。

［11］姜波克：《国际金融学》，北京，高等教育出版社，1999。

［12］李惠芬：《国际金融概论》，北京，中国金融出版社，2000。

［13］李若谷：《经济全球化与中国金融改革》，北京，中国金融出版社，2001。

［14］白钦先：《金融监管的国际协调与合作》，北京，中国金融出版社，2003。

［15］傅军徽：《公文处理与写作》，北京，中国金融出版社，2005。

［16］胡中柱：《金融应用文写作》，北京，中国金融出版社，2007。

［17］李先智，贾晋文：《金融应用文写作》，北京，中国金融出版社，2007。

［18］张军：《应用文写作》，北京，中国金融出版社，2011。

［19］尹依：《新编财经写作》，北京，中国商业出版社，2002。

［20］ 任鹰：《经济应用写作学习参考书》，北京，北京大学出版社，2003。

［21］ 傅柏松：《金融应用写作》，北京，中国金融出版社，1999。

［22］ 杨润辉：《财经写作》，北京，高等教育出版社，2003。

［23］ 路德庆：《应用写作学教程》，北京，教育科学出版社，1991。

［24］ 路德庆等：《写作教程》，上海，华东师范大学出版社，1982。

［25］ 裴显生：《现代实用写作学》，南京，江苏教育出版社，1996。

［26］ 陈少夫，丘国新：《应用写作教程》，第 3 版，广州，中山大学出版社，2001。

［27］ 诸孝正，陈妙云著：　《应用写作》，广州，广东高等教育出版社，1998。

［28］ 叶圣陶：《叶圣陶语文教育论文集》，北京，教育出版社，1980。

［29］ 徐中玉：《写作与语言》，上海，上海教育出版社，1984。

［30］ 梁毓阶：《文书学》，北京，档案出版社，1985。

［31］ 董继超：《普通秘书学》，北京，中央广播电视大学出版社，1997。

［32］ 刘建国：《秘书实务》，西安，陕西师范大学出版社，1994。

［33］ ［美］安娜·埃克丝蕾：《韦氏秘书手册》，中文版，北京，中国新闻出版社，1985。

［34］ 刘锡庆：《中国写作理论史》，西安，陕西人民出版社，1993。

［35］ 刘伶，黄智显，陈秀珠：《语言学概要》，北京，北京师范大学出版社，1984。

［36］ 杨百顺：《讲逻辑辩谬误》，北京，农村读物出版社，1985。

［37］ ［美］赫伯特·A. 西蒙：《管理决策新科学》，中文版，北京，中国社会科学出版社，1982。

［38］ 房庆等编著：《国家行政机关公文格式国家标准应用指南》，北京，中国标准出版社，2000。

［39］ 全国人大教科文卫委员会教育室、教育部语言文字应用管理司：《中华人民共和国国家通用语言文字法学习读本》，北京，语文出版社，2001。

［40］ 冯广珍：　《270 种应用文写作方法》，第 2 版，重庆，重庆出版社，1999。

［41］ 中国人民银行办公厅有关公文办理的有关规定。

［42］ 中国银监会办公厅《机关公文处理手册》内部资料，2013 年 9 月。

编　后　语

　　2012 年以来，在繁重的本职工作之外，我利用业余时间，为中国社科院研究生院金融硕士专业研究生开设了 2 门专业课：《金融理论和货币政策》《金融市场和金融机构》。在教学中我注意到，金融硕士作为我国研究生教育改革的创新，课程的开设应该突出金融硕士教育的实用性。根据自己从事金融工作多年的实践，我认为，这些学生毕业以后到工作岗位最先碰到的问题不是做计量经济模型，而是不断写公文、写签报、写各种各样的报告、总结、回函等各种常用金融应用文。所以，金融硕士应在研究生阶段就要学写好常用金融应用文，只有这样，进入工作岗位后才能很快上手。但动笔能力较差是金融硕士研究生普遍存在的问题。为此，根据研究生院的安排，我又为这个专业的研究生开设了一门适用性极强的专业课《金融机构常用金融应用文写作》。课程所用的教材大部分是我在中国人民银行多年来撰写金融应用文的积累及为人民银行干部岗位任职资格编写的相关教材而准备的资料。这门课程开设以后，同学们反映较好。根据研究生院的要求，在讲课稿的基础上我编写了这本适用性较强的教材，也算是对我在中国人民银行多年从事金融应用文写作的一个总结。

　　本书在编写过程中参考和借鉴了中国人民银行的培训教材《公文处理与写作》有关文件审核和运转方面的内容、胡中柱先生主编的《金融应用文写作》的总结与计划的部分内容，在此表示真诚的谢意。

　　感谢中国社科院研究生院金融硕士中心主任我的师妹张婉洛博士、感谢对外经贸大学校长助理我的师弟丁志杰博士，没有他们的提议和支持，我断然是不会动写作这本书念头的。

　　本书从动笔到成书大约用了 2 年多的时间，作为银监会一名资深的金融统计专家，妻子鲁素英日常工作比我更为繁重，但她承担了全部家务，还包容了我所有的毛病和缺点，没有她的支持，我无法完成这本书的写作。

本书交稿之际，我更加怀念我的母亲，她学统计专业并做了一辈子统计工作。从我记事以来，似乎她每天都在加班，但母亲仍能合理利用有限的业余时间，丰富全家的生活。我能在繁重的本职工作之外，利用业余时间从事教学和写作，可以说是母亲对时间的科学分配利用影响我的结果及她对生活的热爱在我身上的延续。

由于我专业素养有限，差错与不当之处难免，如各位专家和读者指教，我一定虚心接受。

作者

2014 年 6 月 25 日于北京西城区康乐里小区